北大哲学系1952年

何醒 编

商务印书馆
2012年·北京

图书在版编目(CIP)数据

北大哲学系1952年/何醒编.—北京：商务印书馆，2012
ISBN 978-7-100-09342-2

Ⅰ.①北… Ⅱ.①何… Ⅲ.①北京大学－哲学－学科建设－教育史－1952 Ⅳ.①G649.281 ②B261

中国版本图书馆CIP数据核字(2012)第169765号

所有权利保留。

未经许可，不得以任何方式使用。

北大哲学系1952年

何醒 编

商务印书馆出版
(北京王府井大街36号 邮政编码 100710)
商务印书馆发行
三河市尚艺印装有限公司印刷
ISBN 978-7-100-09342-2

2012年10月第1版　开本 710×1000 1/16
2012年10月北京第1次印刷　印张 17
定价：45.00元

目录

楔子 ... 001

先生印象：一方新地隔河烟，曾接诸生听管弦

汤用彤先生　贯通中西、华梵的大学者 ... 011
冯友兰先生　阐旧邦以辅新命 ... 019
张岱年先生　刚毅木讷近仁 ... 029
朱谦之先生　精诚写为百卷书 ... 039
朱伯崑先生　学圈无过老圈知 ... 050
任继愈先生　"凤毛麟角"的学者 ... 056
张　颐先生　西洋古典哲学研究的先驱 ... 064
贺　麟先生　弘传西学与当代哲学建设 ... 072
郑　昕先生　邃密求真与哲人风骨 ... 079
洪　谦先生　享誉世界的中国哲学家 ... 084
熊　伟先生　海德格尔的中国传薪者 ... 095
汪子嵩先生　研究希腊哲学是我最喜欢的事 ... 102
张世英先生　明中西之变，究天人之际 ... 109
金岳霖先生　道超青牛，论高白马 ... 117
沈有鼎先生　沉醉于形而上的世界 ... 131
王宪钧先生　桃李无言，下自成蹊 ... 143
胡世华先生　数理逻辑与计算机 ... 148
汪奠基先生　中国逻辑史之探赜发微 ... 157
周礼全先生　探索自然语言的逻辑奥秘 ... 166

邓以蛰先生	书韵画境寄玄思 ... 174
宗白华先生	天光云影共徘徊 ... 182
马　采先生	精研顾痴注画鉴 ... 194
周辅成先生	伦理学之执著燃灯者 ... 202

学生回忆：感君拂拭遗音在，更奏新声明月天

北大马克思主义哲学学科的初创岁月
　　——黄枬森先生访谈录 ... 211

西哲教研室，我的真正的大学
　　——朱德生先生访谈录 ... 220

负笈燕园，在这里走上美学之路
　　——刘纲纪先生访谈录 ... 228

回忆前辈的师范与学风
　　——谢龙先生访谈录 ... 238

薪火相传，燕园学习生活杂忆
　　——王福霖先生访谈录 ... 242

北大从红楼迁燕园
　　——宋文坚先生的回忆之一 ... 249

我对 1952 年的反思
　　——宋文坚先生的回忆之二 ... 256

主要参考文献 ... 268

后记 ... 271

楔子

黎巴嫩诗人纪伯伦写过这样的诗句:"假如我们在记忆的暮光里重逢,我们会接续曾经的交谈,听你们吟唱那些深远的歌……"这一次为我们记忆的暮光笼罩的,是1952年的燕园,院系调整后的北大哲学系,汇聚了现代中国几乎所有的最优秀的哲学家们,我们能通过当下的追忆与他们重逢吗?

今年是北大哲学系的百年系庆。就国内大学的哲学系而言,北大哲学系无疑是历史最悠久的,也是历史最完整的。说她历史最悠久,乃谓从1912年北京大学设立哲学门,迄今正满一百岁;说她历史最完整,正是基于我们要述及的这段院系调整的变迁。因为1952年的院系调整,其他大学的哲学系的系史上都留下了令人遗憾的一段空白,唯独北大哲学系,安然地甚或奇异而辉煌地度过了这一年。

1952年的全国院系调整是现代大学教育史上的一场大变革。这一变革的主要动机是将旧中国的旧大学改造成新中国的新大学,而采用的改造方式一是全盘仿照苏联的大学体制,进行院校的撤销、合并或建立,各院系也随之作大调整;二是与之同时推行的,是在大学内开展大规模的思想改造运动。

北京的院系调整比全国其他地方开始得早,1949年由华北高等教育委员会启动。当年6月,北京大学取消了教育系。8月,中法大学医学院并入北大,辅仁大学农艺系并入北大。9月，北大农学院、清华大学农学院、华北大学农学院合并成立北京农业大学。11月，新成立的教育部决定将北京大学医学院的业务改由卫生部领导，1950年2月正式移交。医学院自此脱离北大，改名北京医学院。

1951年5月18日，政务院批准了教育部部长马叙伦的报告，确定要适当而有步骤地充实和调整原有的高等院校的院系。1951年10月30日，政务院批准了全国高校调整方案。新中国从旧中国接收过来的旧大学都要进行改造，就像1952年9月24日《人民日报》社论《做好院系调整工作，有效地培养国家建设干部》中指出的："旧中国的教育制度基本上是为帝国主义和反动派服务的，是半殖民地半封建社会的产物……如果不对旧的教育制度、旧的高等教育设置加以彻底的调整和根本的改革，就不能使我们国家的各种建设事业顺利进行。"

旧中国的旧大学大多是按照德国模式或美国模式建立的，而新中国的新大学要学习苏联模式，将高等院校分为大学、专门学院和专科学校。尤其是有些人文社会科学的系科，被认为是不重要的，或者没有必要各高校都设立，比如哲学系，旧大学中有很多哲学系，而在这次院系调整中，除了北大保留唯一的一个哲学系外，其他的大学一律取消。这样一来，清华、燕京、辅仁、南大等大学哲学系的教师也就被调整到了北大哲学系。

从现代中国哲学教育的全局来看，这无疑是一场伤筋动骨的大改变，甚至可以说是一场灾难。在此之前，南北各大学的哲学系都已经有了各自的历史和学术体制，也都逐渐形成了自己的学术性格，汇集了一批杰出的哲学名家，哲学教育呈现着百家争鸣的态势。当时中国最著名的大学哲学系有北京大学哲学系，其历史无须赘言，可参见北大哲学系所编《北京大学哲学系系史》。清华大学哲学系，始建于1926年，由金岳霖、冯友兰等创建，名流荟萃，实力雄厚，且富有创造性，被视为20世纪前期"清华学派"的主干之一。燕京大学哲学系，于1919年春始建，为燕大第一批二十四个学科之一，中西哲学课程体系十分完善，有许多著名教授曾来此执掌教席。辅仁大学哲学系，创立于 1928 年，设置在文学院之中，是大学本科四系之一。中法大学哲学系，创立于 1920 年，属社会科学院下属的二系之一，1937 年停办。武汉大学哲学系，其前身为武昌高等师范学校教育哲学系，创建于 1922 年，很多著名教授在此执教，学术渊深，在国内有很大影响。南京大学哲学系，前身是中央大学哲学系，创立于 1920 年，为南方哲学重镇，其教学与研究体制十分完备，除文学院之哲学系之外，还有中央大学研究院文科研究所下辖之哲学部，主办有学术期刊《文史哲季刊》，先后执教于此的名家更是难以枚举。中山大学哲学系，创立于 1924 年，为中山大学创建之最早的学系之一，闻名岭南。另外，南开大学哲学系，自 1919 年建校之日起，即设有哲学学门，1923 年改为哲学系。抗战期间，南开与北大、清华合组西南联大，其哲学系与北大、清华亦有千丝万缕之联系，各类课程完善，执教名家众多。因为当时的中国大学，教授流动频繁，很多人都先后执教过各大学的哲学系，这些哲学系之间有经常性的联系与交流，故此既能自成一格，又能共襄中国哲学的大举。

1952 年秋天，全国各大学哲学系的众多教师齐聚燕园，他们中有北京大学的汤用彤（中国哲学史、佛教史）、胡世华（逻辑学）、贺麟（西方哲学史）、郑昕（西方哲学史）、容肇祖（中国哲学史）、汪子嵩（西方哲学史）、任继愈（中国哲学史）、邓艾民（中国哲学史）、齐良骥（西方哲学史）、王太庆（西方哲学史）、黄楠森（马克思主义哲学）、晏成书（逻辑学）、杨祖陶（西方哲学史）、王维诚（中国哲学史）；清华大学的金岳霖（逻辑学）、冯友兰（中国哲学史）、沈有鼎（逻辑学）、张岱年（中国哲学史）、任华（西方哲学史）、王宪钧（逻辑学）、邓以蛰（美学）、周礼全（逻辑学）、朱伯崑（中国哲学史）；燕京大学的洪谦（西方哲学史）、张东荪（社会学）、吴允曾（逻辑学）、王毅（中国哲学史）；辅仁大学的汪奠基（中国逻辑史）、李世繁（逻辑学）、王锦第（西方哲学史）；中法大学的许宝骙（西方哲学史）；武汉大学的黄子通（中国哲学史)、周辅成(伦理学)、江天骥(西方哲学史、逻辑学)、张世英(西方哲学史)、陈修斋(西方哲学史)、石峻(中国哲学史);南京大学的宗白华(美学)、张颐(西方哲学史)(其时在四川老家,但工作关系在北大)、何兆清(逻辑学)、苗力田(西方哲学史);中山大学的朱谦之(东方哲学)、马采(美学)、李曰华(中国哲学史)、容肇幌(逻辑学)、方书春(西方哲学史)。

院系调整后的北大哲学系,可谓群贤毕至,灿若星河。在本书第一部分"先生印象",我们为其中的二十余位学者,撰写了简明扼要的传记文章,通过这些文章,读者可以初步了解这些学者的生平事迹、人格气象以及学术成就。那次调整对于北大哲学系的影响无疑是巨大且深远的。尽管此前,北大哲学系也称得上是各大学哲学系之翘楚;但是通过那次调整,北大哲学系就像得到一笔横财,师资阵容一时形成前所未有、后难再现的盛况。在北大哲学系自身的历史上,院系调整后哲学系这一人才济济的盛况,迄今也仍是一座难以逾越的高峰。

如果仅就调整后北大哲学系的师资盛况来看各个专业的变化,各专业都蔚为大观,学术性格亦有所改变,且为北大哲学系各专业以后的发展奠定了厚实的基础。

先以中国哲学专业为例,原来的北大哲学系非常重视中国哲学的历史。从早期的哲学门到后来的哲学系,先后在此讲授中国哲学史的,有马叙伦、陈汉章、陈黻宸、胡适、徐炳昶、汤用彤、梁漱溟、熊十力等诸先生,在经学、诸子、宋学、佛教史各方面均有所长。胡适先生长期在哲学系讲授中国哲学史,他的《中国哲学史大纲》(上册)是中国哲学史研究的最早典范。在院系调整之前,以汤用彤先生为代表的北大哲学系重"史",和以冯友兰先生为代表的清华哲学系重"论",形成了双峰对峙的局面。而院系调整之后,随着冯友兰、张岱年等先生的调入,北大哲学系的中国哲学研究则逐渐发生变化,融合成"史""论"兼重的新的学术风格。

西方哲学方面,先后有张颐、贺麟、郑昕、陈康等先生。北大哲学系的德国古典哲学和希腊哲学最为擅长；而院系调整之后，随着洪谦、熊伟等先生的调入，现代西方哲学最重要的两支——分析哲学和现象学也成为北大哲学系的主干，由此古典与现代兼重。

逻辑学方面变化更大。调整之前，北大哲学系虽然也有逻辑方面的专家，如早期的章士钊、后期的胡世华先生，但现代逻辑学的中心无疑是在有金岳霖、沈有鼎、王宪钧等先生的清华哲学系。随着他们转入北大哲学系，这个学术中心也一同转移过来，成为北大哲学系的另一主干专业。

在美学方面，1921年，在蔡元培先生的提倡下，北大开设了美学、美学名著研究、西方美术史等课程，蔡元培曾亲自讲授美学课。此后有张竞生、邓以蛰等先生一度在北大哲学系讲授美学方面的课程。院系调整之后，有"北邓南宗"之称的邓以蛰、宗白华二先生，齐聚北大哲学系，加上中山大学来的马采先生，或再加上虽隶属西语系但常在哲学系任课的朱光潜先生，美学专业一时称雄全国，并于1960年创立了全国第一个美学教研室。

此外，北大哲学系从创建之初就有宗教学研究的传统，尤以印度哲学和佛教哲学见长，先后任教于此的有梁漱溟、钢和泰、熊十力、周叔迦、汤用彤诸先生，担任其他宗教课程的还有江绍原、朱谦之等先生。院系调整之后，宗教学研究基本上陷入停顿，到了80年代，宗教学研究重新开展，北大哲学系的传统优势也逐渐恢复，先后建立宗教学专业和宗教学系，教学和科研均走在全国的前列。

在某种意义上说，现在的北大哲学系既是哲学门成立以来一校传统的延续，又是1952年院系调整重新塑造的，是在一次难得的机缘中重生的。然而，如果就此认为，这次调整在当时就导致了北大哲学系在学术上的大发展，则是不切实际的幻想。要知道1952年院系调整同时是一场对知识分子的思想改造运动，当时汇聚到北大哲学系的绝大多数旧教授，虽然或学问上渊综博雅，或思想上自成一家，但是并不能继续传道授业，他们被剥夺了上讲坛的权利，更遑论继续著书立说了。

耐心地读完本书"先生印象"部分的读者不难发现，除了少数能与时俱进的学者之外，大多数学者的学术历程都有一个峰谷之间的曲线变化，50年代之前已经达到一个高峰，随即在院系调整后陷入波谷，到了80年代之后才重新攀上另一个高峰。这中间的原因不言而喻。但在学术上不能不说是很大的遗憾。举例来说，宗白华先生在调入北大之前，美学上已经有很高的学术成就，特别是我们在他的遗稿中发现了几部写作于40年代后期的思考中国形上学问题的笔记，从这些笔记来看，宗白华先生一直试图建立一套自己的、非常有独创性的中国形上学，设想如果有适宜的环境，有足够的时间，这些笔记将以著作的形式贡献于中国哲学界，但实际的结果是它们沉睡在旧箱子中长达50年。

汤一介在回忆父亲汤用彤先生的一篇访谈中说："你刚才说到父亲的学术成就主要是在1949年以前取得的，这之后他就没有写出过像样的学术著作。你这个看法我很认同，实际上，如果你认真地来看，1949年之后不仅是父亲一个人，而是一批老学者都没有写出过比较好的著作：冯友兰先生的学术地位是由新中国成立前的'贞元六书'奠定的，新中国成立之后的著作包括《哲学史新编》都没有超越他以前的东西。金岳霖先生的《论道》和《知识论》也是在1949年以前完成的，之后的东西甚至都走错了路，他在《逻辑学》中说'逻辑有阶级性'到现在恐怕要成为学界的笑话，虽然这怪不得金先生。思想改造对于知识分子来说是一种伤害，让他们不再说真话了，在学术上也就没有办法前进了。"

这种伤害不仅是思想上的，甚至包括肉体上的。在选择"先生印象"中的人物时，我们曾想写一写张东荪先生。张东荪先生是旧中国最重要的政治哲学家之一，有广泛的社会影响。他早年留学日本，就读于东京帝国大学哲学系、私立哲学馆。在辛亥革命前后，以宣传新思潮的政论闻名，曾主办《时事新报》副刊《学灯》和《解放与改造》杂志，后来又创办中国第一个哲学研究专刊《哲学评论》杂志。在学术方面，张东荪先生先后执教于上海公学、上海光华大学、燕京大学等校，主要教授西方哲学和社会学。张东荪先生在"五四"运动前后，提倡全盘西化，宣传改良社会主义，参与过科学与玄学论战，还发起过与马克思主义唯物辩证法的论战。他有自己的哲学体系，在当时被认为是"中国新唯心论领袖"。除了从事哲学研究之外，他一直活跃在政坛，这也使得他最终为政治的风浪所吞没。1952年，时任燕京大学哲学系主任的张东荪先生调入北大哲学系，但在1954年被免去教职，"文革"期间被关入秦城监狱，在狱中逝世。

当然，1952年毕竟是个新开始，这里的老师们走进了一个新时代，这里的学生们则逐渐成了这个新时代的主人。他们毕竟受过前辈们耳提面命的教诲，他们把这里的人和事，这里的学问和精神都牢记在脑海之中。此后不久，全国各大学又开始复建哲学系，而由北大哲学系培养出的一批批学生们，则将这里的治学精神和学术规范带到全国各大学，促成了许许多多哲学系的新生。

还有一个必须提到的方面，在北大哲学门创建之初，就设有心理学的课程，此后心理学成了北大哲学系的主要专业之一。北大哲学系最早讲授心理学课程的是曾任哲学系主任的陈大齐先生。1952年院系调整时，各哲学系心理学专业的一些教师也调整到北大哲学系，其中有来自清华大学的孙国华、唐钺、周先庚、沈履、邵郊，来自燕京大学的沈迺璋、陈舒永、陈仲庚、孟昭兰，来自武汉大学的程迺颐等。因为哲学系的整体学术环境，心理学专业的教授们除了进行心理学研究外，很多人兼通哲学，也有哲学方面的著作，其中陈大齐先生为其著者。因为自1978年始，心理学专业从北大哲学系分出，成为一个独立的系科，故在本书中，没有对其专门绍述，但是我们并没有忘记，心理学专业的前辈们曾经和我们一起走过六十六年的历史。

今天回味往事的心情，可淡然如品优茗，可空灵如转水光，亦可绚烂如览朝霞，甚或沉抑如闻暮鼓。不同年纪、不同身份的人对于时间的感受是极不相同的。北大哲学系就如同经历了一个世纪的长者，承载着厚重的历史和鲜活的记忆，似乎用沉稳平和的语调一遍遍诉说与缅怀。而曾在此走过那段岁月、切实经历过那段历史的人们，则在这份诉说与缅怀中带着感叹，带着回味，带着追怀，为我们展开了一个别样的世界。

（吴　湘）

先生印象

一方新地隔河烟,曾接诸生听管弦

汤用彤先生
贯通中西、华梵的大学者

汤用彤（1893—1964），字锡予，祖籍湖北省黄梅县。1912年考入清华学校，1916年毕业留校，出任国文教员，并任《清华周刊》总编辑。1918年赴美留学，先入汉姆林大学，主修哲学。1920年转入哈佛大学研究院，1922年获哈佛大学哲学硕士学位。同年回国，历任东南大学、南开大学、中央大学哲学系教授，1930年出任北京大学哲学系教授，自1934年起任哲学系主任。1947年当选为中央研究院院士、评议员，兼任中央研究院历史语言研究所北京办事处主任。1949年2月，出任北京大学校务委员会主席。1951年后一直担任北京大学副校长，并曾任中国科学院历史考古专门委员，《哲学研究》、《历史研究》编委。1955年当选为中国科学院哲学社会科学部学部委员。汤用彤先生是现代中国学术史上少数几位会通中西、接通华梵、熔铸古今的国学大师之一。他精通内外经典，并接受过严格的外国哲学、语言和治学方法的训练；治学严谨，他的学术著作如《汉魏两晋南北朝佛教史》、《印度哲学史略》、《魏晋玄学论稿》等，在出版几十年后仍然是国内外学术界公认的权威性经典著作。汤用彤先生一生抱定"昌明国粹，融化新知"的为学宗旨。他认为，需要通过对民族文化自身发展、演变的历史及中外文化交流史的客观研究，从中总结规律，展示经验和教训，以解决中国文化如何发展的重大问题。他特别强调，在冲突、调和、融合的文化交流中，外来文化不会完全改变本土文化的根本特性。汤用彤本着"文化之研究乃真理之探求"的治学精神，精考事实，探本求源，平情立言，其结论宏通平正，对今人的学术文化研究和中国文化的建设都具有重要的参考价值和启迪意义。汤先生的著作今人编有七卷本《汤用彤全集》，收集了可以找到的已刊和未刊汤用彤的论著和读书札记、教学讲义及提纲、演讲提纲、信札以及学生的听课笔记。

一

汤用彤出生于湖北黄梅的官宦之家，幼承庭训，十五岁入北京顺天学校，与梁漱溟、张申府等人同校。1912 年考入清华留美预备学校，始与吴宓结识。在清华期间，汤用彤在接受当时中国最好的西学训练的同时，与志同道合者钻研国学，二十一岁时完成少作《理学谵言》，并刊布于《清华周刊》，阐发朱陆之学，以理学为救治中国之良药，为四千年之真文化、真精神。他还与吴宓等人创办了"天人学会"，意图"融合新旧，撷精立极，造成一种学说，以影响社会，改良群治"。

1918 年，汤用彤赴美，先入明尼苏达州汉姆林大学哲学系学习，1920 年转学到哈佛大学，主修西方哲学，并学习梵文、巴利文及印度哲学。在哈佛期间，汤用彤与吴宓、陈寅恪、梅光迪、胡先骕等人，受哈佛新人文主义学者白璧德（Irving Babbit）的影响很大，系统地接受了他的新人文主义理念，在治学态度、方法、领域等方面都效法于白璧德，兼治东西，并览古今，并且非常重视佛教研究。

1922 年夏，汤用彤获得哈佛大学哲学硕士学位，旋即归国。由梅光迪、吴宓推荐，应南京东南大学之聘，出任哲学系教授。同时，到支那内学院就学于欧阳竟无先生，与熊十力、蒙文通等为同学，后又兼任支那内学院巴利文导师。汤用彤回国后，陆续发表关于西方哲学与印度哲学的研究文章，参与《学衡》派的学术活动，其在《学衡》上所发表的《评近人之文化研究》一文，清楚地表达了他对20世纪初国内文化研究的看法，并从方法论的角度论及他在未来的学术发展中的可能路径。

1926年，汤用彤转任天津南开大学哲学系教授。次年，又回到南京，转任中央大学哲学系教授。1930年，汤用彤应胡适之聘，出任北京大学哲学系教授。此后虽经历西南联大时期的艰难困苦，他一直服务于北京大学，先后担任过系主任、文学院院长等职。北京新中国成立之初，汤用彤先生担任北京大学校务委员会主席。

二

在20世纪的中国哲学界，汤用彤先生的学问之博大当世罕有人及，用钱穆先生的话说，他"于中、西、印三方思想同有造诣"。汤用彤先生执教南北各大学期间，几乎讲授过哲学系的所有课程，最擅长讲授的是西方哲学中的欧陆理性主义、英国经验主义和印度哲学，中国佛教史，以及中国哲学中的魏晋玄学。

汤用彤先生最有代表性的学术成果，莫过于《汉魏两晋南北朝佛教史》与《魏晋玄学论稿》两部著作了。《汉魏两晋南北朝佛教史》是在讲义的基础上编成，汤用彤先生自述说："十余年来，教学南北，尝以中国佛教史授学者。讲义积年，汇成卷帙。自知于佛法默应体会，有志未逮语文史地，所知甚少，故陈述肤浅，详略失序，百无一当。惟因今值国变，戎马生郊。乃以一部，勉付梓人。非谓考据之学，可济时艰。然敝帚自珍，愿以多年研究之所得，作一结束，惟冀他日国势昌隆，海内又安，学者由读此篇，而于中国佛教史继续著作，俾古圣先贤伟大之人格思想终得光辉于世，则拙作不为无小补矣！"贺麟先生在《五十年来的中国哲学》中如此评价汤用彤先生的著作："写中国哲学史最感棘手的一段，就是魏晋以来几百年佛学在中国的发展，许多写中国哲学史的人，写到这一时期，都碰到礁石了。然而这一难关却被汤用彤先生打通了。……所著的《汉魏两晋南北朝佛教史》一书，材料的丰富，方法的谨严，考证方面的新发现，义理方面的新解释，均胜过别人。"贺麟所论及的材料、方法、考证、义理四个方面，正是一部好的哲学史或佛教史所必备的，而汤用彤先生在这四个方面都"胜过别人"，他的著作自然也就成为第一流的著作，是这一领域中的典范，标志着中国佛教史研究成为一门系统的科学而在20世纪的现代中国学术中占有一席之地。

汤用彤先生的《魏晋玄学论稿》不是一部系统的专著，只是他在1938年至1947年间所写的九篇文章的结集。据汤先生自述，在抗战初期，他就打算写一部关于"魏晋玄学"的书，可惜没有完成，最终形成的只是这部小文集。在这部文集中，汤用彤先生显示了他融通中西、华梵的学术功力，厚积而薄发，他以斯宾诺莎的上帝观念来对照王弼的贵无论，以莱布尼兹的预定和谐说来对照嵇康的声无哀乐论，以休谟对经验的分析来对照郭象的破离用之体。这样对释的方法，又绝不是把二者引为连类，简单地加以比附。他在谈到王、何、阮、嵇、向、郭诸人时，无一字一句涉及西方哲学，其深厚的西方哲学底蕴，倘若不细加玩味，是无法从字里行间寻找出蛛丝马迹的，如盐撒水中，化影响于无形，正如陆游所云"功夫深处却平夷"。汤用彤先生之后，魏晋玄学成为中国哲学史研究领域中的一门显学，而迄今为止，这方面的研究无不以《魏晋玄学论稿》为必要的基础，引述之多，罕有其比。

除了融通中西、华梵这样的大方向之外，汤用彤先生治学还有几个突出的特点，首先他具有那一代学者所持守的"独立之精神，自由之思想"。学术的独立与自由，乃是汤用彤先生毕生追求的理想。汤用彤先生深察当世学术的种种流弊，曾经说："时学之弊，曰浅，曰隘。浅隘则是非颠倒，真理埋没；浅则论不探源，隘则敷陈多误。"故汤先生治学绝不赶潮流，亦不随声附和。在

1957年春，汤用彤（右）在北大燕园寓所指导学生

当时的中西文化论争中，汤用彤先生不保守，亦不偏激，避免任何抽象、空洞的论述，而力主以历史研究为基础，切实探明不同文化之间的相互影响。

冯契先生曾说："汤先生是那种'箪食瓢饮，不改其乐'的哲人，他'不戚戚于贫贱，不汲汲于富贵'，因为他有自己的超脱世俗的玄远之境足以安身立命。"汤先生研究宗教，但是并不信教，他认为信仰某宗教，必然对它有偏好，有偏好就很难客观地评论其得失。汤先生治中国佛教史，是把它当作一个历史现象来对待，因此能抱持着严谨、客观的学术态度，而不是像佛教徒们那样对佛教顶礼膜拜。另一方面，汤先生主张学术和政治应保持一定距离。他曾说过："一种哲学被统治者赏识了，可以风行一时，可就没有学术价值了。还是那些自甘寂寞的人作出了贡献，对后人有影响。至少，看中国史，历代都是如此。"抗战时期，有些知识分子歌颂国民政府，以学易官，汤先生则借阐发魏晋名士阮籍、嵇康的立身处世，以表达对曲学阿世、趋炎附势之徒的轻蔑。

汤用彤先生治学非常尊重史实，重视史料。他曾说过，研究历史不能没有自己的看法和想法，但当历史事实与自己的看法和想法不一致时，要毫不顾惜地修正自己的看法和想法，而不能修正历史事实，因为历史事实客观地摆在那里是不能修正的。而每立一说，必运用考据方法，利用大量可靠的史料为依据，得出令人信服的结论。张岱年先生曾说："汤先生的考证有一个特点，即掌握了全面的证据，结论不可动摇，这是史料考证的最高水平。"任继愈先生说："不论从哪一个方面对汤先生著作感兴趣的人，有一个共同的印象，即认为他的著作使人信得过。好像和一个淳朴忠厚的人交朋友，使人感到他值得信赖，听了他的话不会使人上当。"楼宇烈先生也说："凡读过汤老论著的人，都会有这样一种感受，即汤老的论著史料翔实、考证精当、逻辑严密、论理精深、平情立言、实事求是、朴实无华。不论是几十万言的巨著，还是几千言的短文，均有发前人之未发的微旨精论，使读者开卷有益，得到深刻的启发。"

汤用彤先生虽以考据见长，但是和旧式的考据学家不可同日而语，他是在西方受过严格的现代学术教育的人，他有过人的史识，重视学术研究的理论体系，不搞零敲碎打式的考证，或者材料的堆积。钱穆先生提到过这样一件事："锡予告余，在北大任教主要为东汉魏晋南北朝'中国佛教史'一课。此课在中大已任教有年，并撰有讲义，心感不满，须从头撰写。余心大倾佩。余授课有年，所撰讲义有不满，应可随不满处改定，何必尽弃旧稿，从头新撰。因知锡予为学，必重全体系、全组织，丝毫不苟，乃有此想。与余辈为学之仅如盲人摸象者不同。"钱穆先生固然有自谦，可他对于汤用彤先生的评论，的确触及关键所在。

三

汤用彤先生写文章也不像有些学者那样，下笔万言，一挥而就，而是反复斟酌，日积月累，逐渐完成的。内行人都佩服他的文章古朴、厚重、典雅、平实、寓高华于简古，深具魏晋风骨。而汤用彤先生的为人和他的文章颇为神似。

据钱穆先生回忆，汤用彤先生侍奉母亲，爱护晚辈，家庭雍穆，饮食起居，进退作息，俨然一儒者的典型，绝没有些许留学生的西方气味。他任职处事、交游应世，又没有任何佛门信徒的形态。虽然汤先生学贯中西印，但他将三者很好地融凝如一，既不露丝毫时髦学者风度，也不留任何守旧士大夫的习气。汤用彤先生性格至温和，能包容。钱穆先生回忆，30年代，初到北大任教的汤用彤先生常与熊十力、梁漱溟、蒙文通、钱穆等人过往。学者之间不免会有争论，熊十力、蒙文通皆从学于欧阳竟无，而熊十力撰文非议师说，蒙文通因此与其起争端，喋辩不休。而两人的争辩往往漫无边际，从佛学以至宋明理学。汤用彤先生于佛学为专家，于理学亦深有所得，但每次熊、蒙辩争，总是沉默不语。另外，吴宓先生在《日记》中称赞汤用彤先生："喜愠不轻触发，德量汪汪，风概类叔度……交久益醇，令人心醉，故最投机。"汤用彤先生以至和之性以及汪汪德量，得到同辈学者的敬服和后辈学者的景仰。

在后辈学者的记忆中，汤用彤先生是一位蔼然仁者，一位能让学生感到如沐春风的良师。季羡林先生回忆说："先生虽留美多年，学贯中西，可是身着灰布长衫，脚踏圆口布鞋，望之似老农老圃，没有半点'洋气'，没有丝毫教授架子和大师威风，我心中不由自主地油然而生幸福之感，浑身感到一阵温暖。"又说："他面容端严慈祥，不苟言笑，却是即之也温，观之也诚，真蔼然仁者也。"

40年代从学于汤用彤先生的冯契先生曾撰文回忆，在解放战争之前，国共关系一度十分紧张，有一天汤先生很担心地问他："哲学系有几个学生不见了，你知道他们到哪里去了么？"在这么严峻的时刻，汤先生对进步学生如此爱护、如此关心，且是出自内心的、完全真诚的，让冯契大为感动。他本以为汤先生是个不问政治的学者，洁身自好，抱着"狷者有所不为"的生活态度，自此之后大为改观，也觉得汤先生更加亲近了。

张岂之先生回忆，汤用彤先生授课、教导学生的一项基本要求，就是阅读第一手的资料。先生授课的体系和层次，绝非是照抄任何一部现有的成果，而都是他深潜于原著当中而从中提炼出来的。所以先生的授课往往会使人觉得压力很大，但只要稍入进去，则自然能够感受到其中的严密与科学，从而产生浓厚的兴趣。杨祖陶先生这样描述先生的课堂："先生上课从不带讲稿，绝少板书，也不看学生，而是径直走到讲台一站，就如黄河、长江一泻千里式地讲下去，没有任何重复，语调也没什么变化，在讲到哲学家的著作、术语和命题时，经常是英语；就这样一直到铃响下课。听讲者如稍一走神，听漏了一语半句，就休想补上，因此就只能埋头赶紧记笔记，生怕漏记一字一句。"

1952年院系调整后，汤用彤先生不再主持教学科研，却成了分管基建的副校长，但他并不觉得有什么不好，常说事情总需要人去做，做什么都一样。因此，在大兴土木的校园工地上，常常可以看到他缓慢的脚步和不高的身影。汤用彤先生虽然担任北大的行政领导，但他一直坚持上课。1963年冬，汤用彤先生的身体已一天不如一天，只能卧床休息，但仍然躺在床上给学生讲课。许抗生先生回忆当时情景说，汤先生因讲课时间不如以前那样长，内容也少了，就在《出三藏记集经序》的一些篇章上加文字注解，交给学生阅读，以求弥补讲课的不足。而这些注释，"包括佛教名相的解释、佛教年代的考证、人物的考证，乃至有关文字校勘等"，对于读懂佛教典籍，助益甚深。

汤用彤先生是带着遗憾离世的，据哲嗣汤一介先生回忆，汤用彤先生一直都有修改《隋唐佛教史》旧稿的愿望，他阅读了几百种佛学著作，写了大约四十万字的读书札记，但是晚年的他力不从心。后来汤一介先生把他二三十年代的两种原稿综合了一下出版，但汤一介先生特别说，如果在他生前是不会这样做的。说起来，这只能算是时代造成的一个遗憾，使我们错失了与《汉魏两晋南北朝佛教史》堪称双璧的另一部伟大著作。

（吴悠、白辉洪）

冯友兰先生
阐旧邦以辅新命

　　冯友兰（1895—1990），字芝生，河南唐河人。1915年夏考入北京大学法科，入学后转入文科哲学门。1920年入哥伦比亚大学哲学系，1923年博士毕业。回国后相继任开封中州大学、中山大学、燕京大学、清华大学和北京大学哲学系教授，1948年任中央研究院院士、评议会委员。1952年经院系调整，转任教于北京大学哲学系，1954年后任中国科学院学部委员、常委委员。冯友兰先生一生的学术活动和贡献可概括为"三史释今古，六书纪贞元"。"三史"代表着冯友兰对中国哲学研究的卓越贡献，而写成于抗战时期的"六书"（《新理学》、《新世训》、《新事论》、《新原人》、《新原道》、《新知言》），则是冯友兰对中国现代哲学的贡献，他由此创立了自己的新理学哲学体系，从而成为中国当时影响最大的哲学家。冯友兰先生以"贞下起元"展望于前，以"旧邦新命"期许于后，一生历经坎坷荣辱，终以九五寿终，后人挽之曰："为天地立心，为生民立命，求仁得仁，安度九十五岁；誉之不加劝，非之不加沮，知我罪我，全凭四百万言。"后人将先生的著作整理为《三松堂全集》。

一

1895 年 12 月 14 日，冯友兰出生在河南省唐河县祁仪镇的一个封建大家庭里。在他幼年时，先接受传统的蒙学教育，熟读四书、五经、诸子等古代经典，偶尔也学习《地球韵言》一类的新知。后来转入新式学校，先在县立高等小学，后到省城开封的中州公学，又至武昌的中华学校，最后于 1912 年考入上海的中国公学。

冯友兰原本中学的底子打得很好，到了中国公学，他开始更多地接触西学。据冯友兰回忆，在上海公学时期，他特别喜欢一门逻辑课程，当时用的教材是耶芳斯的《逻辑要义》，可公学的老师几乎没有能够讲授的。迷上逻辑的冯友兰只好自学，做书中所附的练习题。而这也恰恰为他后来选择以哲学为志业开启了第一道门，他曾说："我学逻辑，虽然仅仅只是一个开始，但是这个开始引起了我学哲学的兴趣。我决心以后要学哲学。对于逻辑的兴趣，很自然地使我特别想学西方哲学。"（《三松堂自序》）

1915 年暑假，冯友兰从中国公学大学预科毕业，决定报考当时全国唯一有哲学系的北京大学。当时北大只开设中国哲学门，与先生想学西方哲学的初衷不合。但是，新文化运动已经波涛汹涌，这使冯友兰在一个更为广阔的时代浪潮中，参与了现代中国的文化变革。蔡元培、陈独秀、胡适等先后来北大，使北大成为新文化运动的主要阵地。受此影响，冯友兰对东西文化问题甚为关切，1918 年毕业回河南后，就创办《心声》月刊，在河南宣传新文化，响应"五四"运动。同样重要的，在蔡元培校长"兼容并包"的办学方针之下，旧派学者如崔适、辜鸿铭、刘师培、黄侃，新派学者如陈独秀、胡适、钱玄同、李大钊等等，这些或中或西、或新或旧的学者汇聚在北大，活跃了北大的学术。青年冯友兰一方面得以更加认真地学习中国传统文化，学问上大有进境；另一方面，也更加积极地走向了西方哲学的新天地。

1919 年，冯友兰通过河南省和教育部的官费留学考试，踌躇满志地在上海踏上中国邮轮公司的"南京"号邮船，驶往大洋彼岸的纽约，进入哥伦比亚大学研究生院。在这里他从师于实用主义哲学家约翰·杜威，以及新实在论哲学家孟太葛，特别是在后者的影响下，冯友兰开始形成他自己的带有新实在论色彩，又融通中国哲学的哲学体系。冯友兰是本着学习西方哲学的宿愿到哥伦比亚的，但跟同时代的其他海外求学者一样，越是深入地了解西方哲学，越是萌生反思中国传统的冲动，最后冯友兰的博士论文做成了一部比较哲学的著作，题目是《人生理想之比较研究》（亦名《天人损益论》）。

二

1923年，冯友兰在哥伦比亚大学通过论文答辩，即取道加拿大归国。回到家乡前，河南的留美预备学校改为河南省立大学，定名为"中州大学"。由于师资缺乏，在冯友兰归国前，中州大学即已经与其取得联系，聘他为文科主任，他甫一回国，即走马上任。其间有不少人许以丰厚收入劝冯友兰先生到北京代课，但他一则希望学成归来报效乡里，一则希望办好一个大学，做出一番事业来，因此对这些"善意"的邀请都予以谢绝。

1925年，中州大学主管校内事务的校务主任去职，继任者一时还没有着落。冯友兰先生通过一个朋友向校长开诚布公地说："我刚从国外回来，不能不考虑我的前途。有两个前途可以供我选择：一个是事功，一个是学术。我在事功方面，抱负并不大，我只想办一个很好的大学。中州大学是我们在一起办起来的，我很愿意把办好中州大学作为我的事业。但是我要有一种能够指挥全局的权力，明确地说，就是我想当校务主任。如果你不同意，我就要走学术研究那一条路，我需要到一个学术文化的中心去，我就要离开开封了。"（《三松堂自序》）冯友兰先生的这一番话，也确实表达出他自己乃至当时一辈学人的愿望：或者办教育以传承文明的火种，孕育时代的希望，或者在学术上为苦难的国家争得一分尊严，寻找一条出路。这两者并不是那么容易同时实现的，不得已只能作出更适合自己的取舍。

冯友兰先生的坦诚得到中州大学校长的赞赏，但后者无法满足他的愿望。当年暑假，趁学生多不在学校时，冯友兰先生离开了中州大学校园，先南下广东大学，后北上燕京大学。燕京大学在当时中国的大学中有着令人羡慕的条件：军阀混战之下，教育经费缺乏保障，而燕大有着独立自主的经费来源，加上美国教会的背景而与美国多所大学有着联系，因此其经济和学术条件都是很不错。冯友兰先生虽然身在燕京大学，但始终觉得非久留之地，他自忖："燕京大学是一个教会学校，我本来是反对教会学校的，我觉得，教会学校出身的人，有一种教会味，其精神面貌，跟中国人办的学校出身的人，有显著的不同。"他还借一位朋友的话对此作了绝妙的说明："有人说教会学校也出了些人才，我说这些人才并不是因为受了教会学校的教育而成为人才，而是虽然受了教会学校的教育也还是人才。"教会学校与中国人自己办的学校到底有什么本质不同，冯友兰先生在这里并没有说穿，而其明显自知燕京大学不是他的"安身立命之地"。

1928年，北伐军进入北平，南京政府派罗家伦接收清华学校，冯友兰先生作为罗家伦的班底进入清华，为清华的改制与发展尽了二十多年的心血。而这一点是冯友兰心甘情愿的，因为"这个中国人办的学校，可以作为我的安身立命之地，值得我为之'献身'……"的确，从1928年进入清华，到1952年调入北大哲学系，冯友兰先生确实以"安身立命"的情怀与责任感，为清华作出了杰出的贡献：在秘书长的职位上，他与罗家伦等一同使清华摆脱殖民地学校的地位，成为中国人的学校，并改办为正规大学，建立起一套现代大学制度；在缺乏校长的情况下，数次以校务会议主席之职主持校务；以院长身份主持文学院，与金岳霖先生一道发展壮大了清华大学哲学系，使之成为与北大哲学系比肩的最好的哲学系等等。同时冯友兰先生的学术研究一点也没有落下，他不仅撰写了中国第一部历史与体系十分完整的《中国哲学史》，还撰写了代表他"新理学"哲学体系的"贞元六书"。这些杰出的学术成果在当时的学界备受称赞，冯友兰先生不仅是当时中国哲学史研究的首屈一指的学者，而且凭借"新理学"，他也成为现代新儒家的重镇之一。在中州大学面临的二难选择，在清华大学奇迹般地同时得以实现了。

1952年，全国院系调整，冯友兰先生随清华哲学系一道并入了北大哲学系，他由此回到了母校，并将自己的后半生贡献于此，风雨坎坷，荣辱与共。冯友兰先生对于清华和北大都非常有感情，他在八十六岁高龄时回顾

冯友兰先生在书房中

道："北大和清华的成长，是中国社会摆脱半封建半殖民地地位的过程在教育界的反映。这两个学校，是中国现代比较有影响的学校。它们有一个共同目的，那就是为中华民族的解放而斗争。但其历史任务又各有不同。北大的历史任务，主要是打破封建主义的锁链，清华的任务，是推翻帝国主义的压迫。北大继承历代的太学，这是北大的光荣，也是它的包袱。蔡元培的三不主义，不仅表示自己的清高，也是反对封建主义的腐朽。这个斗争，归结为五四运动时期的'打倒孔家店'。清华因为用了美国退还的庚子赔款，长期受帝国主义的控制。废除董事会，获得了独立自主的权利。这两个学校的不同历史任务，各有其历史根源，但它们都完成了它们的任务。"（《三松堂自序》）

三

"我经常想起儒家经典《诗经》中的两句话：'周虽旧邦，其命维新。'就现在来说，中国就是旧邦而有新命，新命就是现代化。我努力保持同旧邦的同一性和个性，而又同时促进实现新命。"

上面这段话是 1982 年 9 月 10 日冯友兰先生在哥伦比亚大学接受名誉文学博士学位时答谢辞中的一段。相同或相近的话，他还在国立西南联合大学纪念碑文中说过，在《中国哲学史新编》"自序"中说过，在《康有为公车上书书后》也说过。后来冯友兰先生将"阐旧邦以辅新命"与"极高明而道中庸"一起亲自写出，悬于东墙以为"东铭"。"旧邦新命"一语，不仅是指中国所处的古今之变，也是在这种古今之变中先生的自任与担当，借助对传统的中国哲学的阐发，以促进民族新命的实现。

冯友兰先生"阐旧邦以辅新命"的宏愿，主要通过他的"三史"、"六书"来实现。冯友兰先生尝自谓："余平生所著，三史六书耳。三史以释古今，六书以记贞元。"所谓"三史"即《中国哲学史》、《中国哲学小史》、《中国哲学史新编》，所谓"六书"即他的"贞元六书"——《新理学》（1939）、《新事论》（1940）、《新世训》（1940）、《新原人》（1943）、《新原道》（1944）、《新知言》（1946）。

冯友兰先生一生研究中国哲学史的心得，都集中体现在上述"三史"之中。自燕京至清华的时期，冯友兰先生先后完成了《中国哲学史》上下册，这部著作在 20 世纪中国哲学史研究史上具有里程碑的意义，被推崇为典范之作。冯友兰先生在这部书中把中国哲学史划分为子学时代与经学时代两大分期，尤其是其系统而严谨的研究方法，对于各时代哲学的创造性的论述，使这部著作一出现，即备受好评，著名学者陈寅恪、金岳霖都为这部著作写过审查报告，给予极高的评价。而对于冯友兰先生而言，《中国哲学史》的写作，乃是他立足于传统中国以理解现代中国的标志性的开始。同样，这部著作奠定了先生在中国哲学界的重要地位，并通过 Derk Bodde 的翻译，于 1952 年由普林斯顿大学出版社出版，成为西方大学了解和研究中国哲学的权威教本和主要参考书。

1946 年，冯友兰先生赴美讲学，其间用英文写了一本篇幅不大的中国哲学史，这部书的中译本署《中国哲学简史》，两卷本称"大史"，此则称"小史"。1948 年由纽约麦克米伦出版公司出版，后来又转译成多国文字，在国外也有很大影响。

"三史"中最后一史，也是耗费冯友兰先生最多心血的，是七卷本的巨帙《中国哲学史新编》。1952 年院系调整之后，冯友兰先生和北大哲学系中国哲学史教研室的同事们，就计划着写作一部用马克思主义思想指导的、新时代的中国哲学史。早在 1950 年，冯友兰先生为《苏联大百科全书》撰写《中国哲学底发展》一条时，已经尝试运用马克思主义的历史观，并按照苏联模式来解说中国哲学史。到了 60 年代，《中国哲学史新编》第一、二册出版，基本是按照这一旧的思路写的。到了思想解放的 80 年代，晚年冯友兰先生发下誓愿，一定要重写《中国哲学史新编》，60 年代的两册也推倒重来。冯友兰先生在写作的过程中，思想越来越开放，自由抒发的内容也越来越多。一方面逐渐重申自己早年的"新理学"主张，另一方面对于近代以来的中国思想与现实进行了大胆而独到的分析与批判。就像陈来所说的："先生精神焕发，当耄耋之年，以旧邦新命为怀，继续《中国哲学史》新编之作。先生此时，信心而著，无所依傍，其中多'非常可怪之论'，往往不同于时论。"自 1980 年完成第一册，至 1989 年前六册均顺利由人民出版社出版。1990 年完成的第七册则因为太多"非常可怪之论"一时受阻，不得已在另外的出版社更名《中国现代哲学史》单独出版。在 1994 年出版的《冯友兰全集》第十四卷中，第七册终于归列，也使《中国哲学史新编》这部耗尽冯友兰先生晚年全部心血的巨著成为完璧。

冯友兰先生是现代中国哲学史上能够创造自己的哲学体系的极少数学者之一，他的哲学体系集中表达在"贞元六书"中，这是他在 40 年代的创造性工作。冯友兰先生说:"在我的《中国哲学史》完成以后,我的兴趣就由研究哲学史转移到哲学创作。"在抗战的艰难困苦当中,他与其他心怀天下的中国学人一样,希望以在学术与思想的创见为民族争得尊严与荣耀。于是在抗日烽火中,他于一盏菜油灯下写出了"贞元六书"。冯友兰先生《新世训》序云:"事变以来,已写三书。曰《新理学》,讲纯粹哲学。曰《新事论》,谈文化社会问题。曰《新世训》,论生活方法。"《新原人》序云:"此书虽写在《新事论》、《新世训》之后,但实为继《新理学》之作。"书中阐述了自然、功利、道德、天地四种人生境界。《新知言》序云:"《新原道》述中国哲学之主流,以见新理学在中国哲学中之地位。此书论新理学之方法,由其方法,亦可见新理学在现代世界哲学中之地位。"冯友兰先生所著六书,乃是以《新理学》所阐发的形而上学为基础,及于社会、人生、哲学方法、对中国哲学的概观的一个完整的哲学体系。此外,冯友兰先生的"新理学",既有对中国传统的深入吸收,又有对西方哲学的借鉴,更为关键的是要用哲学创造来满足时代与民族最迫切需要。如冯友兰先生在《新原人》中所言:"况我国家民族,值贞元之会、当绝续之交、通天人之际、达古今之变、明内圣外王之道者,岂可不尽所欲言,以为我国家致太平,我亿兆安身立命之用乎?虽不能至,心向往之。非曰能之,愿学焉。"如此六书题以"贞元",充分显示出冯友兰先生是以哲学创造的方式参与到民族复兴大业之中。

四

冯友兰先生一向推崇程明道的《秋日》:"闲来无事不从容,睡觉东窗日已红。万物静观皆自得,四时佳兴与人同。道通天地有形外,思入风云变态中。富贵不淫贫贱乐,男儿到此是豪雄。"冯先生之所以喜欢这首诗,一者是这种从容自得的精神境界的确令人神往;一者是冯先生自己以一生致力的人性涵养，以气象的宽裕和易，真切地领会到了此种境地。毕竟学问，尤其是中国学问，其本旨即是要陶冶性情，涵养气象。

有些事例，颇可见冯友兰先生的性情与气象。抗战时期，冯友兰先生由长沙去往昆明，途经镇南关，过凭祥城门时，手臂意外骨折。后来金岳霖先生对宗璞说起此事，幽默地作了一番演义："当时司机通知大家，不要把手放在窗外，要过城门了。别人都很快照办，只有你父亲听了这话，便考虑为什么不能放在窗外，放在窗外和不放在窗外的区别是什么，其普遍意义和特殊意义是什么。还没考虑完，已经骨折了。"冯友兰先生因在镇南关折了手臂而留了胡子，闻一多从长沙走到昆明，也蓄了须。闻先生因此自美道："此次搬家，搬出好几个胡子。但大家都说，只我和冯先生的最美。"

还是在1936年，国民党大肆搜捕进步学生，当时的学生领袖黄诚、姚依林即在冯友兰先生家躲藏过。临近解放之时，国民党又抓人，冯友兰先生所居住的乙所再一次成为学生的庇护。冯友兰先生与同事相处也甚为和乐。朱自清先生常去冯家吃饭，因为朱先生害胃病，于是就有传言，冯家的炸酱面很好吃，可小心不可过量，否则会胀得难受。

冯友兰先生对家人亦满是温厚关切。宗璞回忆照顾父亲，说到这样一件事：1989年隆冬子夜，先生突发心绞痛，宗璞夫妇急忙将他送到医院。一切安排妥当，正要离开时，先生疲倦地用力说："小女，你太累了！""小女"，是先生呼宗璞的乳名。而当宗璞生日时，这位父亲总要为女儿撰写寿联，1990年夏先生写了最后一联："鲁殿灵光，赖家有守护神，岂传文采传三世；文坛秀气，知手持生花笔，莫让新编代双城。"在他生命的最后时光，仍系念于宗璞的文学创作，生怕她因为协助自己写《中国哲学史新编》而耽误了自己创作《双城记》的计划。

颇值得一提的，是冯友兰先生与山西晋城的一位农民车恒茂老先生的交往。1937年左右，车恒茂与人抬杠，到底是南方人还是北方人对中国哲学史有研究，他举出冯友兰《中国哲学史》作为证据，证明北方人更有研究。但其实车恒茂并没见过这部书，就给冯友兰先生写信索要。冯友兰先生当即回信并赠书。自此而后，两人间的联系断断续续，维持了半个世纪。虽然不能探讨专门学术问题，但丝毫不碍二老的友情。冯友兰先生曾以"终身教研两依据，一生文章半检查"来感叹自己的遭遇，而车恒茂老先生以"友交天下士，兰为王者香"来鼓励安慰。1990年先生逝世，车老先生特撰挽联："博学大儒，材夫野老，六十年鸿雁传谊，古人有几，今人有几，细思想我真有幸；巨文宏章，高年遐龄，九十载书海探微，国内可数，国外可数，再琢磨公不足悲。"可见两位老人之间交情之厚笃真纯。

（白辉洪）

张岱年先生
刚毅木讷近仁

张岱年（1909—2004），字季同，别号宇同，河北沧县人。1933年北京师范大学毕业后，任教清华大学。1952年调任北京大学哲学系教授，1978年起张岱年先生担任中国哲学教研室主任。1979年中国哲学史学会成立，张先生被推为会长。1982年又开始招收中国哲学中博士研究生，任博士研究生导师。先生还曾任中国社会科学院哲学研究所兼职研究员、中国哲学史学会会长、中华孔子研究会会长、清华大学思想文化研究所所长等。张先生长期从事中国哲学史研究，著作等身，有极高的造诣和广泛的建树，大学毕业时就已发表学术论文多篇，1936年即写成名著《中国哲学大纲》。此外还有《中国哲学史史料学》与《中国哲学史方法论发凡》，论文集《中国哲学发微》、《求真集》、《玄儒评林》、《文化与哲学》、《真与善的探索》、《思想·文化·道德》，专著《中国伦理思想研究》及《中国古典哲学概念范畴要论》等。其著作编为《张岱年全集》。先生自述其学术研究："我的学术研究分三个方面，即第一中国哲学史研究，第二哲学理论问题研究，第三文化问题研究。"关于中国哲学史研究，张先生对于先秦诸子、汉魏哲学、宋明理学、明清实学都进行了研究，比较注意阐明中国传统哲学中的唯物论与辩证法思想；关于哲学理论问题研究，先生赞同辩证唯物论的哲学，对于罗素、穆尔的逻辑分析方法也颇为欣赏，写了《论外界的实在》、《谭理》等论文，用分析方法论证唯物论的观点；关于文化问题，先生自30年代即参加关于文化问题的讨论，他反对全盘西化论，也不赞同传统文化复兴论，主张在汲取西方文化特长的同时发扬中国文化的优秀传统。

一

张岱年出身于北京的书香门第，父亲张濂是晚清的翰林院编修。青少年时代，张岱年之所以喜欢哲学，是因为深受他的长兄张崧年（字申府）的影响。张申府先生是中国最早的马克思主义传播者之一，也是以罗素为代表的新实在论哲学的主要传播者，同时，他还肯定中国传统哲学中孔子仁学的价值，按照张岱年先生的说法，他"把唯物主义辩证法与新实在论的逻辑分析方法和孔子的仁学相提并论"，"有原则地博采众长"，从而构成了一个综合创新的哲学体系。张岱年曾说过："我青年时期初习哲学，曾受到申府的引导。……后来我钻研马克思、恩格斯、列宁的哲学著作，也受到申府的影响。"前言之"引导"，当指引导他学习新实在论的哲学，后言之"影响"，则是影响他接受了唯物主义辩证法哲学。

张岱年在北师大附中读初中和高中时，就喜欢哲学。初二时初读《老子》，还读了《哲学概论》等书，对哲学有了最初的体悟与思索。1928年，张岱年考入北师大教育系。在大学期间，他对教育学兴趣不大，却仍对哲学情有独钟，研究兴趣浓厚，并发表了多篇哲学论文，引起了学术界的注意。1931年，年仅二十二岁的张岱年参与了胡适和梁启超发起的关于孔子、老子年代问题的大辩论，引起学界的注意。冯友兰先生回忆当时的情形时说："余偶见一文，署名季同（张岱年的字），从老子为晚出，其材料证据虽无大加于时论，但出自笔下则亲切有味，心颇异之，意必为一年长宿儒也。后知其为一大学生，则大异之……"自 1932 年起,张申府主编《大公报·世界思潮》副刊,张岱年有机会在上面发表一些学术文章,并由其兄引荐,结识了熊十力、金岳霖、冯友兰等哲学界的前辈,年轻的张岱年谦虚好学,审问慎思,深得这些前辈们的赏识。

1933 年,张岱年从北师大毕业,随即受聘到清华大学哲学系任助教,讲授"哲学概论"课程。他曾说过:"我早年从北师大刚毕业,经冯友兰先生和金岳霖先生推荐,到清华当助教。这是很幸运的事。这也是我一生学术生涯的开始。所以我很感激冯先生和金先生。"

二

1936 年,以大学毕业的学历到清华任教、未及而立之年的张岱年以惊人的辨识、分析和梳理能力,把中国几千年来关于宇宙人生的浩瀚思想分别以"宇宙论"、"人生论"和"知识论"三大体系加以整理归纳,写成了一部数十万字的著作,也是他的代表作——《中国哲学大纲》。该书一改以人物编年为序的写法,而采用以哲学问题和范畴为纲的横向写法,耗费了张岱年先生大量的精力和心血,张先生自述当时的研究与写作,"部类之分别,问题之厘别,处处须大费斟酌。尤其是事属草创,困难就更多",而当这些困难被他冲破之后,现代中国第一部以唯物主义辩证法和逻辑分析方法撰写的、有着至今不可忽视的学术价值的中国哲学范畴史便诞生了。

1937 年北平沦陷后,张岱年先生与学校失去联系,未能随学校南行。他从此深居简出,靠往日的积蓄和微薄的家产清苦度日,拒不与敌伪当局合作,显示出中国知识分子的民族大义和个人节操。张岱年先生在自传中写到这段经历时,用了标题"八年沉潜:专务深思,穷究天人"。蛰居沦陷故都这段时间内,他与六七友人相互砥砺、相互慰藉,彼此以保持人格和气节相勉励。1943 年春节,张岱年先生收到辅仁大学教授、后来院系调整时也调入北大哲学系的王锦第先生送来的一盆梅花，梅花傲雪凌霜，是"岁寒三友"之一，寓意高尚，这份礼物让他感念不忘。在极为艰窘的生活条件下，张岱年先生仍然坚持学术研究，但由于长期没有任何经济来源，后来不得不中辍。不过，在这段艰难困苦的时期，他还是完成了他的哲学体系的构建，陆续写成代表其哲学体系的"天人五论"——《哲学思维论》、《知实论》、《事理论》、《品德论》和《天人简论》。可以说，这时的张岱年以其哲学家的声望为学界所推崇，而非一个中国哲学史家。他晚年曾在《客观世界与人生理想——平生思想述要》一文中总结道："我在（20世纪）30年代至40年代思考了一些哲学理论问题，写过一些论著；50年代之后，由于教学活动的专业化，专门从事中国哲学史的研讨……但在哲学上，我仍坚持30—40年代的一些观点而略有补充。"张岱年一生的很多重要哲学观点在三四十年代就已经基本形成了，且终生都持守不变。

张岱年先生的哲学体系，在三四十年代的学术争鸣中独树一帜，他在《事理论》自序中说："此篇所谈，则与横渠、船山之旨为最近，于西方则兼取唯物论与解析哲学之说，非敢立异于时贤，不欲自违其所信耳。"张岱年与同时代的其他哲学家一样，都希望在融通中西哲学这个大背景下建立自己的哲学，他于西方兼取唯物论与分析哲学，这一点与其兄张申府的理路相近似，最为关键的是他在中国哲学方面，眼光独到地选择了从张载到王夫之的一脉气本论的哲学，着力阐发中国古代唯物论和辩证法的传统，这使他的哲学主张和当时声名显赫的"新陆王"、"新程朱"都不同调。

三

1945年抗战胜利。张岱年先生接到冯友兰先生自昆明来信，告知清华大学即将复校，仍将邀他到清华授课，任哲学系副教授。1946年8月张岱年先生移居清华大学乙所，暂住冯先生在清华的旧宅。是年，冯友兰先生赴美国讲学,张岱年先生代授"中国哲学史"课程,又讲"哲学概论"与"孔孟哲学"、"老庄哲学"等。1948年冯先生回国,张岱年先生则移居清华旧西院甲14号,仍讲授"中国哲学史"课程。

1948年12月,人民解放军到达北平近郊,清华园解放了,清华大学师生热烈欢迎人民解放军。而国民党空军却对清华园投掷了炸弹。据张岱年先生回忆:一天下午,他正在工字厅前树林的道路上行走,有一架飞机向工字厅附近扔了炸弹,炸了一个大坑,距离他仅有两丈多远,他夷然无所惧。

著名中国哲学史家张岱年

在新中国成立后的新清华,张岱年先生早就主张的唯物主义与辩证法哲学,受到了当局的重视。1949年春,应学生请求,经学校同意,张岱年先生开讲辩证唯物论课程;次年又讲过辩证法、新民主主义论等"大课"。当时清华开设全校必修的"大课",第一课由金岳霖先生讲唯物论,由张岱年先生讲辩证法。

50年代初,张岱年先生投入了很大精力在学习和讲授马克思主义的新哲学上。当时中国人民大学聘请苏联专家讲授马列主义基础及辩证唯物主义。教育部指示,让北大、清华各派一名教授到人民大学听苏联专家讲课。张岱年代表清华前往听讲,而北大派的是郑昕。同时辅仁大学邀请张岱年到辅仁讲"辩证唯物论与历史唯物论",北京师范大学也聘请他为兼职教授,讲"新哲学概论"。这段时期,张岱年先生每周奔驰于四校之间,工作非常紧张,但他精力充沛、乐此不疲。

1951年，张岱年在清华大学晋升为教授。1952年，全国高等院校院系大调整，清华大学的文、理、法学院都并入北京大学，北大也由城内迁到燕京大学旧址，张岱年先生从此调入北大哲学系，执教于燕园。1953年，北大哲学系也聘请了苏联专家，讲马列主义基础，由张岱年和黄枬森两位先生担任辅导，并讲授马列著作选读课程。

之后，北大哲学系成立了中国哲学史教研室，冯友兰先生任教研室主任。教研室计划以集体力量，努力运用马克思主义的立场、观点、方法研究中国哲学史，开设出新内容的"中国哲学史"课程。当时北大教务长尹达参加教研室的讨论会，在考虑讲课教师的人选时，建议由冯友兰和张岱年担任课程主讲。这门新的"中国哲学史"课程于1954年至1955年度开设，冯先生讲先秦至汉初，张岱年讲汉初至明清时代。这是新中国成立后第一次开设的"中国哲学史"课程。1954年，张岱年专讲宋元明清一段，于是编写了《宋元明清哲学史提纲》，于1957年至1958年在《新建议》杂志上发表。

1954年，张岱年先生撰写了《王船山的世界观》，内容深刻，是新中国成立后第一篇关于王船山哲学的论文，详细分析了王船山的唯物论学说与辩证法思想。教研室开了讨论会，邀请贺麟先生参加评议。贺麟先生说："我原来认为王船山哲学是客观唯心论，看了这篇文章，我同意船山是唯物论。"当时金岳霖先生担任《光明日报·哲学专刊》主编，提议在《哲学专刊》上发表此文。因原稿太长，仅发表了其中讲唯物论的部分，题为"王船山的唯物论思想"。

1955年，张岱年先生又向教研室提交了论文《张横渠的哲学》，详细论述张横渠的"气化"学说，肯定了其唯物论的本质。冯友兰先生将其推荐给即将创刊的《哲学研究》，发表于《哲学研究》1955年第1期。为回应此文引发的争论，张岱年先生又先后撰写了两篇答辩文章。

1956年，应湖北人民出版社之约，张岱年先生撰写了通俗小册子《张载——中国11世纪唯物主义哲学家》，又应中国青年出版社之约，写了《中国唯物主义思想简史》，二书于1957年出版。

1957年春季，张岱年发表了《中国古代哲学中若干基本概念的起源与演变》，对于气、太虚、天、道、太极、理、神、本体等八个范畴进行了诠释。继而又发表了《中国古典哲学的几个特点》，对于中国古典哲学的基本倾向有所阐发。1957年1月，北京大学召开了中国哲学史讨论会。在讨论会上，张岱年发言谈论了中国哲学史的范围与哲学遗产的继承问题，后来发言稿被收入《中国哲学史问题讨论专辑》。当时，张岱年对于哲学中唯物与唯心两条路线的斗争与伦理思想的关系的问题颇感兴趣，撰写了论文《中国伦理思想发展规律的初步研究》，1957年由科学出版社出版。

可以看出，自抗战胜利到50年代中期，是张岱年先生创造力非常旺盛的时期，他笔耕不辍，勇于发表自己的见解，创造了许多学术成果。然而这一势头在1957年的反"右"运动的迫害下戛然而止。早在1956年，张岱年先生访问熊十力先生，谈到党"百花齐放、百家争鸣"的方针时，他觉得"双百"方针令人欢欣鼓舞。熊十力先生却告诫说："你要注意！情况是复杂的，你如不注意，可能有人以最坏的污名加在你的头上！"可惜的是，谶语成真，张岱年先生果然在1957年秋天遭受到平生最大的挫折。1957年5月，在一次小组会上张岱年先生做了一个发言，直言他虽积极参加了"三反"、"肃反"，但觉得有些问题："三反"中清华一些老教授检查了三次才通过，未免伤了知识分子的感情；而"肃反"时，不先调查，却先开批判会，是不合适的。之后他又盛赞了"双百"方针的英明。当时的会上并没有人反驳他，不料到了9月初，张岱年先生因为这件事被揪出来开会批判，认为他反对"三反"、"肃反"，鼓吹资产阶级思想自由，于是被划入另册，扣上"右派"的帽子。这顶帽子戴到1962年7月才被宣布摘掉，此后张岱年先生虽可以参加教学工作，但难以公开发表文章。直到1979年1月，北大党委重新审查，宣布1957年实属错划，才完全恢复了张岱年先生的名誉和待遇。

张岱年先生回忆说："我一生中最遗憾的事就是在1957年多说了几句话，结果被戴了右派帽子，经过五年才摘帽，摘了也不行，到1979年才改正……

可惜从五十岁到七十岁什么工作也不许做，二十年里光阴虚度。"1982年9月的一天，张岱年先生的高足、清华大学的刘鄂培教授与张先生谈心，回顾往事说：我等在前大半生的历次运动和改造中磨锉，已如河床中的鹅卵石一样，没有了棱角。为不逐波流俗又不失良心，今后要如铜钱一样，内方外圆。张岱年先生听了后一愣，沉默良久，提起笔来写了"直道而行"四字，然后说，还是应该如此。刘鄂培深受震动和鼓舞，为此写了一篇文章记其事之始末，认为这四个字体现了张岱年先生道德学问的结合与升华。

四

张岱年先生很喜欢张载的"横渠四句"："为天地立心，为生民立命，为往圣继绝学，为万世开太平。"晚年曾有人请他题字，希望题"您认为最有意义的座右铭"，他不假思索，当即挥毫写下这句话。而"为往圣继绝学，为万世开太平"更是他晚年心境的真实写照。

1979年，张岱年先生终于得到了精神上的解放。一场二十年的噩梦终于结束了，他自言这是被贻误的二十年；然而这蕴藏了二十年的思绪和力量，都在他勤奋的笔下喷涌而出。之后仅七年时间里，张岱年先生撰写了多达二百余万字的论文著述，进入他学术人生的第二个高峰期。对于一位年近古稀的老人而言，这数以百万计的凝结着智慧和心血的文字中，饱含了惊人的毅力和恒心，也饱含了一位令人景仰的学者坚定的学术信仰和追求。

张岱年先生80年代的论著，主要内容包含三个方面：一是关于中国哲学史的，如《中国哲学史史料学》、《中国哲学史方法论发凡》，再版的《中国哲学大纲》、《中国古典哲学概念范畴要论》等；二是关于中国伦理思想与价值观的，如《中国伦理思想研究》；三是关于文化问题的，如《中国文化与中国哲学》、《中国文化的回顾与前瞻》、《中国文化的历史传统及其更新》、《文化传统与民族精神》等文章，收载于《文化与哲学》论集中。进入90年代，张岱年又发表了一系列的文章，主要讨论四类理论问题：一、关于价值观与新道德建设的问题，如《论价值的层次》、《论重新估定一切价值》、《新时代的义利理欲问题》、《建设新道德与弘扬传统美德》等；二、关于中国传统哲学的基本问题与基本派别，如《中国哲学基本问题辨析》、《论中国哲学史上的学派论争》；三、关于中国文化与中国哲学优秀传统的分析，如《中国古典哲学中的优良传统》等；四、关于中国文化与中国哲学发展的前景，如《现代中国哲学发展的道路》、《中国传统哲学的继承与改造》等。

晚年的张岱年先生非常关注中国民族文化的发展问题，尤其是对中国文化与中国哲学中优秀传统的继承、改造和发展方向展望。他提出文化"综合创新论"，来完成他"为往圣继绝学，为万世开太平"的学术理想。张岱年认为，《易传》中所讲的"自强不息，厚德载物"是中华民族精神的主要内容，是中华文化优秀传统的核心。张岱年曾在《谈谈中国传统文化》一文中指出："一个对本民族的历史与文化知之甚少的人，在精神上便缺乏一种归属感；一个对自己的传统不懂得继承发扬的民族，便无法自立于世界民族之林，作为一个中国人，确实有许多值得骄傲的地方，弘扬我们优良的民族文化传统，创造中国文化的新形态，是我们当代人的庄严任务。"

五

张岱年先生执教清华、北大几十年，不仅以其学问，更以其道德品行、人格气象为师生所交口称道。这一点也许要追溯到张岱年的幼承庭训。张岱年先生的父亲张濂公很善于教导子女们如何做人，他专门为张岱年所居住的南屋题写一副对联"醴泉无源，芝草无根，人贵自立；户枢不蠹，流水不腐，民生在勤"，以勉励其志。张岱年对此印象极深，到晚年仍清楚地记得。而其中"人贵自立"四字他不仅念念不忘,用自己的一生来践行父亲的教诲。无论学术还是人生,"自立"的人格精神贯穿张岱年先生一生。逾九十时所作的《做人要有人的自觉》一文写道:"人格独立,即是具有独立的意志","做一个人,就要做一个有独立人格的人,做一个有益于社会国家的人"。在他看来,"自立"不仅是要保持一种独立的精神和气质,更是要通过"自立"来实现自身于个人、于社会、于国家的价值。张岱年先生晚年曾在一次采访中讲过,他有两条最基本的原则:"第一,要坚持独立人格、独立意志,不屈从于他人;第二,要有社会责任心,对社会、对民族、对中国,要尽一定责任、义务"。

张岱年先生为人忠厚诚恳,不善言辞,连著书写文章也如是,自谓"行文喜简,不习繁缛之词",做学问也像做人一样,非常重视一"诚"字。早在20世纪30年代,张岱年先生即提出"哲学家须有寻求客观真理之诚心"。在40年代,他又提出把"求真之诚"作为哲学修养的基础。他曾一以贯之地说:"'修辞立其诚'是我的治学宗旨。"

冯友兰先生曾评价张岱年先生说:"中国传统中的读书人,即所谓'士'者,生平所事,有二大端:一曰治学,二曰立身。张先生治学之道为'修辞立其诚',立身之道为'直道而行',此其大略也。"冯友兰先生还曾用《论语》中"刚毅木讷近仁"这句话,来评价张岱年先生的品行。"仁"是内心的大爱、真诚,"刚毅木讷"所体现的则是践履仁的行为的坚强与果敢,也就是"直道而行"。这样的评价出自与张岱年先生相知相处甚久、同历北大风风雨雨的冯友兰先生之口,更让人信服为不易之论。

(吴 悠)

朱谦之先生
精诚写为百卷书

朱谦之（1899—1972），字情牵，1899年11月17日生于福州。1917年暑假，他应北京高师在闽考试，列第一。同年来到北京，考入北京大学法预科。1920年入北大哲学系，受教于梁漱溟先生。1924年他受聘至厦门大学，翌年辞去教职归隐西湖之畔。1929年他凭借蔡元培和熊十力先生的推荐，以国立中央研究院特约研究员的身份留学日本。1932年8月应中山大学教授之聘，朱先生自北平南下广州，同年任中山大学历史系主任。在中山大学，朱先生度过了二十年的时光。抗战期间他随学校辗转迁至云南澂江、粤北坪石等地。1945年10月，中大迁回广州，他被聘为文学院院长、哲学系主任、文科研究所主任和历史学部主任，身兼四职。

1952年思想改造运动结束。全国院系调整中，朱谦之同中山大学哲学系另四名教师李曰华、马采、方书春、容肇幌一同调至北大哲学系。1960年，中山大学复建哲学系，马采和李曰华调回中大，朱谦之则在1964年调任中国科学院哲学社会科学部世界宗教所研究员，直到1972年因病离世。

一

朱先生一生博览群书，勤奋钻研，严谨治学，著作等身。他共留下了专著四十二部，译著两部，论文百余篇，涉及历史、哲学、文学、音乐、戏剧、考古、宗教、政治、经济、中外文化关系等各个领域。其中，有些研究领域在中国还是开创性的，如日本哲学、中西哲学交流、文化社会学等。因此，人们称赞他为百科全书式的学者。著名学者王亚南曾称誉："朱先生时代感非常强烈，而且搜集之富，钻研之精，涉猎之广，读其书，知其生平者，均交口称道。"

朱先生的人生经历和著述一样丰富多彩，令人喟叹不已。

早在中学期间，朱先生就曾自编《中国上古史》，还以闽狂、古愚、左海恨人等笔名向报纸投稿。彼时，一股英雄主义的热浪在朱先生心中翻滚激荡。这或许与他少年时就喜听父亲所讲的英雄故事有关。他还写有一本《英雄崇拜论》小册子。在北大学习期间，朱先生更体现出他那种不为时制所桎梏的英雄之气和天马行空般的才华。在法预课学习的两年中，他写出了《政微书》、《周秦诸子学统述》和《太极新图说》等文章。在哲学系时，他张贴出大字报《反抗考试宣言》，发起一股废除考试运动，并给蒋梦麟校长写信，表明宁愿不要毕业文凭，也不要考试。1920年，他和朋友外出散发革命传单，朋友被捕入狱。他为替朋友开脱，自己去警署承担全部责任。在狱中，在随时可能被拉出去枪毙的危险下，他每日读《传习录》等经典，并静坐以体认"真我"。被捕一百多天后，他甚至决定以死明志，宣告绝食，并写下《绝命书》一通，表达对浑浊世道的愤怒和自己高洁的志向。后来，朱先生的朋友在北大开全体大会，并发起声势浩大的运动，终于把他从牢狱中救出来。

由于早年接触老庄哲学和佛教，并且对黑暗的社会现实非常失望，朱先生早年持有一种虚无主义。他曾在1921年到杭州随太虚大师出家。因不满寺院生活，他又到支那内学院向欧阳竟无先生求教，但对唯识学也有所不满。

渐渐地，朱先生的思想转向唯情哲学一路，呼唤宇宙的真情之流。特别是

1923年后，他和杨没累坠入爱河，骨子里的青春热忱彻底被点燃。爱情帮助他冲散了虚无的阴翳，找到了生命的价值。他回忆说："于是无情的宇宙翻转过身来了。过去的我们，在虚无里'熏醉'，现在的我们，让把晶莹澄澈的'真情之流'做我们陶醉于梦乡的催眠药哩！"在这唯美而纯洁的爱情之中，朱先生获得了极大的幸福和欢乐。1925年，他索性辞去厦门大学的教职，同杨没累隐居西湖之畔，门对林和靖故居，过上了闭门著书的生活，吟风弄月，伴花随柳，隔绝于政

著名宗教学家朱谦之

治之外，与爱人默默相依。这两三年，恰是朱先生学术研究的高产期之一。朱先生研究中国音乐文学史，杨女士则研究中国乐律学史。后来，在自传之一《奋斗二十年》之中，朱先生把这段隐居的著述活动看作自己奋斗之路的启程。遗憾的是，1927年因生计所迫，朱先生不得不离开生病中的夫人，到黄埔军校讲学。广州起义将至，广州局势一片混乱，他又返回杭州。一年后，杨没累病逝，葬于烟霞洞。朱先生痛苦万分，四处飘荡，一年后远赴东瀛留学。

二

在中大的二十年，朱先生本不愿问政治，一心只想做学问。他开始是在历史学系任主任，做了很多教学和著述工作，筹办《现代史学》杂志，并发表了大量史学文章。1938年广州陷落后，随学校辗转搬迁之余，他仍进行了大量

的学术创作活动,包括写作《中国思想对于欧洲文化之影响》等。

从1945年抗日战争胜利后到1952年院系调整前这段时间,朱先生的学术兴趣可以说主要集中在哲学方面。七年间他在哲学研究和教学方面都进行了大量的工作,特别是在马克思主义哲学和唯物辩证法方面。1945年起,他同时兼任哲学系主任。1947年,他为哲学系三年级学生开设《庄子哲学》和《黑格尔哲学》两门课。1949年,他完成《庄子哲学》(附录《老子新谈》),以及《黑格尔哲学》(内容包括黑格尔及其时代、青年黑格尔的宗教研究、黑格尔的精神现象学、黑格尔的论理学四个方面)。广州解放后,朱先生马上投入到新中国的文化建设工作之中。1949年11月下旬,他组织哲学系师生们一起学习《论人民民主专政》,12月下旬学习《政协纲领》,24日座谈《斯大林与中国革命》。1950年,他担任哲学系《辩证唯物主义与历史唯物主义》和《社会发展学说史》两课的教学。1951年,他创作了《实践论——马克思主义辩证认识的新发展》、《实践论——开辟了新历史认识论的门径》,以及《中国哲学输入欧洲是辩证唯物的重要源泉之一》。调至北京大学哲学系之后,朱先生则致力于中国哲学史的研究,几年时间即硕果累累,如作《老子校释》、《李贽》、《王充著作考》、《新辑本桓谭新论》等,并修改《中国思想对于欧洲文化之影响》为《中国哲学对欧洲之影响》。

院系调整前后的这些年,在朱先生的学术和人生经历中都是非常重要的一段时间,值得我们浓墨重彩地书写。

1945年,朱先生的思想就发生了巨大的转变。该年年初,朱先生和中大研究院的同事们,经过万里跋涉,抵达广东省的临时省会龙川。几个月历经艰险,才得到片刻喘息的机会。虽然条件艰苦,他们定居两三天后即开始工作,研究院的招牌便在香火和爆竹之声不绝的佛庙里竖立起来。后来文学院在梅县复课,文学研究所一并又迁至梅县。一路舟车劳顿,抵达之日,朱先生就身染疾病。他扶病四处奔走,积极恢复文学研究工作,组织起粤东民俗考察团赴各地考察,并编纂《粤东民俗志》。朱先生后来回忆说:"回溯梅县的几个月生活，给我印象极深，尤其这个地方，是我一生思想大转变的所在地。人不是到了山穷水尽他不会变的，不肯变的，但一旦思想发生变化，力量之大却也无可伦比。"他自己在《中大二十年》中也提到："1945 年，中大搬迁东江。那时我是研究员专任教授兼文科研究所主任。是年 8 月中旬，日寇宣布无条件投降，这时又一度兼任文学院长、哲学系主任。""在抗战以前，思想总不免是唯心论的，观念论的。抗战时期所写《太平天国革命文化史》虽已开始应用唯物史观来解释革命文化背景，但不彻底，只有在梅县以至回广州后，由于抗战的现实，我才渐渐踏上了无产阶级世界观的第一步，也敢于和新任的校长王星拱作思想斗争了。"

而原子弹的爆炸，更给朱先生的思想以非常大的触动。他提到："1945 年 8 月 6 日美国空军空袭日本广岛使用了第一枚原子弹，又同年 9 日在日本海军基地长崎，投了第二枚原子弹。由于这样使用灭绝人性的武器，它的破坏威力，使人们非常惊骇，街谈巷议，无不作为谈话资料，我也不是例外。"自然科学的巨大威力让朱先生震惊。他搜集了关于原子、原子能和原子弹的各种著述，开始注意到原子之客观的物理存在。当他再开始从事哲学后，不再留恋人生问题，而更倾向于社会问题，这样他就更容易走上马克思主义哲学的道路。

1946 年，朱先生以饱满的热情和"开天辟地的新气象"，在文学院进行了一系列活动。1 月 21 日，他讲演"本校文学院的使命"；2 月 5 日至 10 日，他和各系各年级同学商谈怎样搞好文学院，使它成为南方文化中心。2 月 7 日，他布告定第五周为读书运动周，认为旧的读书运动已不适合于现代，抗战的现实把读书运动推向新的领域，走向新的路线。旧考证派的纯粹为读书的倾向是过去了，代替它的便是现在新时代的社会背景产生出来的新读书运动。之后，朱先生又与师范学院合并提倡新音乐运动。4 月份，他演讲《中国文化之新阶段》，就革命的情况对和平、民主、建设诸点多所引述，并在 5 月份开办文化科学讲座。

朱先生的一系列进步的文化活动，引起了国民党高层的注意和警觉。他在

《中大二十年》中提到:"1946 年我首先在文学院提倡新时代社会背景产生出来的'新民主运动'。3 月 19 日和法学院合请沈雁冰讲演,掀起新民主运动浪潮,4 月中旬延请七队举行歌咏大会,目的在提倡新歌曲,但是这具有全校性的活动,很为那时训导处所不满,何况更带有他们所认为的危险思想,其结果是 10 月间王星拱自宁反穗,即给我一封信,撤销了我的文学院院长职务,说是职务太忙了,应该劳逸平均,实际内幕是思想'左倾'问题。我也乐得摆脱了许多职务,专心学术研究,然仍任哲学系主任之职,来从事《黑格尔哲学》的写作,与外界隔绝关系。"1946 年,广东省当局认为朱先生思想"左倾",要下逮捕令,但因为他还只有言论而没有行动,所以并未实行。后来,邱陶常也来告诉他:"市党部的一位同乡约他谈话,嘱朱先生和他须十分谨慎,不要再有什么活动了。"还有同事诚恳告诉他:"有人在教育部告发你,在黑名单上已经榜上有名了。"当时,因为这样雪片似的告警,朱先生不得不格外提防,不但不在公开场所发表意见,甚至无事也不大出门了。他在住宅区很少和人往来,很少参加集体活动,也不能再去访问学生宿舍。后来他收到王星拱的信,信中提出他可以卸去文学院的兼职。朱先生便卸脱了文学院院长的职务,后来又辞去了文科研究所和历史学部两主任的职务,只保留着哲学系主任的职务。当时的朱先生,已经感到哲学家不仅应该说明世界,更应该改造世界。但那时的他只能与政治隔绝关系,销声匿迹,开展哲学的授课和著述工作。

三

通过朱先生自己的回忆,我们可以知道,朱先生在思想发生转变之后,就开始以实际的行动践行自己的文化理想。他在学校里推展了一系列进步的运动,被当局和校方视作是"左倾"的和危险的,因而被撤销文学院院长的职务。然而这恰恰也给予了朱先生专注于哲学研究的空间。在进行哲学研究的同时，朱先生认为，自己仍然是在不断的艰苦斗争之中。他研究"庄子哲学"和"黑格尔哲学"，是因为在他看来庄子哲学中包含着"消极的革命"的思想，而黑格尔哲学"告诉我们以历史事实锁链中的辩证法则，从唯物观点来看，已含有积极的革命因素"，而他在"此东西两大哲学的云幕之下进行宣扬革命思想"。他认为自己"批判了庄子，因而超越了庄子；批判了黑格尔，因而超越了黑格尔"。当时在大学里不能讲马列主义，而他还有讲马列主义的根源思想——黑格尔哲学的自由。

朱先生欣赏庄子自由高蹈，保持精神的超然独立；也欣赏黑格尔辩证法中强大的革命力量。之前，他曾进行过黑格尔研究，收集了许多黑格尔的原著，并且特别注意了黑格尔和马克思的方法论之间的关系。但唯有摆脱行政任务的这几年，他才有足够的空余时间用于黑格尔的研究。在一年之中，他废寝忘食、一心一意地承担了关于黑格尔哲学之系统解释的任务，为此"忘却家庭，忘却自己，忘却一切赏心乐事，每日我自晨至晚，孜孜不倦底把黑格尔的主要著作，一读再读三读，以求根据唯物主义观点加以解释"。

因为忧国伤时，那时朱先生的心境是比较愁苦的，他常常吟诵屈翁山的一首诗："知己多沟壑，我生日已孤，但愿长白首，不敢哭穷途。雪重松频折，爽深草未苏，巢中黄叶尽，寒绝一啼鸟。"诗句悲慨而苍凉。他用《奋斗二十年》和罗曼·罗兰的《约翰·克里斯多夫》来鼓舞自己，重新鼓起对生命的勇气，把不断的艰苦斗争作为自己生命新的节奏，永不向黑暗势力低头。

1947至1949年，国民党统治区在政治上的黑暗和经济上的危机与日俱长。在文化教育上，也越发呈现出纷乱和无序的状态。当时，中大的校长几乎每年必有更换。全校师生均感到动荡不安，上课时间越来越少，而学潮却接踵而至，罢课和罢教屡见不鲜。国民党政府也就越加激烈和残酷地镇压革命力量。这两三年，朱先生以"沉默"应对反动的统治，一方面对旧世界沉默，另一方面则饱含着对新世界的憧憬。他为着避免人事的纠纷和无谓的误解，几乎和许多旧世界的人们断绝往来，甚至再也不参加北大同学会了。但是哲学系的学生们却了解他的心事，因为朱先生经常和他们侃侃而谈，毫无顾忌、天花乱坠地谈几个钟头。他把希望寄托在青年们的身上。而且，虽然平常保持沉默，但他还会热烈庆祝"五四"的纪念日，并发表《五四精神》一篇，讴歌"五四"精神，企望新的社会。

1948至1949年，国民党在广州垂死挣扎，进行各种搜查、围捕和威胁活动。据朱先生所述，一次"国民党反动派一千多的匪军进石牌围捕教授、同学，自夜半至清晨，匪军所到，威胁、抢劫，在检查的名义之下，把同学们的自来水笔、手表、皮鞋之类，囊括一空，甚至连我屋前所种的熟木瓜，也眼巴巴地看它们拿去。匪军是于翌日清晨来我家搜索的，我初不知原委，还以为是检查户口，它们先在楼下黄家搜查，正在起劲地翻动案上凌零乱的报纸的时候，我奇怪说：'书籍也要检查罢，楼上多得很哩！'因即很客气地请其上楼，那时因为广州的风声鹤唳，有不可终日之势，我早经将书装订成箱，准备搬到乡下去，却是所藏禁书如《新民主主义论》、《论联合政府》及《人民民主专政》之类，则仍摆列在右旁书架堆中，危险之至。但我仍很镇静地和匪军闲谈，谈话中他们气愤着说'教授们拒绝他们搜查'，却没有动手来搜查我，他们也许已经疲倦的罢！指着一箱一箱的书，'都在这里罢'，即由我送他们下楼，扬长而去了。事后我才知道中大教授、同学被捕者有数百人之多"。朱先生随后离开广州抵达梧州暂避风头。直到9月中旬，他又回到广州，迎接新世界的到来。

1949年，他的两项重要研究工作——庄子研究和黑格尔研究终于完成，共六十万言。而当他完成《黑格尔哲学》几天后，广州终于解放，"新世界便霹雳一声出现了"。对于新世界的出现，朱先生满心喜悦和激动，热情欢呼："广州解放了！天亮起来了！"

四

新中国成立后，朱先生带领哲学系师生投入新的学习生活中。他们每天自学自修，学习马列主义和毛泽东思想，见面开口必谈的都是这些内容。朱先生这时读了许多新东西，如《联共党史》、《列宁选集》、《列宁文选》等，并和同事发起了"新民主主义学习会"。他每有暇，就常去新华书店、三联书店，尽力搜购各种革命书籍和马列主义名著。初时只搜集中文本，然后又购置了不少外文本，学习热和藏书热齐头并进。经过了初期的自学生活，便是后来的集体学习生活。1949年11月26日，中大成立了哲学系学习小组，朱先生担任正组长，11月下旬起就开始了各项学习活动。直到1952年8月，思想改造运动才告一段落。前面已经提到，这期间朱先生担任了哲学系"辩证唯物主义与历史唯物主义"、"社会发展学说史"两个科目主讲并制定了教学大纲，还发表了一些关于《实践论》的文章。1951年6月，朱先生应中央教育部之约，以高等学校课程改革研究委员的名义来京参加哲学系的课改工作。开会期间，6月25日至29日，会中有部长及苏联专家报告。到1952年，全国性的院系调整轰轰烈烈展开，中大哲学系10月奉教育部之令搬迁北京，合并于北京大学。与朱先生同行者，除了本文之初提到的几位老师外，还有十名学生，以及家眷和孩童九人。赴京之前，他将多年收藏的珍贵的"广东文献"分装两大箱，留赠中山大学作为纪念。在中山大学，他曾度过整整二十年光阴，在这里经历了自身思想的转变，也经历了民族的奋斗和复兴之路。对中山大学，朱先生一直保持着深深的记忆和浓厚的感情。自从离开中大后，他再也未能重回那片校园。

重回北大，朱先生好像回到自己的旧家一样。只是那时，北大已经从沙滩红楼的旧址迁到燕京大学的旧址，校园风物为之一新。他10月下旬到京，先是住在校内，后来又分配在北河沿10号。但是该地阴暗潮湿，朱先生罹患了关节炎，又迁居到中关园75号，一住就是十几年。这十几年，他并没有承担什么行政上的实际责任，而是专心读书研究。但比之院系调整之前的哲学研究，他的研究方向又有所转变。

刚来到北大时，他被分在中国哲学史史料研究组。不久后该研究组改名为中国哲学史教研室，主要负责人为冯友兰，秘书是朱伯崑。在该教研室，朱谦之先生从1952年一直待到1958年。在中国哲学史方面，他这些年做了不少工作，先是1953年作了《戊戌维新思想述评》，后来便作了大量的史料研究，有前面提到的《老子校释》、《李贽》、《王充著作考》、《新辑本桓谭新论》等，以及《中国哲学史史料学》。这时，他一心一意为搜集史料死啃书本，在图书馆善本室抄书作笔记是经常的生活。有一次他在清华大学图书馆抄书，因过于入神，在课间操的时候甚至被锁在里面。1955年间，关于文化遗产问题，他批判了胡适和梁漱溟，先后写成了《批判胡适的国故学》和《批判梁漱溟的民粹主义思想》。反"右派"斗争中，他也写了《坚决反击右派分子的进攻》和《反右派斗争的历史意义》两篇文章。然而"双反"运动中，他也被卷入其中。他批判了自己的中国哲学史的两条路线的错误。

1958年后，朱先生的研究任务渐渐转入东方哲学史方面，因为"当时对于了解亚非拉各国的思想动态，促进文化交流，支持东方各国民族解放运动的斗争，研究东方哲学史有其现实的意义，因此正在我对中国哲学史极感兴趣之时，科学院提出东方哲学史研究的重要性，而且把这任务交给北大"。朱谦之先生便奉命接下了这项工作，开始了日本哲学史的研究计划。幸而在北大图书馆善本室中，他找到了一大批日本中古哲学的原著，从中搜集到许多材料。1957至1963年间，他先后发表了《日本的朱子学》、《日本的古学及阳明学》以及《日本哲学史》。在当时的日本，都尚没有从头到尾的一部成功的日本哲学史以资参考，但朱先生还是完成了这项艰巨的工作，三本书合起来共百万言。此外，他还将自己编注的《日本哲学史料》，以东方哲学史组的名义发表为《日本哲学》两册。后来北京大学成立了东方哲学史教研组，在青年学者们的帮助下，朱先生除负责日本哲学外，更广泛收集其他国家的哲学史料。此后，他在1964年被调入中国科学院世界宗教研究所。

在北大期间，朱先生不太过问政治。他承担指导研究生的任务，先后指导了两名外国研究生，一名捷克人和一名朝鲜人。前者作汉学研究，回国后还寄给朱先生不少他的研究文章。后者的论文题目是《程朱学对于朝鲜的影响》，回国后与人合著了《朝鲜哲学史》。这些也都是朱先生在文化交流方面的贡献。

朱先生这一生，对哲学、历史、文学史、音乐史等各个方面都广泛涉猎，并拥有着辉煌的成果。可以说，他的一生是奋斗的一生，是永不肯停下前进脚步的一生。他的思想历经了几次大变化，不断超越之前的自我，走向新的阶段。朱先生的人生经历极为丰富，他常常回顾和反思自己的人生历程，写下了许多部自传体的著作。在中大期间，他同时要承担许多行政工作，但院系调整前后这十多年的时光，朱先生的主要精力得以集中在哲学研究上，从辩证法和马克思主义研究，到中国哲学史史料的研究以及东方哲学的研究。可以说，朱先生对于哲学的贡献，集中体现在院系调整前后的这段时间里。在北大，他为中国哲学史和东方哲学史的研究注入了自己的心血和力量，这些是永不可磨灭的功绩。

（刘　耕）

朱伯崑先生
学圃无过老圃知

朱伯崑（1923—2007），生于河北省宁河县（今属天津市）。1947年，入清华大学哲学系读书。1951年，留清华大学哲学系，担任冯友兰先生助手。1952年，转入北京大学哲学系任教，历任助教、讲师、副教授、教授、博士生导师。还曾任国际易学联合会会长、中国自然辩证法研究会易学与科学研究会名誉理事长、东方国际易学研究院院长、中国科学技术发展基金会东方国际易学研究基金委员会主任等。朱先生是著名的易学家，易学哲学领域的奠基人，易学哲学研究大师。先生认为，在西方哲学传入中国以前，中国人的理论思维基本上是通过易学来锻炼的，因此研究中国哲学而不研究易学，就不能深入把握中国传统理论思维的特点。正是基于此种理解，朱先生举十年之力，完成了一百五十万字的巨著——《易学哲学史》。先生的著作还有《周敦颐评传》、《先秦伦理学概论》、《戴震伦理学说述评》、《管子的国家管理学说》等。朱伯崑先生被公认为是继冯友兰、张岱年之后，北大哲学系第三代中国哲学史学者的代表人物。

一

朱伯崑先生的学术生涯是在新中国成立后开始的。1948年，考入清华大学哲学系。1951年毕业，在冯友兰先生的要求之下，留在清华大学哲学系任教，并担任冯先生的助手。1952年全国院系调整，又随冯先生一同转入北京大学哲学系，到了北大哲学系，朱伯崑先生很快走上了中国哲学史的教学岗位，这比那些来自各校的老教授们都优先了一步。院系调整虽然集中了全国哲学界的名宿，但是因为出于思想改造的政治动机，很多从旧社会过来的老教授不能登堂授课，而朱伯崑这位毕业不久的年轻人反倒获得了宝贵的上课机会，成为哲学系少数几个能够上课的老师之一，也因此机缘，他为培养新中国第一批中国哲学史研究工作者作出了很大贡献。

朱伯崑先生自50年代起就是中国哲学史学科的教学骨干，教学活动持续了四十多年，先后开设过"中国哲学史"、"中国哲学史资料讲解"、"中国哲学史学史"、"中国伦理学名著选读"、"易学哲学史"等课程。

据曾经受教的学生回忆，朱伯崑先生对待教学的态度极其认真，整个学期从不缺一堂课，每堂课也都上得满满的。他上课的特点是"满堂灌"，从始至终慢慢地讲授下来。他的课程内容充满着"一以贯之"的方法论精神。他反复强调，学习中国哲学既要把握史料，也要有很好的哲学理论的思维。朱伯崑先生自己对于史料的把握和熟悉在当时的中国哲学史学界堪称翘楚，同时他也认为，学术研究、尤其是中国哲学史的研究，不能仅仅局限于史料的把握，要更进一步具备良好的哲学理论思维。

朱伯崑先生的主要学术方向是中国哲学史，也是继冯友兰和张岱年先生之后中国哲学史研究"北大学派"最重要的代表人物。从50年代开始，在中国哲学史领域，也发生了从旧范式向新范式的转化，这在当时，是一股势不可挡的时代潮流。当时的首要任务，就是改造旧的中国哲学史，创立新的中国哲学史，在这个方面，北大哲学系是全国的表率，而朱伯崑先生积极参与其中，自

著名周易专家朱伯崑

觉地、真诚地运用马克思主义，以毛泽东思想为指导，开展中国哲学史的教学与研究，有开辟学术新局面的卓越贡献。

20世纪50年代初，朱伯崑先生与石峻、任继愈合作撰写了《中国近代思想史讲授提纲》，该书稿完成于1954年10月之前，由人民出版社1955年3月出版。关于此书，据朱伯崑先生回忆，石峻召集人，朱伯崑执笔，完稿后由任继愈审阅了一遍。撰写之前，他们还曾经与时任中宣部副部长的胡绳进行了讨论，吸收了他的一些建议。这部书是新中国中国哲学史研究的第一批成果，其中凝聚了朱伯崑先生的很多心血。此外，朱伯崑先生还参与编写了《中国哲学史讲授提纲》，撰写了其中的先秦至两汉部分。该提纲连载于《新建设》1957年第2期至1958年第5期。后来，在洪谦先生主编的《哲学史简编》中，朱伯崑先生撰写了其中的中国哲学部分，该书由人民出版社1957年出版。

当时的中国哲学史研究，颇受苏联日丹诺夫的哲学史定义的影响，大讲唯物主义与唯心主义两条路线的斗争，对此中国学者们一方面不得不接受，另一方面也根据中国哲学史的实际情况作出某些反思。1957年，朱伯崑先生发表的《我们在中国哲学史研究中所遇到的一些问题》一文，针对简单地套用两条路线斗争模式来研究中国哲学史的做法进行了反思，在当时产生了积极的影响，表现出他的学术洞见和勇气。

就北大哲学系的中国哲学史学科而言，朱伯崑先生是为这一学科奠定史料学基础的主要学者之一。从五六十年代开始，他的学术工作主要以哲学史教学资料的整理和编辑为主，先后主编了《中国历代哲学文选》（先秦至隋唐）、《中国哲学史教学资料汇编》（先秦至隋唐）、《中国哲学史资料长编》等等。这些工作不仅为他个人日后的研究扎下根基，也为整个学科，无论教学还是科研，提供了一个广阔而又坚实的文献基础。"文革"结束以后，朱伯崑先生主持重编了《中国哲学史资料选辑》上下卷，这部资料集为全国各大学所采用，惠及无数初入中国哲学史之门的年轻学子。

二

进入改革开放的80年代，朱伯崑先生在中国哲学史领域取得了非常辉煌的学术成就，其成就体现在两大方面：一是关于中国伦理思想史研究，1984年，他的《先秦伦理学史》出版，这部著作在中国哲学、中国伦理学史领域均有广泛影响；二是关于易学哲学史的研究，朱伯崑先生倾十年之力，完成了一百五十万字的巨著《易学哲学史》，从而开辟了中国哲学研究的新领域——易学哲学，成为这一新领域的奠基人。

朱伯崑先生认为，在西方哲学传入中国以前，中国哲学家是通过对《周易》的解释提高理论思维水平的。因此研究中国哲学而不研究易学，就不能深入把握中国传统理论思维的特点。基于这样的初衷，他系统地讨论了从先秦一直到清代的易学哲学，历史完整，思理周详，资料翔实，分析缜密，每一部分都确实可据，又不乏真知灼见，从中可见朱伯崑先生治学的深厚功力。

易学本属于传统经学的范畴，而在20世纪的中国哲学史研究中，经学往往被视为传统思想的糟粕而受到轻视。而朱伯崑先生认为，不研究经学，哲学史的研究就不可能深入下去，而《周易》为群经之首，更是我们首先要攻克的一大堡垒。在哲学史的意义上研究易学，要特别重视义理和占筮的分别，要自觉继承孔子"观其德义"及"不占而已矣"的精神，坚决反对任何形式的占筮活动。朱伯崑先生的易学哲学研究，贯通了哲学和经学，在很大程度上纠正了20世纪中国哲学史轻视经学的偏失，使经学回归到中国哲学史上应有的地位。

朱伯崑先生的这部著作，充分体现了"北大学派"原始材料和理论分析并重的特点，可以说是20世纪后期中国哲学史领域不可多得的学术经典，迄今为止，还没有能出乎其右的同类著作。凭借这部著作，朱伯崑先生足以跻身于北大哲学系中国哲学诸大师的行列。

朱伯崑先生晚年致力于易学研究普及和培养易学人才，致力于中国传统文化和哲学的复兴事业，先后创办了美芝灵国际易学研究院和东方国际易学研究院，出任院长。朱先生以其德行和智慧的魅力汇聚了全国乃至世界范围内的易学名家，共同讨论易学和中国哲学的问题，为易学研究的发展和易学传播作出了卓越贡献。在此期间，他还创办了《国际易学研究》学刊，并主编《易学基础教程》以及《易学智慧丛书》数十种。2004年，又主持成立了国际易学联合会，担任首届会长。

虽然如此积极组建社团机构、致力于社会活动，但实际上朱伯崑先生一生淡泊名利，与世无争。胡仲平回忆道，记得朱先生书房里有一幅画，不知是哪位知音或仰慕者以王维《竹里馆》诗的意境画赠朱先生的。其诗云："独坐幽篁里，弹琴复长啸。深林人不知，明月来相照。"这恰好是对朱先生这样一位稀世之智者、君子，当然更是一位旷代之隐士、高人的绝妙写照。

三

朱伯崑先生四十多年的杏坛生涯，桃李满天下，培养了中国哲学史领域的众多学术人才。在学生们的心目中，朱伯崑先生是一个真正的学者，也是一个敦厚的长者。待人严格而不失温和，宽厚而不失砥砺。其学问与人品赢得了学生们的深深的尊敬和爱戴。

朱伯崑先生相貌古夒，不苟言笑，令人"望之俨然"，容易心生敬畏。但真正有所接触，便会感到朱先生实在是一位宽厚、温和的长者。有什么学业上的困惑、疑难求教，他都会耐心地解答，让人感觉"即之也温"。胡仲平回忆说："1987年去敦煌实习，由于有朱先生这样重要的学者一道前往，使得我们一帮年轻人多看了不少轻易不对外开放的洞窟，还能亲手摩挲北齐时期宝贵的经卷，这都是托朱先生的福。我不算是北大的好学生，1989年硕士毕业，之后过了多年又重回母校读书，见到朱先生时，张学智老师介绍这是胡仲平，他立即说'我知道'，让我受宠若惊。"而听朱伯崑先生的课，跟读他的扛鼎之作《易学哲学史》一样，感到思路明晰、史料翔实、持论平允、言简意赅，焕发着理性的光辉和力量，让人既感到洞明，又觉得深刻。朱熹注《论语》"听其言也厉"句，曰"厉者，言之确"也，这也正是听朱先生的课给人们留下的深刻印象。朱先生就是这样一位让人"望之俨然，即之也温，听其言也厉"的长者。

朱伯崑先生一生历经坎坷，忧国忧民之心无时不在。他总是以为，个人的命运和国运密不可分，他一直关注国家的发展和进步，为民族复兴深感自豪与骄傲，直到暮年仍以教书育人为自己的崇高使命。朱先生八十岁时，曾经赋诗言志云：

百年磨难思中兴，而今万邦谒燕京。
老骥犹伏千里志，振兴中华育精英。

（吴　悠）

任继愈先生

"凤毛麟角"的学者

任继愈（1916—2009），原名又之，山东平原人。1934年，任继愈考入北京大学哲学系。1941年硕士毕业后，任继愈选择了在北京大学留校任教，直至1964年受命组建中国社会科学院世界宗教研究所并任所长。1956年起，任继愈兼任中国科学院哲学研究所研究员，为中华人民共和国培养了第一批副博士研究生。1999年，任继愈当选为国际欧亚科学院院士。曾经担任过的职务有中国宗教学会会长、中国西藏佛教研究会会长、中国哲学史学会会长、中国社会科学院世界宗教研究所名誉所长。1987年起，任先生出任北京图书馆（1999年更名为中国国家图书馆）馆长，直至2005年。2008年后，担任中国国家图书馆名誉馆长，直至2009年逝世。任继愈在大学时主修西方哲学史，但是1938年的随校南迁旅行使得他转变了志向，决定要探究中国的传统文化与传统哲学，把总结中国古代精神遗产作为自己一生的追求和使命，并且致力于用马克思主义研究中国古代哲学。先生的成就包括20世纪50年代中相继发表的多篇研究中国佛教思想哲学的论文（后来结集以《汉唐佛教思想论集》出版，成为中华人民共和国用马克思主义研究宗教问题的奠基之作），以及1962年至1963年始由他主编的《中国哲学史》，此为中国大学哲学系的基本教材。80年代以来，任继愈投入大量精力，领导了大规模的传统文化资料整理工作；1982年起，时任世界宗教研究所所长的任继愈开始主持编修《中华大藏经》。《中华大藏经》以1930年代发现的稀世孤本《赵城金藏》为底本，采用《房山云居寺石经》、《普宁藏》、《永乐南藏》、《清藏》及《高丽藏》等八种刻本进行对校。此外他还是《中国佛教史》、《中国道教史》、《宗教大辞典》、《国家图书馆藏敦煌遗书》以及《中华大典》等浩大文化工程的领导或主编。毛泽东评价任先生"凤毛麟角，人才难得"，熊十力也称赞他"诚信不欺，有古人风"。

一

任继愈出身于书香之家，父亲虽然毕业于保定陆军军官学校，身在行武，但是喜欢读书，家庭中文化气氛很浓。任继愈四岁起入私塾识字，后转读新式学校。中学时代，他就对哲学产生了兴趣。1934年，十八岁的任继愈考入北京大学哲学系，师从汤用彤、熊十力、贺麟、钱穆诸教授。当时的哲学系虽然有名师执教，但是愿意以此为业的年轻人并不多，据任继愈回忆："当时进哲学系的一共有十几个人，最后只剩下三个人，我便是其中之一。"因为学术信仰坚定，任继愈的大学生活是刻苦而又快乐的，他回忆说："我们当时的《哲学概论》课是汤用彤先生讲，这是一年级的必修课。哲学是怎么回事啊，启发式的，引起兴趣，这很重要。从那以后，我觉得哲学很值得学，视野开阔了。哲学是研究真理的学问。我记得斯宾诺莎有句话，他说'为真理而死不容易，为真理活着就更难'，这句我印象很深刻。"

1937年"七七事变"爆发后，北大决定南迁。任继愈正上大三，随校南移至湖南衡山脚下的北大文学院，半年后又迁往设立在云南蒙自县的西南联合大学。从长沙到昆明，闻一多先生与李继侗、袁复礼等几位教授和二百四十多名师生选择了徒步前往，称为"湘黔滇旅行团"，时年二十一岁的任继愈也报名参加了这次"旅行"。这次被称为"小长征"的旅行经历六十余天,全程三千多里,虽然一路上风餐露宿,着实辛苦,但对于血气方刚的任继愈和他的同学们来说,是一路故事一路景、一路笑声一路歌。

1938年,随校南迁的任继愈从北京大学哲学系毕业,次年考取了西南联大北京大学文科研究所的第一批研究生,导师是汤用彤和贺麟,专业方向是中国哲学史和佛教史。

当时西南联大的研究生与北大几位导师教授同住在靛花巷的一个宿舍里,又在同一个餐厅开伙食,师生们朝夕相处,谈学问、谈生活、谈政治,也随时讲些历史掌故,师生关系十分融洽。和任继愈他们同住的有罗常培、郑天挺、陈寅恪、汤用彤、姚从吾几位,虽然名分上是师生关系,实际上是朋友甚至亲人的关系。融洽的师生氛围有利于学生学业的进步,任继愈对此深有感触。

青年任继愈(1938年从长沙步行到西南联大后留影)

在西南联大,让任继愈记忆最深刻的是学校的学术民主。三个学校强强联合,学生和老师之间都可以互相观摩,彼此启发。教授之间互相听课,师生之间可以互相保留不同的学术观点。撰写论文,学生可以不同意导师的意见,只要持之有故,有充实的根据,教师即可让论文通过。这种民主的学术氛围既调动起了学生的积极性,又充分张扬了学生的个性,任继愈获益匪浅。到了晚年，任继愈曾感慨道："当时的气氛可以说是完全真正意义上的百家争鸣。……而且，西南联大还有一种民主和宽容的人文气氛，民主和宽容这两者是相辅相成的。"

从1942年起，任继愈任教于北京大学哲学系。北大复员回北平后，仍在沙滩红楼，1952年院系调整，遂转入燕园。20世纪80年代任继愈曾撰文回忆："自从我1934年考入北大哲学系，到1964年中国科学院成立世界宗教研究所，前后共三十年。我调离北大后，仍在北大兼任教学工作。这样算来，我与北大同忧戚、共浮沉已有五十四年。"

二

1949年，任继愈和欢欣鼓舞的北大师生共同迎来了北京的解放。1952年，北京大学从沙滩搬入燕园。当时政府命马寅初先生任北大校长，马先生德高望重，但实际上不大管事情；有两个副校长，一个由党委书记江隆基兼任，一个由汤用彤先生担任。而实际上主要负责教学和科研的都是汤用彤先生一人。任继愈一直跟随导师汤用彤先生，据汤用彤先生哲嗣汤一介回忆："他（任继愈）是我父亲汤用彤的研究生。西南联大解散后，北大迁回北平，那时我是北京大学哲学系的学生，他是哲学系的老师。我之所以对佛教开始有一点了解，不是从父亲那儿学到的，是从任继愈先生那儿学到的。我经常去他家，不仅仅他是我的老师，他的夫人冯钟芸（冯友兰的侄女）也是我中学的老师。"

1952年，正赶上全国高校院系大调整，燕京大学并入北大，再加上清华及南北各大学文理两科的加盟，北大群英荟萃。一个突出的特点，当时的北大在某种程度上维系了西南联大的传统。50年代初考入北大的胡经之写过一段回忆文字："追溯起来，西南联大主要有三代学人构成……解放初，这三代学人都还在北大发生影响。最活跃的，却是更晚一辈人，西南联大的大学生和研究生。这批人在解放后成为北大的教学中坚,哲学系有任继愈、其夫人冯钟芸乃冯友兰侄女;有张世英,其夫人是闻一多的学生彭兰;还有王瑶、李赋宁。这些人在联大都是二十岁出头,院系调整后到了北大,正是四十不惑的年纪。"这第三代学人没有旧社会的包袱,积极要求进步,在新中国的大潮中很快成为弄潮儿。任继愈先生在这波潮流中也觉得浑身有使不完的劲儿,正如胡经之回忆的一样,他和同期西南联大的研究生们成为了1952年院系调整后北大教学的中坚力量。1956年,任继愈被评为北京大学教授,并和他的山东同乡季羡林同时入党。同年起,任继愈兼任中国科学院哲学研究所研究员,为新中国培养了第一批博士研究生。第一次招生,任继愈先生就招了十七位学生,为的是尽快培养出新中国的哲学人才。

任继愈在学术上的突出贡献,是用马克思主义研究佛教哲学。从50年代起,任继愈把佛教哲学研究作为中国哲学史研究的一部分,连续发表了几篇运用马克思主义研究佛教哲学的文章。有意思的是,任继愈的文章受到毛泽东的高度重视。其实,作为国家的最高领导者,毛泽东对宗教问题始终都是很注意的,任继愈过去写的一些关于佛教史研究的文章,毛泽东都看过。毛泽东对任继愈的评价很高,用"凤毛麟角"来形容他在佛教史方面的研究。在《毛泽东文集》里有一段话:"世界三大宗教(基督教、伊斯兰教、佛教),至今影响着广大人口,我们却没有认识,国内没有一个由马克思主义者领导的研究机构,没有一本可看的这方面的刊物……用历史唯物主义的观点写的文章也很少,例如任继愈发表的几篇谈佛学的文章,已如凤毛麟角,谈耶稣教、伊斯兰教的没有见过。"这就是"凤毛麟角"这一评价的由来。

1959年10月13日,任继愈受到毛泽东接见。刚见面,毛泽东就说,任先生,你写的那些文章我都读了。接着,毛泽东就讲研究宗教问题的重要性。他忽然问,北大有没有人研究宗教,任继愈回答说,除了他研究佛教以外,还没有人从事这方面的研究,基督教也没有人专门研究。毛泽东说这样不好,又问哲学系一共有多少人。任继愈回答了数目,毛泽东有些奇怪地问:既然这么多人，为什么没有人研究宗教问题？一定要抽出个把人来研究这个问题，不能忽略。又过了几年，大约在1963年冬天，周恩来总理访问非洲十四国之前，给中央写了一个报告，大意是建议加强研究外国的工作，筹备建立一些专门的研究所。就是在周总理的这个报告上，毛泽东作了一个批示，说这个报告很好，但唯独没有宗教研究，对世界三大宗教，我们没有知识，国内没有一个由马克思主义者领导的机构，没有一本可看的刊物。

正是因为有了毛泽东这个批示，中国科学院于1964年增设了世界宗教研究所。这个研究所当时设在北京大学，先由中宣部负责，具体做工作的是当时在中宣部工作的于光远、北京大学校长陆平、国务院宗教局长肖贤法。任继愈先生参加了筹备，并一直担任领导工作。世界宗教研究所工作开展起来以后，又创办了刊物《世界宗教研究》，从此中国有了一个重要的宗教学研究阵地，产生了一大批学术成果。

任继愈先生的另一方面的学术贡献，是在中国哲学史这个传统领域。自60年代起，任继愈先生担任主编，集合中国社会科学院哲学所、北京大学哲学系、中国人民大学哲学系三个单位的十几位学者，共同编写了四卷本的《中国哲学史》，第一、二卷初版于1962年，第三卷初版于1964年，第四卷初版于1979年，均由人民出版社出版。这部书是1949年以后用马克思主义观点撰写的第一部完整的中国哲学通史，代表了六七十年代中国哲学史研究的最高水平。

三

多年来，任继愈先生做学问、当老师，还担任不少职位的领导工作。不论在什么地方，在什么岗位，都诲人不倦，待人热忱。北大哲学系五〇级学生欧阳中石先生称赞任继愈先生"是一个真正有君子之风的人"。五四级的杜继文先生回忆说："他（任继愈）特别能采取平等的态度来研讨，跟学生在一起也特别随便,从来不会用自己的身份强迫别人接受他的观点。"任继愈先生对学生的学业和生活都十分关心,为学生批改论文,都要逐字逐句,细到纠正标点错误。有的学生生活有困难,他每每拿出自己的稿费给予必要的资助。五〇级的李泽厚上学时不幸染上肺结核,任继愈先生经常送钱给他,让他补充营养。李泽厚对这份师恩一直感念不已,后来定居美国,每次回国一定会去看望自己的老师。任继愈先生的门下弟子,也都在中国哲学、中国宗教方面学有所成,不少人成为这些领域的一流学者。

直到 80 年代,任继愈先生虽已不在北大哲学系,但仍在北大哲学系兼课,师泽惠及下一代学子。八二级学生王博回忆说:"任继愈先生是北大哲学系的学生,也是北大哲学系的老师,对北大哲学系一直非常关怀。80 年代,我们有幸听任继愈先生讲课,大家都有个重要的印象:先生为人十分谦和、低调。我觉得,任继愈的所有角色中,最重要的角色是一名学者,而且是有古风的学者。任继愈生命中有刚毅、柔韧的气质,说话言简意赅,掷地有声,做人有原则,很坚持。此外,任继愈也是有现实关怀的学者。对中国传统哲学的整理都包含了现实的关怀。做学问方面'择善而固执之',体现了北大哲学系的开放精神。"

任继愈先生曾在《竹影集》中撰文概括他心目中北大的特点,"老"与"大"。他认为,北大的"大",不是校舍恢弘,而是学术气度广大。这一无形养成的学风,使北大的后来人能容纳不同的学术观点。他进北大时,蔡元培校长已离任很多年,但当年的学风还在。形形色色的教授中,有衣冠楚楚的,也有衣履邋遢的;有口才便捷的,也有语言不清的;有有学历头衔的,也有没有上过大学的;有新人物,也有老秀才。北大教师的政体阵容是壮大的。抗战时期的西南联大,更是呈现了百家争鸣的局面。全国解放后,经历了 1952 年全国院系调整,北大的教师队伍打破了各校长期隔阻、南北不通气的格局,促成了新中国成立后的新校风。人们在众多流派中各自汲取所需,取精用宏,不名一家。北大这个"大"的特点,谁能善于利用它,谁就能从中受益;肯学习,就能多受益。

  2009 年 7 月 11 日，任继愈先生溘然长逝，享年九十三岁。这位"凤毛麟角"的学者也离开了我们。在这样一个大师日渐凋零的时代，我们更怀念任继愈先生这样的前辈学者给我们留下的宝贵财富和精神力量。在纪念哲学系一百周年的日子里，最好的纪念他们的方式，就是沿着他们的道路，继续走下去。

（吴　悠）

张颐先生
西洋古典哲学研究的先驱

　　张颐（1887—1969），字真如，又名唯识，别号丹崖，四川永宁（今叙永）人。1906年，考入永宁中学堂。1907年，加入同盟会。1908年，考入四川省立高等学堂，其间参与组建革命团体"勉学会"和"乙辛社"。1911年，积极参加保路运动。民国成立后，任四川省府官员。1913年，考取四川省公费留学资格，赴美留学深造，就读密歇根安娜堡大学。1919年，以《黑氏伦理研究》获哲学博士学位。同年秋，转入英国牛津大学；在就读牛津期间，曾到德、法两国进行哲学研究。1923年，获牛津大学哲学博士学位。1924年，回国任北京大学哲学系教授。1926年，因并校风波而南下他就。1929年，重回北大，任哲学系系主任。1935年夏，休假赴欧美考察。1937年，代理四川大学校长。1939年，受聘任教于迁至四川乐山的武汉大学。1946年，抗战胜利，北京大学迁回北平时，应邀返回哲学系任教。1951年，被聘为四川省文史馆研究员。1956年，任全国政协委员。1969年，病逝于北京。张颐先生，是我国著名的学者与教育家，他对黑格尔哲学的研究影响深远，为中国的西方哲学研究作出了卓越的贡献。

一

1913年9月3日一艘远洋轮船从上海的港口缓缓出发驶向大洋彼岸的美国，伴随着起航的汽笛声，刚刚考取了公费出洋留学资格得偿所愿的四川才子张颐，踏出了他越洋探寻真理的第一步。他默默地立下了留学十年，必学有所成、方才回国的宏愿。

10月初，张颐进入了美国密歇根安娜堡大学学习。当时该校著名教授、知名学者云集荟萃，自然科学、社会科学和人文各学科都非常出色。

作为留学新生的张颐首先要面对的问题就是选择学习的方向。张颐对此的认识十分深刻，他认为"西方各国，何以富强，除科学发达外，其社会思想必有与中国相异之处，欲探究其思想之奥妙，于是学习哲学"[1]。在此后的四年中，他循序渐进依次修习了逻辑、哲学概论、哲学史、政治哲学、现代哲学、知识论、形而上学、美学等课程。

在这些课程中，温莱（R. W. Wenley）教授所开的名为"康德与黑格尔哲学及其对于英美哲学之影响"的进修班（Proseminar），是张颐最感兴趣的，也是他自称受益最多的一门课。温莱教授的这门课，除了选读康德与黑格尔的著作外，还提纲挈领、引人入胜地讲授了从康德到黑格尔的哲学史，以及英美哲学在受到其影响前后的变化。受此影响，张颐便醉心于德国古典哲学，尤其是黑格尔哲学，终其一生再无改变。

获得学士学位后，张颐旋即进入密歇根安娜堡大学研究生院，继续学习哲学大约三年并于1918年获得了硕士学位。此后他开始写作关于黑格尔哲学的博士论文，并于1919年完成。经过考试，他以特优成绩获得了博士学位。

在密歇根安娜堡大学学习的这些年里，张颐成绩始终名列前茅，并且多次受到了校长安琪儿以及哲学系主任的当众表扬。据同在密歇根安娜堡大学

---

[1]《张颐论黑格尔》，侯成亚、张桂权、张文达编译，四川大学出版社2000年版，第228页。

我国西方哲学教育的先驱张颐

获得博士学位、后来担任过北大副校长的傅鹰教授说："中国留学生张颐之名大噪。"在当时的美国社会，美国人对华人存在很大的歧视，张颐以其优异表现使许多美国人对中国人的印象发生了改观，也让当时的留学生因之扬眉吐气。傅鹰教授说："中国人在密执安（密歇根安娜堡大学的旧称）之能扬眉吐气，受到美国人的重视，实自张颐来美始（因美国人素来藐视华人），因其对研究黑格尔哲学的惊人成就及其持正的评判，为欧美研究黑氏哲学者所不及也。张颐博士在美国提高中国留学生之地位，的确起了积极的作用。"[1]

为了实现其留学十年、无成不归的志愿，张颐在拿到了他的第一个博士学位之后，选择了离开美国，横越大西洋，前往英国，并于1919年秋转入了牛津大学研究生院，继续研究黑格尔哲学。

当时在牛津大学的中国留学生只有张颐一个。独在他乡为异客，难免使人有孑然一身、孤立无援之感。所幸的是他为人厚道，富于感情，赤诚待人又"笃于友道"，因此人缘相当好。他在牛津的导师史密斯（J. A. Smith）与他关系极好，不但在学业上不惮烦劳地为他解惑答疑，在生活上对他也颇多关照，经常邀请他去家里喝茶用饭，饭后常常外出散步，讨论哲学问题，这些都令

---

[1]《张颐论黑格尔》，第242页。

他获益良多。此外，他还结识了许多朋友。根据张颐回忆，韦莱（F. J. Wylie）夫妇、席勒尔博士（Dr. F. C. S. Schiller）、白兰谢尔（B. Blanshard）夫妇等都常常邀他茶叙、散步或者游玩。因此，张颐在牛津的求学生活，非但没有孤寂无助，反倒过得十分丰富多彩，学业也大有长进。

1923 年春天，张颐完成了博士论文《黑氏伦理探究》（*The Development Significance and Some Limitations of Hegel's Ethical*）。史密斯教授对这部专著评论说："特别重要的是张颐教授讨论了黑格尔关于家庭及家庭和国家的观点。在这里他以他的批评超过了黑格尔，消除了一般西方思想和制度所根据的偏见……应当予以注意。"[1]

在经过牛津大学哲学系严格的审定与公开答辩之后，张颐以优异的成绩获得了牛津大学哲学博士学位，并随之参加了餐宴、酒会、茶会等各种牛津传统的光荣集会。张颐成为了历史上第一位获得牛津哲学博士学位的中国人！

每位专业研究德国哲学的学者，只要条件允许，都有踏上德意志大地的愿望。张颐也是如此，他一直想着要前往德国一探康德与黑格尔哲学之原委。1921 年的春天，在好友哈苏（S. Z. Hasan）多次写信邀约的情况下，张颐动身前往德国，转入埃尔朗根大学研究班继续深造。当时的黑格尔学派教授白龙锡德（F. Brunstat）教授以私下授课的方式为他讲授康德和黑格尔哲学。

在德国期间，张颐又参加了德国康德学社的会议，柏林大学哲学演讲，以及康德学社柏林分社会议。这使得他能够有机会会晤当时欧洲顶尖的德国哲学学者，并且结识了康德专家、《康德研究》（此刊物至今仍是世界研究康德哲学的重要学术期刊）的创办人范欣格（H. Vaihinger）教授。此后，他还与范欣格教授长期保持通信，以书信探讨哲学问题。

张颐在牛津大学的博士论文出版以后，不但受到了英国黑格尔哲学研究者们的重视，在德国也具有相当的影响。习尔熙（E. Hirsch）教授在 1927 年发

---

[1]《张颐论黑格尔》，第 242 页。

表了书评。柏林的黑格尔专家拉松（Dr. G. Lasson）博士在《康德研究》（第33卷）中也发表书评，称"该书对于黑格尔，较许多德国作者尤为公允"[1]。张颐由此而获得了"东方黑格尔"的美誉！

二

十载已满，曾经立志留学十年、无成不归的张颐，如今满载着荣耀与对故乡的思念再次登上了远洋的客船。这一次他挥别的不再是依依惜别的故土，而是撒播了十年辛勤的他乡；这一次他驶向的不再是陌生神秘、虽然憧憬却又令人略有些惶恐的大洋彼岸，而是让人仅凭着思念就会落泪的家的方向。1923年的春天，张颐先生从法国马赛出发，途径锡兰、新加坡、香港等地，最终抵达上海，那个始发之处。

张颐先生载誉而归后，北京大学、中山大学等国内高等学府都纷纷向他发出邀请，争相聘请他来校执教。张颐先生选择来到北大哲学系。从1924年的秋季学期开始，北大哲学系就有了一位风度翩翩，精通英、德、法多国语言，研究水平世界一流的黑格尔哲学专家。

当时的北大哲学系学术气氛非常浓厚。张颐先生来到哲学系后，陆续开设了"西洋哲学史"、"教育哲学"、"康德之纯理批导"、"黑格尔哲学"等许多课程，选修的学生非常之多，又极其勤勉好学，对此张颐先生甚为满意。

当时的国内哲学界对黑格尔知之甚少，张颐先生曾这样描述当时的国内学界："回忆民国十三年春，余自欧洲归抵沪上时，所遇朋友皆侈谈康德，不及黑格尔，竟言认识论，蔑视形上学。"[2]作为世界一流的黑格尔专家的先生的到来，彻底扭转了这一现象，真正地把黑格尔哲学带入了中国高校哲学系。贺

---

[1] 《张颐论黑格尔》，第243页。
[2] 同上书，第244页。

麟教授在《康德黑格尔哲学东渐记》一文中写道:"自从1924年,张颐先生回国主持北京大学哲学系,讲授康德和黑格尔哲学时,西方古典哲学才开始真正进入了中国近代大学的哲学系。"[1]

张颐先生在北大哲学系的首次任教,只维持了短短两年。当时正值北洋军阀专政,北京已经不是一个可以自由讲学之地,再加上政府不顾学校经费,教师薪水每月只有两成,许多教授纷纷离校另谋他路。张颐先生因诸种原因,也在1926年向北大请假,暂时去厦门大学教书,以待时局好转再回学校。

1929年,北京时局有所好转,张颐先生就立即回归北大哲学系,重执教鞭,除了西方哲学史外,隔年轮授康德和黑格尔哲学。此外,张颐先生还兼任了系主任一职。在六年的任职期间,他延聘了许多知名教授前来讲座授课,比如马叙伦、汤用彤、黄方刚、贺麟、金岳霖、邓以蛰、熊十力、张崧年、郑昕、李证刚、嵇文甫等,使得当时的北大哲学系知名学者云集,群星荟萃,蔚为大观。

行政事务工作方面的繁忙并没有降低张颐先生在治学研究方面的成就,在此期间,他撰写并发表了多篇论文,如1931年发表的《读克洛那、张君劢、瞿菊农、贺麟诸先生黑格尔逝世百年纪念论文》,1932年发表的《关于黑格尔哲学回答张君劢先生》,1933年发表的《余与张君劢先生讨论黑格尔哲学之经过》以及《黑格尔与宗教》等。如果说张颐先生在北大讲堂上的讲授把黑格尔哲学带入了中国大学的哲学系,那么上述论文可以说是把黑格尔哲学推向了整个中国哲学界,很大程度上促进了国内学界对黑格尔哲学的重视与认识。

抗日战争结束,偏居西南的各大学复员回原地。张颐先生答应了此时已经迁回了北京的北大的邀请,第三次回到了他已经阔别十年之久的北大校园。这次能够重返北大,张颐先生"心情异常激动",教学也愈发努力。尽管张颐先

---

[1]《康德黑格尔哲学东渐记——兼谈贺麟对介绍康德黑格尔哲学的回顾》,《西学东渐研究》(第二辑),商务印书馆2009年版。

生万分不忍离开讲席，不忍离开他浇注了无数心血的北大哲学系，不忍离开渴望听他讲授黑格尔哲学的学生们，奈何年事已高，血压更是日益增高，经医生诊断随时有中风危险，不能在上讲堂授课了。张颐先生这一段的执教只维持了两年，最后不得不暂时回四川老家养病。

在这段在北大的期间，正好赶上张颐先生的六十寿诞。系里的其他教授、学生们和先生的朋友们一起，决定仿效西方学术界为耆宿庆祝的方式，以撰写论文为他贺寿。张颐先生在大家的敦促下也自撰了《六十自述》一文，叙述了自己生平从师学道的经历以及多年来思问体悟到的哲学信念。这些论文后来编著成一卷《哲学论丛》。

1952年院系调整时，张颐先生并不在校，但他仍然是北大哲学系的元老，是在册教授。1957年，等到张颐教授身体略有好转，当时的北大校长马寅初和哲学系系主任郑昕先生又先后发函，邀请他回校指导青年教师和研究生搞研究工作，考虑到他年届古稀加之血压颇高，因此特别言明："不要求上班开课，时间亦不受限制，有暇将过去的旧作整理出来，务使先生之学不致成为绝学。"[1]

张颐先生自1924年归国，之后的大半教学生涯都是在北大哲学系度过的，"关系甚深，情不可却"，遂应聘，于1957年七十高龄时，第四次回到了北大，随后定居北大朗润园116号，直至1969年去世，享年八十三岁。

贺麟先生曾经这么说过："自从1923年，张颐先生回国主持北京大学哲学系，讲授康德和黑格尔的哲学时，我们中国才开始有够得上近代大学标准的哲学系。"[2] 在《哲学论丛》的卷首献词中，他曾对张颐先生有过这样的评论："张真如（颐）先生是中国哲学家专门研究西洋古典哲学的先驱，是北大哲学系多年注重客观研究哲学史及哲学名著的朴实学风的范成者，也是中国大学里

---

[1]《张颐论黑格尔》，第241页。
[2] 贺麟：《西方哲学的绍述与融会》，《贺麟集》，中国社会科学院科研局组织编选，中国社会科学出版社2006年版，第39页。

最早专门地、正规地讲授康德及黑格尔哲学的第一人。对于译述及融贯西洋哲学，他亦颇多鼓励和启导。"[1] 没有华丽的辞藻，没有过多的溢美之词，这份评价体现的恰恰就是先生所倡导并推行于北大的朴实、踏实、求实的学风。自先生之后，北大哲学系经历了无数风风雨雨，有坎坷也有荣耀，但朴实的学风成为在这扇哲学门内学习的所有学子们都分外珍惜的不变的精神传承！

（施　璇）

---

[1] 贺麟：《哲学论丛》卷首献词，《张颐论黑格尔》，第 243 页。

贺麟先生
弘传西学与当代哲学建设

贺麟（1902—1992），字自昭，四川金堂人。1919年，考入清华学堂，受到梁启超一定的影响。1925年，被选为《清华周刊》总编辑。1926年，赴美留学，之后又先后在奥柏林大学、芝加哥大学、哈佛大学学习哲学。1928年，获奥柏林大学学士学位。1929年，获哈佛大学硕士学位。1930年，转赴德国柏林大学专攻德国古典哲学。1931年秋回国，任教于北京大学哲学系，并在清华大学兼课。中华人民共和国成立后，继续任北京大学哲学系教授。1953年，加入中国民主同盟。1955年，调任中国科学院哲学研究所研究员、西方哲学史研究室主任、哲学研究学术委员会副主任，后为中国民主同盟北京市委委员、中国民主同盟中央委员。为中华全国外国哲学史学会名誉会长，第三届、第五届全国政协委员。1982年，加入中国共产党。1992年9月，病逝于北京。贺麟先生在西方哲学方面有很深的造诣，同时又从小深受儒学熏陶，学贯中西，为中国现代思想自成体系的哲学家，是"新心学"的创建者，被尊为现代新儒学八大家之一。

一

贺麟的少年时代是在浓郁的中学氛围中长大的，他的父亲是晚清秀才。他八岁时入私塾，十六岁考入省立石室中学，主修宋明理学，十八岁进入清华学堂。在学堂期间，他的治学兴趣基本上是在中学，因此经常问学于梁启超、梁漱溟等先生，并很早就发表了《戴东原研究指南》、《博大精深焦里堂》等文章。

说到贺麟与西方哲学的结缘，就不得不提到吴宓先生。贺麟在清华的第六年选修了吴先生为高年级学生开设的"翻译"选修课，该课讲授翻译原理与技巧，并辅以翻译练习。经过这门课程的锻炼，贺麟的翻译水平突飞猛进，他开始着手翻译英文诗歌和散文，之后撰写并发表了《严复的翻译》（1925）一文。从此，贺麟的治学兴趣发生了转向，他下决心"步吴宓先生介绍西方古典文学的后尘，以介绍和传播西方古典哲学为自己终身的'志业'"[1]。

为了真正探得西方古典哲学这个西方文化的源头活水，并把它接引到中国以帮助解决中国的根本问题，贺麟在清华大学毕业后，随即踏上了赴美求学之路。

1926年，贺麟进入奥柏林大学哲学系学习。在这里他遇到了将其领进斯宾诺莎和黑格尔哲学之门的耶顿夫人（Mrs. Yeaton）。在学校的课程外，贺麟还获得了她的私授，参加了她在家中举办的读书会。先生曾回忆道："由于她的启发，奠定了我后来研究黑格尔和斯宾诺莎哲学的方向和基础，所以她是我永生难忘、终生受益的老师。"[2] 两年后，凭借优异的成绩，贺麟提前从奥柏林大学毕业，获得学士学位，学位论文题为《斯宾诺莎哲学的宗教方面》。

之后，贺麟转入芝加哥大学，继续专攻哲学。在芝加哥大学学习期间，他先后修习了米德教授的"黑格尔精神现象学"、"柏格森生命哲学"课程，斯密

---

[1] 贺麟：《康德黑格尔哲学东渐记》，《中国哲学》（第二辑），三联书店1980年版，第376页。
[2] 贺麟：《哲学与哲学史论文集》，商务印书馆1990年版，第2页。

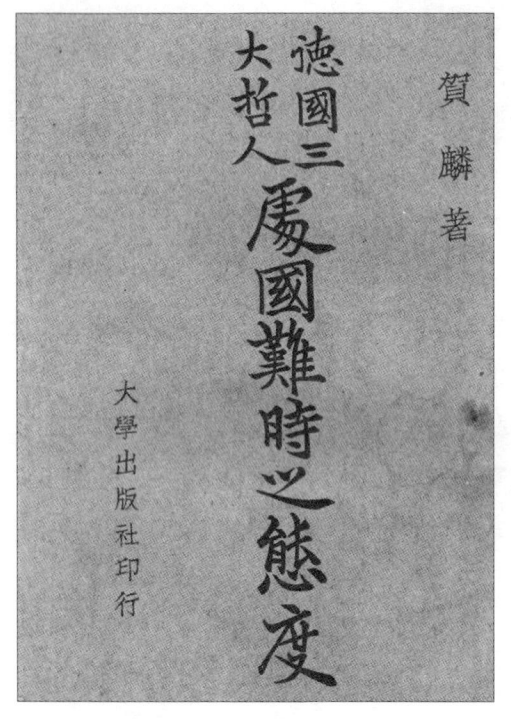

贺麟著《德国三大哲人处国难时之态度》
（1943年补版）书影

斯教授的"格林、布拉德雷、西吉微克、摩尔的伦理学"课程，以及塔尔兹的"政治伦理"课程。贺麟最感兴趣并且最为推崇的是格林的学说，并专门写过《托马斯·希尔·格林》一文。

不过，由于"不满于芝加哥大学偶尔碰见的那种在课上空谈经验的实用主义者"，贺麟很快转入了极为重视西方古典的哈佛大学，"目的在进一步学习古典哲学家的哲学"[1]。在哈佛期间，贺麟选修了"康德哲学"、"斯宾诺莎哲学"等课程，听过霍金教授的"形而上学"以及怀特海教授的"自然哲学"课程，在课外还读了许多美国新黑格尔主义哲学家鲁一士（J. Royce）的著作，后来还把他的两本书《近代哲学的精神》、《近代唯心主义演讲》中的最精要部分译

---

[1] 贺麟：《现代西方哲学讲演集》，上海人民出版社1984年版，第161页。

成中文，取名为《黑格尔学述》并于 1936 年出版。在哈佛期间，贺麟完成了《道德价值与美学价值》与《自然的目的论》两篇论文。1929 年，贺麟从哈佛大学毕业，获得了硕士学位，学位论文题为《斯宾诺莎身心平行论的意义及其批评者》。

为了更好地掌握德国哲学的精髓，贺麟没有继续在哈佛大学攻读博士学位，而是于 1930 年前往德国柏林大学深造德国古典哲学。到了德国后，他先后选修了迈尔教授的"哲学史"、哈特曼教授的"历史哲学"等课程，研读了黑格尔哲学研究方面的著作。其中，哈特曼教授对他的影响最大。在德国期间，贺麟完成了在其学术生涯中具有重要意义的一篇文章，那就是《朱熹与黑格尔太极说之比较观》。在这篇文章中，他试图比较中国古代儒家哲学与西方古典哲学，初步显示了他融通中西哲学以创造新哲学的未来趋向。

贺麟在研读大量关于黑格尔哲学的著作后发现，要真正理解和把握黑格尔哲学，首先必须要对斯宾诺莎以及康德的哲学有着深刻的认识。因此他又开始致力于对这两位哲学家的思想进行学习研究，并且开始着手翻译斯宾诺莎的著作《伦理学》。在此期间，他结识了著名的斯宾诺莎研究专家、德文与拉丁文《斯宾诺莎全集》的编撰者格希哈特教授，并受邀做客，后来还经由格希哈特教授的介绍加入了国际斯宾诺莎学会。遗憾的是，格希哈特教授由于其犹太人的身份不久便死于纳粹的迫害，学会因此终止了活动，贺麟的翻译工作也无果而终。1931 年 8 月，贺麟结束了五年的留洋求学生涯，踏上了返程归国的道路。

二

回国后，贺麟先生受聘于北京大学哲学系，先担任讲师一职，次年晋升副教授，1936 年成为教授。从 1931 年回国到新中国成立的这近二十年，是贺麟先生在学术上蓬勃发展、在思想上敏锐活跃的一段时期。在这段时间里，贺麟先生以令人惊叹的学术干劲，以大致每三月一篇，有时一月一篇的速度，发表了大量的文章，还进行了不少关于西方哲学的翻译工作。

贺麟先生在西方哲学史方面的重要论文有：《斯宾诺莎的生平及其学说概要》(1932)、《黑格尔之为人及其学说概要》(1932)、《近代唯心论简释》(1932)、《从叔本华到尼采——评赵懋华著〈叔本华学派的伦理学〉》(1934)、《康德名词的解释和学说的概要》(1936)、《时空与超时空》(1940)、《德国文学与哲学的交互影响》(1943)、《费希特哲学简述》(1943)、《谢林哲学简述》(1944)、《对黑格尔系统的看法》(1947)、《西洋近代人生哲学之趋势》(1947) 等等。他还翻译了鲁一士所著的《黑格尔的精神现象学》(1933)、《黑格尔印象记》(1933)、亨利希·迈尔的《五十年来的德国哲学》(1935)、开尔德的《黑格尔》(1936)、斯宾诺莎的《致知篇》(1945，现在称为《知性改进论》)、黑格尔的《小逻辑》(1949)。

此后，不论在北京大学哲学系，还是西南联大，贺麟先生都一直为学生们开设西方哲学史以及黑格尔哲学方面的课程。其中，他在 1943 年所讲授的"黑格尔理则学"课程，根据樊星南所作的课堂记录整理后定名为《黑格尔理则学简述》，后收录于《黑格尔哲学讲演集》。1947 年，贺麟先生开始给学生们讲授"现代西方哲学"，他的一位学生肖辉楷做了详细的笔记，这份笔记保留了三十年，后来经过先生亲自审阅修改，最后以《现代西方哲学讲演录》为名出版 (1984)。

40 年代还是贺麟先生创造自己的哲学学说的时代。他把早年深植下的宋明理学特别是陆王一脉的心得重新发挥出来，将其与西方哲学相融通，从而创造了自己独特的"新心学"理论，并以此为基础先后出版了《近代唯心论简释》(1942)、《文化与人生》(1947) 等著作。贺麟先生于 1947 年出版了《当代中国哲学》一书，该书对 20 世纪前五十年的中国哲学发展作了全面的总结。贺麟先生指出，五十年来最值得大书特书的哲学发展有四项：一是这几十年中，陆王治学得到了盛大的发扬；二是儒佛的对立得到了新的调整；三是理学中程朱、陆王两派的对立也有新的调解；四是对于中国哲学史有了新的整理。贺麟先生

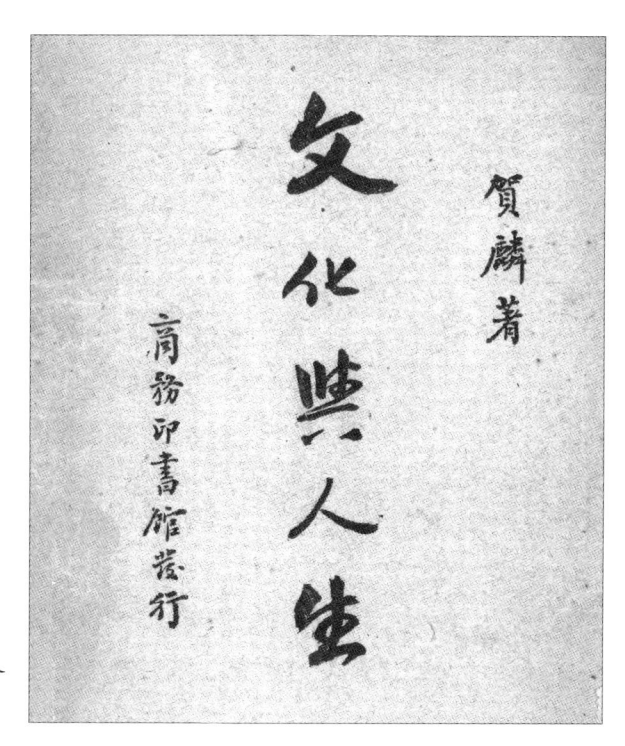

贺麟著《文化与人生》（商务印书馆 1947 年版）书影

基本上是属于"新陆王"一派的，但是他的思想与当时作为"新陆王"代表的梁漱溟、熊十力、马一浮等人不同。他十分独特地承接了孙中山先生的"知难行易"说，以知行关系为核心，在综合程朱、陆王和王船山的思想的基础上阐发了自己的哲学思想。当时的冯友兰、金岳霖先生也把中西哲学融通起来，创立新学说，他们的思想是"新程朱"，与贺麟先生的"新陆王"不同，两家成对峙之势。后来熊十力先生的"新陆王"之学，经由牟宗三、唐君毅等人弘传，成了名动一时的"新儒家"。人们往往因此而忽视了贺麟先生在这一学脉中的独特贡献，也忽视了这位西方哲学的权威在中国哲学研究领域也应占有一席之地。

新中国成立后，贺麟仍在北大哲学系任教。1955 年调转到中国科学院哲学和社会科学部，任西方哲学组组长。在新中国成立后的几十年中，贺麟先生自己的"新心学"当然搞不下去了,他仍然作为中国的西方哲学权威,从事有关德国古典哲学的研究工作,先后发表了很多关于黑格尔、斯宾诺莎的文章,以及一些翻译著作。因为时代的转变,贺麟先生在哲学上转变了信仰,公开表示赞同唯物论,批判唯心论,并写作了一些有时代痕迹的批判文章。不过在大家的印象中,贺麟先生还是一个真诚的、严肃的学者,他用尽毕生的心血进行教学、著作和翻译,影响着一代又一代的学术后来人。

(施　璇)

郑昕先生
邃密求真与哲人风骨

郑昕（1905—1974），原名秉壁，字汝珍，安徽庐江人。1924年，考入天津南开大学哲学系。1927年初，赴德国留学，入柏林大学哲学系。1929年，转入耶拿大学哲学系。在德期间，他师从新康德主义大师鲍赫，深入研究康德哲学。1932年，回国任北京大学哲学系讲师；1936年，升为副教授；次年，任教授；此后一直任教于北京大学哲学系。中华人民共和国成立后，兼任北京大学哲学系主任。历任北京市人民代表大会代表、全国政协委员、中国科学院哲学研究所学术委员和哲学专业组副组长、中国哲学会副会长等职。1974年11月病逝。郑昕先生自留学德国起就开始深入研究德国哲学，尤其是康德哲学，回国后又长期从事这方面的教学与研究，是中国第一位对康德哲学作精深研究并且系统介绍的人，是中国最早的康德专家。

一

1932年，郑昕先生从德国学成回国后，即入北大哲学系执教。在北大哲学系，他主讲康德哲学，先后开设过"康德哲学"、"康德伦理学"等课程。贺麟先生曾有过这样的评论:"郑昕先生是吾国第一个对康德作精深的研究,而能够原原本本专门地系统地融会地介绍康德哲学的人。"[1]

郑昕先生一生的学问都以康德哲学为中心。在西南联大时,他开设过一门名为"哲学概论"的课程。关于这门课,据当时听讲的汪子嵩先生回忆说:"其实郑先生讲的并不是哲学概论,而是康德哲学概论,所以一开始就将我们引入一个高深不可测的境界。"[2] 同时听讲的黄楠森先生也曾这样描述:"概论老师是康德专家郑昕教授,他把康德哲学讲得很细,也讲得很多。我一时觉得大开眼界,不仅感到过去对哲学所知太少,而且感到不了解康德的认识论就不认识哲学的真面目。由于对康德的信奉,我的研究兴趣逐渐偏向西方哲学。"[3]

郑昕先生的授课非常有趣,天马行空,常常从一个问题忽然跳入另一个问题,令学生们如坠五里雾中。他的板书不拘小节,"一会儿德文、一会儿英文、一会儿中文,横七竖八"[4],连最会记笔记的汪子嵩先生都记不下来。郑昕先生从不加掩饰他对康德的发自内心的欣赏以及他讲授康德哲学时的欢乐,他几乎在每堂课上,都要复述康德的那句"为自然立法"的名言:"悟性不从自然中求它的先天规律,而是在自然前颁布它的先天的规律。"每次说到这里,他都神采飞扬,欢乐之情溢于言表。郑昕先生除了康德哲学外,最爱读的是《庄子》。他常用《庄子》中的语言去论述康德的哲学,还喜欢把康德说成是一位"睥睨古人、下开百世的思想家"。郑昕先生的课,很少有学生敢说听懂了,但很少有学生不被他讲授康德哲学的真挚与热情所感染。很多学生都牢记着他以康德为标杆对哲学的评判——"超过康德,可能有新哲学,掠过康德,只能有坏哲学!"

写到这里,我突然想起了一则关于郑昕先生的趣事。郑先生曾经有一次在

---

[1] 贺麟:《五十年来的中国哲学》,辽宁教育出版社 1989 年版,第 34 页。
[2] 汪子嵩:《回忆西南联大》,三联书店 2007 年版。
[3] 黄枬森:《我怎样走上哲学的科学之路》,《光明日报》2010 年 3 月 27 日。
[4] 汪子嵩:《回忆西南联大》。

哈勒大学听哈特曼（Nicolai Hartmann，1882—1950）的演讲，哈特曼坚持从实在论观点研究认识论，并认为本体论研究应当与认识论研究相平行，而在郑先生看来，哈特曼的这一思想是对新康德主义和经验论哲学的背弃。听完演讲后，郑昕先生怒不可遏，气冲冲地返回马堡，甚至因为过于气恼而在中途换车时迷了路。第一次听到这则故事时我暗暗发笑，不过好笑之余，也不禁为郑昕先生对自己所信奉的哲学的热情与真挚而感动。难怪汪子嵩先生曾经说过，比起哲学家来说，先生更像是一位诗人。

二

尽管郑昕先生具有热情真挚的诗人气质，但在做学问上十分严肃认真、一丝不苟。郑昕先生早年在德国留学，德语水平是相当好的。有一次，郑昕先生的学生高宣扬带着康德的《未来形而上学导论》去先生家拜访，恰巧洪谦先生也在，两人便你一言我一语地用德语讨论起这本书，还耐心地逐句地翻译解释。郑先生、洪先生带学生，都要求学生们要下苦工夫精读原著，要一句一句仔细研读。从那时起，对西方哲学原著原典的逐字逐句进行研读的要求便成为北大哲学系西方哲学专业的治学传统，也成为我们踏实学风的保证。严肃求真固然是哲学研究的基本态度，但是能够在任何情况下都坚持这份态度，就是一种学术风骨，而郑昕先生是真正具有这一哲人风骨的学者。

1952年的院系调整使得当时全国哲学界的许多著名学者都汇聚于北大哲学系。但是，由于这一调整的政治目的是把从前的旧中国哲学系改造为以马克思主义哲学为主导的新中国哲学系，因此很多原本专攻中国哲学、西方哲学、逻辑学、美学的专家，虽齐聚于此却无法自由开课。当时新生的北大哲学系秉着一切向苏联学习的精神，专门请来了苏联哲学家萨坡什尼可夫，给全系讲授西方哲学史课程。他的讲课完全是在马克思主义哲学的框架下按照苏联模式取

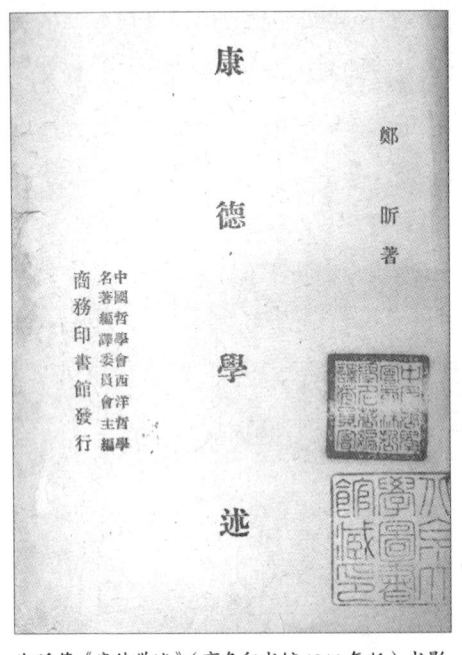

郑昕著《康德学述》（商务印书馆 1946 年版）书影

舍，在分量上不成比例，对从古希腊到 18 世纪末 19 世纪初的欧洲哲学讲得十分简略，反而对俄国哲学史讲得十分详细。尽管当时北大哲学系研究西方哲学的学者们，大多留学欧美，不少还是师从当时世界顶级哲学家、刚刚从名校留学回国的，学问上远过于苏联专家，然而他们都被排斥在讲堂之外。

当时的北大哲学系开设了一系列马克思主义哲学课程，包括辩证唯物主义与历史唯物主义、联共党史、马克思主义经典著作选读，如《共产党宣言》、《反杜林论》、《唯物主义与经验批判主义》等等。其中，在讲列宁的《唯物主义与经验评判主义》一书时，由于经验批判主义与康德哲学有密切关系，所以请作为康德哲学专家的郑昕先生进行讲授。

郑昕先生在讲授这门课时，一方面，坚持自己的哲学信念和对康德哲学的热爱，并没有因为时局或者是其他方面的要求而跟风批判康德。他对于列宁对康德哲学的批判并不十分赞同，在讲授到列宁这本书中批判康德的地方时，他常常只用一两句话就交代过去。另一方面，先生也没有因为自己对康德哲学的信奉便对马列主义哲学思想不加研究地进行排斥和否定。在《康德学家郑昕的外文哲学藏书》一文中我们可以发现，除了康德哲学和一般哲学文史典籍之外，郑昕先生还收藏了一些马列哲学的外文著作，其中包括马克思的《1844 年哲学—经济学手稿》（英译本，书名页钢笔题"郑昕 1959.5."）、恩格斯的《费尔巴哈与德国古典哲学的终结》（英译本，书名页钢笔题"郑昕一九四九年")、列宁的《唯物主义和经验批判主义》(德译本)、《联共(布)党史简明教程》(英译本,书名页钢笔题"郑昕一九五一,六,廿一")、Maurice Campbell Cornforth 的《唯物主义和辩证方法》(书名页钢笔题"王太庆赠 1955.6.2.")、《古希腊(苏联大百科全书选译)》(三联书店,1957年,书名页钢笔题"郑昕一九五七,四,十八译者赠")。其中,德译本列宁的《唯物主义和经验批判主义》上有非常多的批注。郑昕先生的藏书和批注都表明了他曾经认真研究过马克思主义哲学以及列宁对康德哲学的批判。不论是认真严肃地对待异己的批评,还是坚定求真地秉持自己所信奉的哲学,都展现出了郑昕先生严谨的治学态度和探求真理的独立精神。

也正是因为出类拔萃的学风和人品,郑昕先生受到了哲学系师生的独有的尊重,在哲学系师生的回忆中,郑先生是最常出现的人物之一。

(施　璇)

洪谦先生
享誉世界的中国哲学家

洪谦（1909—1992），又名洪潜，号瘦石，谱名宝瑜，安徽歙县人，生于福建。1926—1927年，于清华国学研究院学习，师从梁启超。1927—1929年，在德国学习，后赴奥地利。1929—1936年，在维也纳大学学习；1934年，以《现代物理学的因果问题》获得哲学博士学位，其导师是维也纳学派的创始人石里克；后留校工作。1937年回国，先后任教于清华大学、西南联大。1945—1948年，赴英国，在牛津大学担任教学和研究工作。1948年回国后任教于武汉大学，并兼任哲学系主任。1951年，任燕京大学哲学系教授，后兼任系主任。1952年，经院系调整，转入北京大学哲学系任教。参与筹建了北京大学外国哲学研究所，并任该所第一任所长。为中国社会科学院哲学研究所研究员，北京大学学术委员会委员，中国现代外国哲学研究会名誉理事长，中国社会学研究顾问，《中国大百科全书·哲学卷》现代外国哲学部分主编。1992年，病逝于北京。洪谦先生是中国当代著名的哲学家、哲学史家，毕生从事西方哲学的教学和研究工作，在现代西方哲学特别是分析哲学的研究方面，在国内学术界享有很高的声望，在国际学术界亦负有盛誉。

一

洪谦少年时就因为极富哲学才华而受到康有为先生的赏识,被推荐到梁启超先生门下。1927 年,经梁启超推荐,洪谦前往德国耶拿大学,最初的打算是跟哲学家、诺贝尔文学奖得主倭铿(Rudolf C. Eucken,1846—1928)学习。到耶拿之后,洪谦才得知倭铿已经过世,于是转益多师,先后跟随维恩(W. Wien)教授学习物理,跟随肯尼希(F. Koenig)教授学习数学,还听过新康德主义者鲍赫(Bruno Bauch,1877—1942)教授和现象学家林克(Paul Ferdinand Linke,1876—1955)教授的哲学课。

在耶拿期间,洪谦得以博览群书。在这些书中,柏林经验哲学协会的奠基人莱欣巴哈(Hans Reichenbach,1891—1953)的两本著作——《从哥白尼到爱因斯坦》(1927)和《相对论和先验知识》(1920)引起了他的极大兴趣,促使他从耶拿转学到柏林大学去专门向莱欣巴哈问学。

莱欣巴哈执教于柏林的自然科学院,洪谦听他讲课,并请教当代哲学问题。莱欣巴哈提醒洪谦,应该重视石里克(Moriz Schlick,1882—1936)的哲学。莱欣巴哈对石里克的《当代物理学中的空间与时间》与《普遍认识论》的评价很高,爱因斯坦也评价石里克在这方面很有造诣。因此,洪谦又于 1928 年从柏林再次转学去了维也纳,成为石里克的学生,从此与维也纳学派结下了不解之缘。

来到维也纳大学后,石里克十分热情地指导洪谦的学习。石里克建议他暂时放弃原来打算去听的那些哲学课,而是首先要扎扎实实地学习自然科学,尤其是数理方面。于是,洪谦去听了富特文勒(Philipp Friedrich Furtwaengler,1869—1940)教授、迈尔霍夫(Karl Mayrhofer,1899—1969)讲师和汉恩(Hans Hahn,1879—1934)教授的数学课,听了埃伦哈夫特(Felix Ehrenhaft,1879—1952)教授和蒂林(Hans Thirring,1888—1976)教授的物理课,还按照石里克的要求,去卡尔纳普(Ruldof Carnap,1891—1970)那里听了数理逻辑课。

在哲学方面，洪谦除了跟随石里克学习外，还参加了魏斯曼（F. Waismann，1896—1959）主持的讨论班，听了多年克拉夫特（Victor Kraft，1880—1975）的哲学课。据他回忆，石里克讲课并不很出色，他在课上的收获并不多。不过，有意思的是，石里克在讨论班上的讲解反倒非常出色，和他在课上的表现截然相反。石里克在讨论班上非常善于向学生提问，并且始终非常耐心，让大家充分讨论，这样讨论的问题便经常能得到清晰的解释。

从1930年开始，洪谦应石里克的邀请参加了每周四晚上在玻尔兹曼巷举行的讨论会，石里克这个讨论会，就是后来哲学史上著名的"维也纳学圈"或者"维也纳学派"（Wiener Kreis）。从那时一直到维也纳学派的解散为止，洪谦一直持续参加这个讨论会，他是参与石里克小组会议时间最长的外国人之一。

在石里克的周四讨论会上，洪谦结识了维也纳学派的主要成员，例如纽拉特（Otto Neurath）、物理学家弗朗克（Philipp Frank，1884—1966）、门格尔（Karl Menger，1902—1985）、数学家和逻辑学家哥德尔（K. Goedel）、济塞（Edgar Zilsel，1891—1944）、考夫曼（F. Kaufmann）、拉达科维奇（Th. Radakovic）、奈德（H. Neider）、兰德（Rose Rand，1903—1980）、布隆斯维克（Brunswick）、亨佩尔（Hempel）等等；还有一些非维也纳学派成员的重要学者，诸如波兰逻辑学家塔尔斯基（Alfred Tarski）、克韦斯蒂克（Chwistik）、雅思科夫斯基（Jaskowski）、霍西亚松（Hosiasson）、林登鲍姆（Lindenbaum）、牛津的艾耶尔、都灵的吉莫纳特（Geymonat）、南美的林德曼（A. Lindemann）等等。

洪谦非常崇敬石里克，石里克也很喜欢洪谦，两人的关系非常亲密。那时，洪谦可以自由地出入于石里克接待贵客的寓所。石里克也常常邀请他到家中过节或者会见外国客人，洪谦因此见到了许多著名的哲学家和科学家，比如当时已经移居美国的费格尔、量子力学的创始人之一海森伯（Heisenberg）、德国哲学家卡西勒（Ernst Cassirer）等。

1929年，伯格曼（Hugo Bergmann）的《在现代物理学中围绕因果律的斗争》一书出版，这本书激烈地反对物理学中的非决定论，在哲学界引起了很大的反响。在石里克的建议下，洪谦选择了"物理学中的因果问题"作为博士论文的题目。经过一年半的撰写，在石里克逐字逐句地审阅下，洪谦于1934年完成了博士论文，并最终获得了博士学位。这篇博士论文的主要内容是明确阐述并捍卫石里克在因果问题上的观点。

1936年，一位患有精神疾病的学生枪杀了石里克，维也纳学派自此开始分崩离析。之后由于德国纳粹占领了奥地利，维也纳学派的活动不得不中止，核心成员们纷纷流亡到英美等国。洪谦也于1937年返回中国，结束了长达十年的留学生活。

二

回到中国之后，洪谦先生先后在清华大学（1937—1940）、西南联大（1940—1945）、牛津大学新学院（1945—1947）、武汉大学（1948—1949）任教。在20世纪40年代，洪谦先生处于他学术的黄金时期和创作的巅峰时期。他以极大的热情致力于介绍和推广维也纳学派的学说，尤其是他的导师石里克的哲学观点。正如贺麟先生所说："惟洪谦先生亲炙于石里克最久，具极大的热忱，几以宣扬石里克的哲学为终身职志。"[1]

除在课堂上讲授哲学之外，洪谦先生还发表了一系列的文章，包括《自然科学与精神科学》（《思想与时代月刊》1942年第15期）、《石里克的〈普通认识论〉》（《思想与时代月刊》1943年第24期）、《维也纳学派与玄学问题》（《哲学评论》1943年第8卷第3期）、《维也纳学派与现象学派》（《思想与时代月刊》1944年第35期）、《或然性的逻辑分析》（《哲学评论》1944年第9卷第1期）、

---

[1] 贺麟：《当代中国哲学》，胜利出版公司1945年版，第52页。

《论〈新理学〉的哲学方法》(《哲学评论》1946年第10卷第1期)、《康德的先天论和现代科学》(《学原》1947年第1卷第6期)、《维也纳学派与现代科学》(《科学概论新编》，正中书局，1948)、"Moritz Schlick and Modern Empiricism"(*Philosophy and Phenomenological Research*, Vol.9, No.4, 1949)。

洪谦先生所带来的维也纳学派的哲学思想，对当时正在百家争鸣的国内哲学界产生了巨大的震动。尤其是维也纳学派拒斥形而上学的立场，使得任何严肃对待哲学问题的学者们都不得不重视它并且无法回避这一学派的挑战。比如，冯友兰先生就以独特的方式对这一拒斥形而上学的哲学立场作出了回应，展开了一场新理学与维也纳学派的跨文化的哲学对话。而洪谦先生的批评对于当时的中国哲学的诸种新学说，也起到了反思匡正的重要作用。

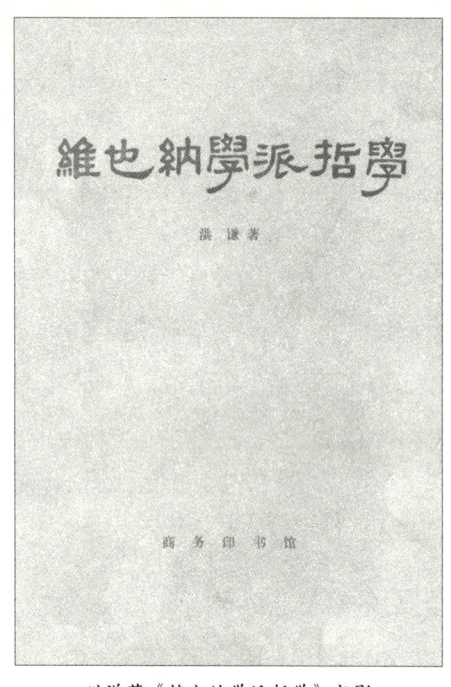

洪谦著《维也纳学派哲学》书影

1944年，洪谦先生把他之前发表的论文编辑成册，于次年出版了《维也纳学派哲学》一书。这本书是国内第一本系统全面且条理清晰地介绍维也纳学派思想的书，到目前为止仍然是研究该学派必读的一本重要哲学著作。曾有学者把这本书和艾耶尔的《语言、真理与逻辑》一书进行对比。[1] 这两本书都是向本国读者介绍维也纳学派的逻辑经验论思想，然而它们的命运却大相径庭。

---

[1] 范岱年、胡文耕、梁秀存：《洪谦和逻辑经验论》，《自然辩证法通讯》1992年第3期。

洪谦先生的《维也纳学派哲学》一书自 1945 年初版后，四十多年来一直备受冷落，甚至横遭批判，直到 1989 年再版。而艾耶尔的《语言、真理与逻辑》一书，自 1936 年出版后，一再重印出版，而且被译成多种文字，在全世界范围内得到广泛的阅读和认可。社会环境与历史传统的差异竟然带给两者如此不同的命运！与此相类，两位哲学家的人生轨迹与学术影响也截然不同。以今视昔，让人不免唏嘘。

三

新中国成立时，时任武汉大学哲学系教授兼系主任的洪谦先生，于 1951 年受邀来到北京，担任燕京大学哲学系教授并同时兼任系主任一职。1952 年全国院系调整，又到北大哲学系担任教授，任外国哲学史教研室主任。1958 年起，兼任北大外国哲学研究所所长。

1949 年之后的三十年间，洪谦先生无法继续从事对他所喜爱的维也纳学派的哲学以及马赫主义哲学的讲授和研究工作，因为这一派别的哲学早就被列宁斥之为"反动哲学"，其在中国的命运也可想而知。自 50 年代末，洪谦先生就很少写文章了。因为如果要写的话，就必须要批判，而这对于先生来说是既违背学术信仰也违背自己良心的。洪谦先生一直为自己曾写过一篇批判卡尔纳普的文章而痛心自责，视其为人生中的一个败笔。他一直以来所保持的与国际学术界好友的联系也因为同样的现实原因而遭到了禁止。洪谦先生与卡尔纳普夫妇一直保持着深厚的友谊。卡尔纳普在德国时就经常邀请他去寓所，移居美国后也经常书信往来，还寄来了他的每一本新书，直到"文化大革命"爆发。洪谦先生跟维也纳大学的克拉夫特教授也保持着频繁的书信来往，克拉夫特教授也同样把自己出版的所有著作都寄给了他，两人之间的书信联系也因为同样的原因而中断了。

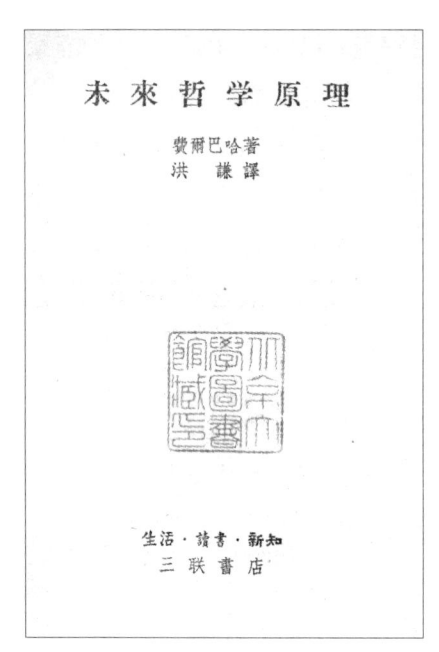

洪谦译《未来哲学原理》书影

回顾这些不得已的经历，洪谦先生感到非常遗憾，"缺乏必要的研究资料，没有自由讨论的学术环境，缺乏国际间的学术交流，三十年中我没有做多少研究工作，许多时间都白白浪费了"[1]。洪谦先生尽管不得不中断了对维也纳学派的哲学研究，但实际上，他还是在西方哲学方面做了非常多的工作，对我国的西方哲学教育事业作出了很大贡献。中国长期以来一直缺乏西方重要哲学典籍的译本和系统的西方哲学史的介绍。因此，在担任北大哲学系西方哲学史教研室主任后，为了培养学生，为了给学生们提供系统的西方哲学史的一手资料，洪谦先生把他的主要精力都投入到对西方古典哲学名著的翻译和编辑工作中去了。

20世纪50年代，洪谦先生与北大哲学系外哲教研室的同仁们联合编写了《哲学史简编》，在1957年"双百方针"的鼓励下，这本书得以出版。此书篇幅虽然不大，但条理清晰地对西方哲学史、马克思列宁主义哲学史和中国哲学史作了简单明了的介绍，成为当时广泛流传的一本哲学史的通俗读物和基本教材。之后，在洪谦先生的主持下，北大外哲教研室又编译了一整套的《西方古典哲学原著选辑》，共四卷，1957—1960年由商务印书馆出齐。北大哲学系一贯提倡学习西方哲学一定要熟练掌握外语，精读原著，掌握第一手材料，然而在当时那个年代，学生们的外文水平普遍不高，又很难得到外文原著，这套中

---

[1] 范岱年、胡文耕、梁秀存：《洪谦和逻辑经验论》，《自然辩证法通讯》1992年第3期。

译本《选辑》的出现可谓雪中送炭。在出版之后它就成为我国高校哲学系的基本教学参考，之后不断补充修订、陆续再版。到了60年代初，洪谦先生又主编了《西方现代资产阶级哲学论著选辑》，集中介绍了当代西方哲学中的九个主要流派——意志主义、实证主义、新康德主义、新黑格尔主义、直觉主义、实用主义、逻辑实证主义、存在主义、新托马斯主义——的二十三位代表人物的代表性著作。此书于1964年出版后，在很长一段时间内都是我国研究当代西方哲学的重要参考资料。

四

"文革"结束之后，国内的哲学学术环境逐渐好转，洪谦先生终于迎来了他学术生涯的第二个高峰。他积极开展国际间的学术交流活动，不但经常会见前来拜访的外国哲学家，还多次出国访问、交流学术。1981年，洪谦先生前往奥地利，参加了在那里举办的第五次国际维特根斯坦哲学讨论会，并在会上作了题为"维特根斯坦与石里克"的报告。之后洪谦先生还访问了维也纳大学和牛津大学王后学院。次年，洪谦先生再次前往维也纳，参加国际石里克—纽拉特哲学讨论会，并访问了英国牛津大学三一学院。1984年，洪谦先生应邀访问日本东京大学哲学系。1988年，先生又前去香港中文大学参加港澳台与大陆学者共同参与的首届"分析哲学与科学哲学讨论会"，并到香港大学作学术访问。

在这段时期内，洪谦先生终于恢复了他关于维也纳学派的哲学研究，先后发表了一系列文章，可谓硕果累累。这些文章包括《国际维特根斯坦学讨论会观感》（《哲学研究》1980年第2期）、《克拉夫特哲学简述》（《现代西方著名哲学家述评》，三联书店，1980年）、《维特根斯坦和石里克》（《第五届国际维特根斯坦讨论会论文集》，维也纳，1981年）、《欧行哲学见闻》（《现代外国哲学论集》，三联书店，1981年)、《莫里兹·石里克和逻辑经验论》(《格拉茨哲学研究》，Vol.16/17，1982年)，《谈谈马赫》(《社会科学战线》1982年第2期)、《论确证》(荷兰《综合》1985年第3期，中译文载《哲学研究》1986年第4期)、《关于逻辑经验主义——我个人的见解》(在日本东京大学哲学系的讲演，中译文载《哲学译丛》1987年第5期)、《逻辑经验主义概述》(《中国大百科全书·哲学卷》，中国大百科全书出版社，1987年)、《〈哲学家马赫〉译后记》(《自然辩证法通讯》1989年第1期)、《艾耶尔和维也纳学派》(载美国《在世哲学家丛书》第21卷《A. J. 艾耶尔的哲学》一书，L. E. Hahn编)、《关于逻辑经验主义的几个问题》(《自然辩证法通讯》1989年第1期，载《分析哲学与科学哲学论文集》，香港中文大学新亚书院，1989)、《评石里克的〈哲学诸问题及其相互关联〉》(英国《理性》1989年第6期)、《悼念费格尔》(《哲学研究》1989年第2期)、《悼念艾耶尔》(《哲学研究》1989年第10期)、《艾耶尔和逻辑经验主义》(《哲学研究》1991年第1期)、《鲁道夫·卡尔纳普》(《二十一世纪》1992年4月号)。

为了系统地介绍维也纳学派和逻辑经验论，尤其是它们在二战以后的发展情况，洪谦先生主编出版了《逻辑经验主义》一书。该书分为两卷，1982年出版了第一卷，1984年第二卷出版，1990年香港三联书店将两卷合并出版。上面提到的文章，除了《莫里兹·石里克和逻辑经验论》、《悼念艾耶尔》与《鲁道夫·卡尔纳普》三篇文章外，其余全部都被收入此书。洪谦先生还把他在60年代主编出版的《西方现代资产阶级哲学论著选辑》一书重新进行修订，改名为《现代西方哲学论著选辑》，在原先所介绍的九个西方主流哲学学派的基础上，新增了现象学、结构主义和诠释学三个哲学流派，书中介绍的人物也从二十三位增加到了四十九位。更为重要的是，洪谦先生把原书中的逻辑经验论扩展为包含逻辑实在论、逻辑经验论、整体论、语言分析哲学、批判理性主义、历史社会学派六个学派在内的完整的分析哲学体系。

洪谦先生早年非常崇拜石里克，是维也纳学派忠实的追随者，他甚至说过"凡是他（石里克）说的，我都照办"[1]。不过后来，洪谦先生逐渐意识到了这种崇拜与追随使得他自己在很长一段时间里丧失了学术独立性的弊端。当他读到石里克的《箴言》"追随别人的人，大多依赖别人"，遂感悟到进行哲学研究，不但需要重视对哲学史、哲学大家的哲学思想的研究，更需要运用自己的独立思考，需要发扬批判的精神。因此，这个时期的洪谦先生已经不再满足于介绍和推广维也纳学派的哲学思想了，转而将重点放在了梳理维也纳学派成员之间以及他们与其他哲学家之间在哲学观点上的分歧，并且对他们的观点进行了批判性的分析和阐释。洪谦先生这段时期的学术成果，在国内外学界都受到了极为高度的评价。

五、

洪谦先生是中国哲学界中少有的具有世界声誉的哲学家。他早年即是维也纳学派的成员，是维也纳学派和逻辑实证主义创始人石里克的亲传弟子。正如英国哲学期刊《理性》上的一篇文章所说的："当今没有几个哲学家比洪谦教授更有资格评论石里克的著作。"[2] 自回国之后，洪谦先生又将其一生精力都用在了致力于研究和推广维也纳学派和逻辑经验论哲学，把这一哲学流派，乃至后来的分析哲学带入了中国哲学界。维也纳大学马特尔院长在授予洪谦先生维也纳大学荣誉博士学位的时候，盛赞他在哲学上、尤其在维也纳学派哲学上，作出的卓越贡献。

就国内而言，洪谦先生自执教中国各大学，特别是到了北大哲学系之后，

---

[1] 哈勒：《洪谦教授访问记》，《洪谦选集》，洪谦著、韩林合编，吉林人民出版社2005年版，第550页。
[2] 《理性》1989年6月号，转引自范岱年、胡文耕、梁存秀：《洪谦和逻辑经验论》，《自然辩证法通讯》1992年第3期。

笔耕言教，直接培养了两三代哲学学者，间接影响到的哲学学者更是不计其数。他主持的大量编译著作更是润物细无声，对西方哲学在国内的普及与教育作出了不可磨灭的贡献。

（施　璇）

熊伟先生
海德格尔的中国传薪者

  熊伟（1911—1994），祖籍贵州贵阳，生于云南昆明。1927年，考入北京大学预科。1929年，升入北京大学哲学系。在听过张颐、贺麟、郑昕讲授的有关西方哲学史和德国哲学的课程后，熊伟萌生了赴德深造的念头。1933年，从北京大学毕业后，他赴德留学，入弗赖堡大学，师从存在主义哲学大师海德格尔，深受其影响。1936年，获哲学博士学位。1937年，任波恩大学东方学讲师。1938年，任柏林大学外国学院终身讲师。1941年回国后，任迁至重庆的中央大学哲学系教授，1944年起兼任系主任。1948年，任上海同济大学教授兼文学院院长、哲学系主任。1949年，任南京大学哲学系教授、系主任。1952年，院系调整后，任北京大学哲学系教授。1971年以后，在北京大学外国哲学研究所工作，任副所长、教授、博士生导师。1994年，病逝于北京。熊伟先生毕生致力于西方哲学的研究和教学工作，关注于中西哲学思想的比较、交流与对话，是我国西方哲学研究专家、国际知名学者，他在海德格尔哲学的传播与研究方面作出了不可磨灭的贡献。

一

1927年，熊伟考入北京大学预科，此后两年，北京大学经历了国民政府试图合并北京各大学的风波，北京大学以其固有的独立自主精神，坚决抵制了这种政府干预大学的无理做法，终于保住了校名和学校的独立性。就在1929年，参与了并校抗议活动的熊伟，从预科升入了北大哲学系，拜在刚刚自南方归校担任哲学系系主任的张颐先生门下。

张颐先生的开课很有规律，四年一个轮回，第一年开"西洋哲学史"，第二年开"德国哲学"，第三年开"康德哲学"，第四年开"黑格尔哲学"。熊伟在读本科的四年内，恰好完整地跟随张颐先生学习了一遍。后来，贺麟先生与郑昕先生先后归国，开设了德国哲学方面的课程，熊伟也得以跟随学习，在西方哲学史方面打下了坚实、完整的基础，并且受几位先生的影响而对德国哲学情有独钟。

熊伟四年本科毕业后，就打算赴德继续深造，但苦于经费不足。张颐先生得知此情况后主动为之奔走，帮忙筹集留学资金，他联络到了当时正在主持中华教育文化基金董事会的胡适先生，两人言定，熊伟赴德后可以靠翻译康德的《纯粹理性批判》一书来获取文化基金会的资助。熊伟因此方得成行。临行辞京前，张颐先生还赠予熊伟一件价值不菲的宋瓷钧窑笔洗，嘱咐他在外若有不便，可用之济急，渡过难关。对于这份深厚的师生之情，熊伟先生一直念念不忘，

熊伟先生像

感恩终生。

1933年冬天，位于德国西南边陲的弗赖堡依旧温暖湿润，在这个冬天，这座被阳光宠爱的黑森林州首府迎来了一位中国留学生，他就是熊伟。当时的他并不知道在这里有一所已有五百年历史的弗赖堡大学，也不知道这所大学的校长是一位已经名动天下的哲学家，更不知道马丁·海德格尔为何人，他来到弗赖堡的理由其实非常简单——这里的生活费用较为便宜。

在成为弗赖堡大学注册学生后，熊伟才第一次听说了海德格尔其人，很快他就意识到了自己的幸运。他将要跟从的海德格尔是一位了不起的哲学家，他开的课程影响巨大，总是人满为患。起初是出于好奇，熊伟去听了海德格尔的讲课。刚开始的时候，一方面由于语言的障碍，另一方面缘于讲授的内容，熊伟根本听不懂海德格尔在说什么。课后，他曾就此向同堂听课的德国学生询问，得到的回答是他们也听不懂，熊伟不禁反问："那为什么你们还来听他的课呢？"对方回答更是匪夷所思："就是因为听不懂呀！"

初期的语言隔阂渐渐消融后，熊伟很快就被海德格尔的风度魅力以及他独特的授课方式所吸引。海德格尔讲课从来不是用枯燥无味的语言向学生们灌输固定不变的知识，相反，他总用诗意的语言去启发听课人进行诗意的思索。自与海德格尔相遇后，熊伟深受启迪，大有茅塞顿开之感，从此被引入了一片全新的哲学天地。

其实熊伟并不是唯一一个，也不是第一个在弗赖堡听海德格尔讲课的中国人。日后也在北大哲学系执教的逻辑学家沈有鼎先生比他到得更早，而且不存在语言障碍，可是沈先生不论在当时还是回国后，一生都没有归宗海德格尔哲学。另一位同时在弗赖堡大学听过海德格尔讲课的中国人是学工居伯强，他当时是慕名而来，每次来听课都需搭乘火车，听课听得极为认真，笔记也记了一摞，可他在此后的日子里再也没有提过有关海德格尔的一个字。只有熊伟，与师事奥地利哲学家石里克的洪谦先生一样，自归国后便开始执著地向国人翻译和介绍他的老师的思想，孜孜不倦，终生不悔。

二

熊伟先生是第一位把海德格尔哲学带到中国的人。在熊伟先生从弗赖堡回国之前,中国对西方哲学的研究文献上几乎从未出现过海德格尔这个名字,尽管此时的海德格尔早已因他的《存在与时间》一书而闻名世界了。

熊伟先生一回国,就给学生们开课,向他们传授海德格尔哲学。起初,熊伟先生的这些努力反响甚微,但他并未因此而有所动摇,他几乎是倾一生之力,默默做着研究与推广海德格尔哲学的工作。时至今日,现象学和海德格尔哲学已成为中国现代西方哲学研究领域的一大显学,言西学者,无不知海德格尔,甚至成为言谈之时尚。而在熊伟先生将其初传之际,它们是湮没无闻的,由此更可见熊伟先生的莫大功绩。

熊伟先生回国后,一直到80年代改革开放之前,同北大哲学系的其他老先生们一样,既不能自由地从事自己钟爱的哲学研究,也被剥夺了登堂讲授的权利,然而其间也曾有过一次难得的机缘。60年代初,中科院哲学研究所组织西方哲学方面的学者翻译西方哲学名著,汇编成内部发行的《现代外国资产阶级哲学资料》,熊伟先生也参与其事,这些资料其中就有他翻译的海德格尔的《关于人道主义的书信》。之后,他又翻译了《存在与时间》的关键性的十二个小节(第4、6、9、14、26、27、38、40、41、53、65、74节),这份节选的翻译与此前译的《书信》一同收录于1963年内部发行的《存在主义文选》一书。1964年,洪谦先生主编《西方现代资产阶级哲学论著选辑》,熊伟先生又贡献三篇海德格尔文章的译作——《"什么是形而上学?"导论》,《存在与时间》第4、6节,以及《诗人为何?》

改革开放之后,中国哲学界逐步解放思想,放开眼界,大家如饥似渴地了解西方现代哲学的最新发展,而在此形势下最早一批涌入中国的,就有现象学和海德格尔哲学这一潮流。1981—1986年,熊伟先生指导他的两名学生陈嘉映、王庆节翻译了整本《存在与时间》,并对他们的合译进行了校对。这个译本甫一面市便洛阳纸贵，第一版售出了五万册，接着不断再版、再印，对国内哲学界影响深远。

海德格尔的哲学术语十分艰涩，由德文转译成中文更是非常困难。熊伟先生的翻译有很大的独创性，他的很多译法、对译的词汇，已为中国哲学界所接受并沿用至今，有些甚至已经融入当代汉语中，成了一般性词汇而得到广泛使用。比如，在（Sein）、在者（Seiende）、亲在/此在（Dasein）、生存（Existenz）、常人（das Man）、共存（Mitsein）、共同世界（Mitwelt）、烦/操心（Sorge）、畏（Angst）等等。在中国哲学界，很多人都是看了熊伟先生的文章和翻译才开始步入海德格尔之门，并慢慢为之折服而最终走上研究海德格尔哲学的道路的。

除了译书，熊伟先生的另一项有目共睹的贡献就是培养了一大批研究海德格尔哲学、现象学与存在主义哲学的学术人才。

熊伟先生是个极为认真之人，不论做学问还是教书育人，最重一个"真"字。熊伟先生授课，常常是逐字逐句地阅读海德格尔的哲学原文，要求学生们每人读一句翻译一句，并且作出解释，然后先生跟着逐句纠正、澄清，再作出自己的诠释。这样的课堂强度很高，要求极严，学生也压力很大，课前需做大量准备，想要蒙混过关、随便听听是绝不允许的。如果学生能够坚持下来，那么他在语言和思想上的收获也是一般的课程所迥然不能比拟的。

除了上课认真，熊伟先生看文章、改文章也是出了名的认真。对于自己学生的论文乃至翻译的文章，他都会仔细阅读，逐字逐句地作出修改。不是自己学生的文章，只要交到他手中，请他评阅的，也都会通篇读完，并给出切中肯綮的批评建议。因为熊伟先生非常认真，故而总能从文章中发现细节上的、不易被发现的错误。遇到这种情况，他不光是指错，还会提供建议，提供资料，耐心地告诉学生应该如何纠正、修改，可谓用心良苦。记得有一次，熊伟先生的学生王炜送来一篇名为《海德格尔与马克思主义》的文章，该文耽于文笔，用了很多空洞的大话，还有很多排比句，显得气势如虹。熊伟先生看后，特地把王炜叫来，教训他学术文章应该怎么写。他的一句"这是学术！"让王炜顿

熊伟著《自由的真谛》书影

如冷水浇背，也让王炜把它深深地铭刻在心里。[1] 还有一次，熊伟先生和学生们在课上讨论，比较海德格尔与萨特的思想。熊伟先生对萨特的某些看法提出了一些异议，话音未落，一位学生立刻接了一句："萨特哲学其实很浅！"熊伟先生马上正色道："这一语断下来，是说过头了。"他说，对于古今中外的学术、学者，当常怀敬畏之心，然后方可以批评他人之学，树立自己之学。

熊伟先生自40年代回国后就一直教书育人，直到八十高龄仍然年年为研究生讲课。有人曾问他："这把年纪了，何以还开课呢？"他的回答简单，却直击人心："所里并无要求，而学生有此要求，我也乐意嘛。"[2] 当时熊伟先生年岁已高，身体也大不如前，为了给学生们上课，他就这样拖着缓慢且执著的步伐，艰难地穿过日渐熙攘的马路，避开横行直撞的车辆，一个人往来于中关园与外哲所之间。

再后来，熊伟先生患了不治之症，动了两次手术。可就是在这样的情况下，他仍坚持要给学生们开课。第一次手术刚做完，他就要去学校给学生们上课，为研究生讲哲学德语课。他的一个学生担心他的身体，反复劝阻不让他去，他就自己通知学生们，让他们来家里上课，怎么挡都挡不住。最后，还是

---

[1] 王炜：《北大外哲所四十年——尊师琐记》，北大未名站。
[2] 孙周兴：《亲在的境界——纪念熊伟先生》，见熊伟：《自由的真谛——熊伟文选》，中央编译出版社2007年版。

师母发话:"先生愿意和学生们在一起,就让他去吧。"在第二次手术前夕,熊伟先生收到邀请去为上百人的大课作讲座,他不顾任何劝阻,前去开讲,这一讲就讲了三个小时。那是熊伟先生的最后一堂课。之后,直至去世前,熊伟先生还惦念着课堂和学生,前去看望先生的学生们无不为之唏嘘。

在熊伟先生最后的一段时光,有一天,他突然把他的一位学生叫去,慨然把他积攒下的欧洲讲学所得倾囊拿了出来,说:"拿去吧,年轻人做学问不容易,不多,你们用得着,有聊胜于无嘛!"[1] 这笔无私的捐赠,就是现在的"熊伟青年学术基金"的最初启动资金。从那时起,这项私人基金一直资助着从事海德格尔哲学研究的青年学者们,而青年学者们都将获得这一基金的奖励视作一种崇高的学术荣耀。

熊伟先生一生言传身教,培养了一批又一批学术人才,他的翻译和介绍性的文章更是影响了整整一代中国学者。到如今,对海德格尔哲学的研究在中国已经逐渐走向繁荣,先生如果能够看到这番情景想必会有所安慰。

  问皆带不了你至真理之野——
  回归答中吧:
  安息呀,习暗示归去来的自由之痛的能手,
  欢欣于自由的谢忱中。
  唯如此安息,
  我们才有所栖居
  栖居于仁爱之宅。

——海德格尔《哲学之本质》刊首题诗(熊伟译)

(施 璇)

---

[1] 王炜:《北大外哲所四十年——尊师琐记》,北大未名站。

汪子嵩先生
研究希腊哲学是我最喜欢的事

  汪子嵩（1921— ），浙江杭州人。1941年，考入西南联大哲学系。1945年本科毕业后，考入北京大学文科研究所，师从陈康先生，学习古希腊哲学。中华人民共和国成立后留校工作。1952年，任哲学系秘书；次年，任哲学系副主任。1958年，被划为"右派"，1964年，得到平反，回到北京大学哲学系任教。之后很快被调入《人民日报》理论部，先后担任编辑、高级编辑、副主任。曾任中华全国外国哲学史研究会理事长。著有《希腊的民主和科学精神》、《亚里士多德关于本体的学说》等，合著有《希腊哲学史》等。汪子嵩先生是中国当代著名的哲学史家、古希腊哲学学者，在西方哲学史，尤其是古希腊哲学研究方面，有着极大的影响。

一

  汪子嵩是浙江杭州人，出生于1921年，成长于国土战火纷飞、民族危在旦夕之时。就像有人曾描述的那样，汪先生的热血"一半为着宇宙万物的真和假而激狂,一半为着中华民族的存与亡而燃烧"[1]。

汪子嵩的青年时期思想十分进步,早在中学阶段他就开始参加各种学生运动,阅读了《胡适文存》、《独秀文存》、艾思奇的《大众哲学》、斯诺的《西行漫记》以及邹韬奋的绝大多数作品。甚至在高考之前,他就已经成为了一名地下党员。

1941年,汪子嵩满怀理想,考上了西南联大。喜欢剑走偏锋的他,是由于哲学系的冷门而一头闯了进去的。到了西南联大后,汪子嵩继续进行非公开的地下活动,从参加读书小组,阅读《资本论》,一直到后来刻蜡纸、印油印。他曾经印发过毛泽东的《新民主主义论》、《论联合政府》。联大的民主气氛在那段时间开始由沉寂转向活跃,这里面就有汪子嵩的一份功劳。

当时西南联大有着极为豪华的教授阵容,金岳霖、冯友兰、沈有鼎、王宪均、汤用彤、贺麟、陈康、郑昕、冯文潜、洪谦,他们都是我国最早几批留学欧美的学者,不仅国学功底扎实,而且受过严格的西方哲学的训练。在校期间,汪子嵩成绩优异,并且据说是同期中最会记笔记的。联大的学习给他打下了厚实的学术基本功,而主讲"西洋哲学史"一课的冯文潜先生更是把他引领走上研究西方哲学史的道路。

不过,真正把汪子嵩带入古希腊哲学的领域的却是另一位先生,那就是他一生极为敬重的、曾被哈佛大学教授哈桑称为"当今亚里士多德学的世界第一权威"的陈康先生。1945年,汪子嵩正在撰写关于柏拉图研究的毕业论文,与此同时,陈康先生在《古典学季刊》上发表了他的博士论文《柏拉图巴门尼德篇注释》,这篇文章使陈康先生在国际古希腊哲学学界一举成名。汪子嵩回忆说,正是陈康先生译注的《巴门尼德篇》,才激发了他研究希腊哲学史的兴趣。

西南联大毕业后,汪子嵩考取了北大的研究生,经冯文潜先生和汤用彤先生的推荐,他最终成为了陈康先生的研究生。在跟随陈康先生学习古希腊哲学

---

[1] 吴越:《汪子嵩 古希腊来的人》,《文汇报》2010年9月13日。

的这段时间里，汪子嵩接触到了古希腊哲学的最高峰——亚里士多德哲学。在他看来，"对西方哲学和文化传统发生如此重大影响的，在古代希腊哲学家中再没有人可以和亚里士多德相比"[1]，从此便醉心于古希腊哲学，尤其是亚里士多德哲学，终其一生这份钟爱都不曾改变。

二

然而，汪子嵩对古希腊哲学的这份热爱在当时并没有条件转化为专注的学术研究，他在政治上的才干以及思想觉悟都使人对他受到新中国的重用毫不意外。新中国成立后，作为北大的优秀研究生，汪子嵩毕业后便留校任教，担任了当时北大校务委员会主任汤用彤和校长马寅初的秘书。由于承担了繁忙的党务和行政工作，他只能暂时将希腊哲学完全摆在一边，也许他当时根本没有料到，这一摆就摆了将近三十年。

到了1952年院系调整的时候，根据新的高校体制的要求，过去的哲学系要改变成为以马克思主义哲学为指导、为主体的哲学系。在这一要求下，系里组织改学马克思主义哲学，并且开设了各种马哲课程。汪子嵩先生也只能顺应这一潮流，离开了他深深为之眷恋的希腊花园，开始教授马克思主义哲学方面的课程。

1958年，全国掀起了大办人民公社的风潮。值此之际，北大和人大两校合作组织了一个人民公社调查组下乡进行实地考察，汪子嵩先生也是这一调查小组的成员。经过一段深入而又周密的考察，调查小组发现了人民公社这种生产模式存在的诸多问题。最后，调查小组递交了一份名为《问题汇编》的考察总结报告。这份报告实事求是，陈述并分析了当时当地的实际情况，如果报告

---

[1] 汪子嵩、范明生、陈村富、姚介厚：《希腊哲学史》第三卷上，人民出版社2003年版，第2页。

提出的问题能得到重视和解决的话,那将是利国利民的大事。然而,这份本应当作为功劳与成果的报告,却成为了"罪证";调查者们本应当获得奖励与荣耀,却反倒遭受了迫害;本应是为国为民实话实说,却被批判为绝不被允许的大逆不道。在这场不公的灾难中,汪子嵩先生挨了批斗,被撤销了哲学系副主任的职位,并在次年的"反右倾"运动中划为"漏网右派",开除党籍,下放劳动改造。

汪子嵩先生获得平反已经是1962年的事了。回到阔别良久的北大哲学系的讲台,他终于有机会"重操旧业",开始讲授他所喜爱的亚里士多德的《形而上学》。然而,这段教书授课的学术研究时光并没有持续很久。汪子嵩先生很快又被调离北大,前往《人民日报》社理论部工作。

三

在《人民日报》社理论部工作的十多年中,汪子嵩先生既为报社做了很多工作,又凭借着自己对哲学的执著,取得了不少学术成果。就在人们看着汪子嵩先生政治上的地位越升越高的时候,他却暗暗地转向,选择了一条冷僻到令很多人大跌眼镜的道路,那就是回到古希腊哲学的研究中去。

汪子嵩先生的这一选择其实并非一时的心血来潮。早在1959年他就已经决定恢复对古希腊哲学的研究,特别是对亚里士多德哲学的研究。对于汪子嵩先生当时的情形,杨祖陶先生曾经作出过这样的描述:"他像回到自己阔别已久的家园,又像久旱逢甘雨一样的高兴。"[1] 怎么能不高兴呢?从事古希腊哲学的研究是他自青年时代就植根在心底的梦想,进行西方哲学史的学术研究也

---

[1] 杨祖陶:《汪子嵩与〈希腊哲学史〉多卷本》,转自同作者《回眸:从西南联大走来的60年》,人民出版社2010年版。

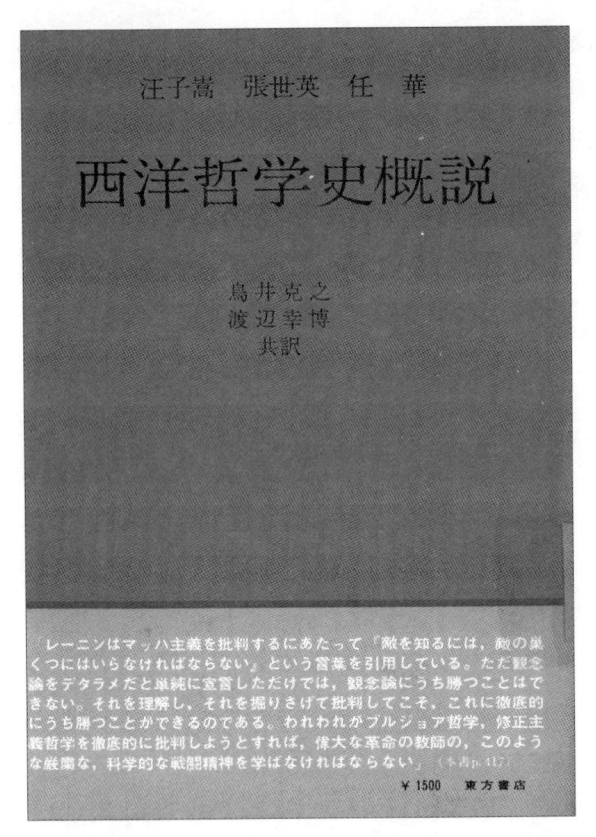

汪子嵩、张世英、任华著《西洋哲学史概说》(日译本) 书影

是他始终萦绕心头、挥之不去的眷恋。然而，这种繁忙工作之余的研究并不能令汪子嵩先生感到满足。终于到了1979年，这一次，先生果断而又十分彻底地"回家"了，回到了那片魂牵梦绕的古希腊哲学的神秘花园。

汪子嵩先生被压抑了将近三十年的学术热情在他年近花甲之际被点燃了。凭借着对于学术的激情之火，先生燃烧了全部的心力，全身心地扑在学术研究上，通宵达旦地埋头进行写作。汪先生自己承认，他一直是"晚上通宵写，通宵之后第二天上午睡觉，下午再做其他工作"[1]。就这样，他最终完成了《亚

---

[1] 吴越：《汪子嵩　古希腊来的人》，《文汇报》2010年9月13日。

里士多德关于本体的学说》一书。此书于1982年出版后直到现在都是研究古希腊哲学、尤其是亚里士多德哲学的必读书。

1981年，汪子嵩先生受邀翻译一部在西方学界十分有名的《希腊哲学史》，但他并没有答应这一邀请，反而极富魄力地向邀请者大胆建议道：与其去合力翻译一部西方人写给西方人看的、在中国人看来则不免有些费解的书，还不如我们自己来编写一部适合我们中国读者阅读的《希腊哲学史》。日后将汪子嵩先生推向了学术高峰的四卷本的《希腊哲学史》就这样拉开了编纂的序幕。

汪子嵩著《亚里士多德关于本体的学说》书影

也许在当时谁都没有想到，这套恢宏巨帙的完成竟然花费了三代学人二十八个春秋。当这部巨作于2010年完成的时候，未至花甲就负责主持撰写的汪子嵩先生也迎来了他的九十华诞。古人十年磨一剑，今人三十年成一书。这部巨作的编写历时长久，所花费的不仅仅是时间，更是编写者们所倾注的难以衡量的汗水与心血。它规模宏大、篇幅浩瀚，共四卷、六千五百多页，近五百万字。这些数据所体现的不仅仅是数字，更是汪子嵩先生及其弟子们所投下的无法计算的努力与功夫。从资料的收集、文本的考据、概念的汉译、流派的梳理、观念的提炼乃至具体的下笔，每一步都蕴含了汪先生的心力，都是他"敬畏学术、精益求精"为学风格的体现。

然而，对于自己所主持编写的这一鸿篇巨帙，汪子嵩先生却分外谦虚与低调。"我们不求什么传世佳作，但求几十年内不过时，后人要研究希腊哲学，觉得翻翻我们的著作还是值得的，这就行了。"[1] 这就是先生"高尚做事，低调做人"的风格，这种风格怎么不让人感佩！

汪子嵩先生曾在自己的许多文章中多次通篇引用了亚里士多德《形而上学》[2] A卷中的一段文字（982b11—28），他借着亚里士多德这位古代先贤之口喊出了自己内心的呼声，那就是"为学术而学术"，"学术需要自由"。我想这并不仅仅是汪先生这么多年来苦心研究古希腊哲学、特别是亚里士多德哲学所得出的学术结论，更是先生几十年风风雨雨、起起伏伏的人生所带来的明悟。我想用常常被先生引用的这段亚里士多德的文字来结束我这篇关于先生的追记：

> 最初人们是由于好奇而开始哲学思考的，先是对身边困惑的事情感到惊讶，然后逐渐对那些重大的现象如月亮、太阳和星辰的变化，以及外物的生成产生疑问。一个感到疑难和惊奇的人会觉得自己无知，人们是为了摆脱无知而进行思考的，显然他们是为了知识而追求知识，并不是为了其他有用的目的。事实可以证明，只有当种种生活必需品全都具备以后，人们才会去进行这样的思考。我们追求它并不是为了其他用处，正如我们将一个为自己而不是为他人而活着的人成为自由人一样，在各种知识中惟有这种知识才是自由的，只有它才是为了它自身，才是自由的。（亚里士多德《形而上学》）

（施　璇）

---

[1]《对话录：哲学不是金子，却能点石成金》，见前揭《汪子嵩古希腊来的人》一文。
[2] 亚里士多德著、吴寿彭译：《形而上学》（汉译世界学术名著丛书），商务印书馆1959年版。

张世英先生
明中西之变，究天人之际

张世英（1921— ），湖北武汉人，1921年出生。1941年秋，考入西南联大，主修经济学；次年，转入社会学系，后又转入哲学系学习。1949年，获得哲学硕士学位。之后，曾任教于南开大学、武汉大学。1952年，由于全国高校院系调整，转入北京大学哲学系任教，直至退休。1959—1966年，负责《光明日报》哲学副刊。现任北京大学外国哲学研究所教授，中华全国外国哲学史学会理事，《黑格尔全集》编委。主要著作有：《论黑格尔的哲学》、《论黑格尔的逻辑学》、《黑格尔〈精神现象学〉评述》、《黑格尔〈小逻辑〉译注》、《论黑格尔的精神哲学》、《欧洲哲学史稿》（合编）、《天人之际——中西哲学的困惑与选择》、《进入澄明之境》、《哲学导论》等；还创办并主编了《德国哲学》和《中西哲学与文化》两种哲学辑刊。张世英先生长期奔走在黑格尔哲学的教学与研究的前线，是中国的黑格尔研究专家。此外，他十分注重对中西哲学的融贯与批判，独创性地诠释了中国古代"天人合一"的哲学学说，是我国当代具有影响力的哲学家。

一

1921年，张世英出身于湖北武汉的书香门第，从小就熟读《论语》、《孟子》，特别是陶渊明的诗文。少年的张世英曾幻想长大后做一位政治家改造社

著名西方哲学史家张世英

会，甚至幻想过效仿哥伦布去发现新大陆，不过，张世英的父亲管教甚严，教育他要"做学问中人"[1]。中学的时候，张世英就读于汉口市立一中，那里的老师几乎都是北大毕业生，国文老师常常在课上提起蔡元培、胡适，对他们总是赞不绝口，由此也激发了他考入北京大学的心愿。

1941年，时值抗日战争，张世英接获了由北大、清华和南开三校联合组成的西南联大的录取通知书，这是他经历的第一次人生转变。张世英刚进入联大的时候，和大多数现在的新生一样，经历了从眼花缭乱到迷茫困顿的心理变化。西南联大以其独特的魅力在他面前展现出了一片神秘多姿、无限广阔的图景。

张世英的青年时期，正值中国民族危亡之秋，高中时故乡武汉就沦陷了。独特的时代环境使他被迫踏上流亡的道路，内心的痛苦令他发出了"苍天生

---

[1] 张世英：《归途——我的哲学生涯》，人民出版社2008年版，第5页。

我,殆为人间鸣不平者耶"[1]的呼喊。当时的张世英只想着要救国救民,又误以为经济就是经世济民,故而选择了经济系就读。但他很快就发现,经济系教授的是所谓的"生意经",课程大都是些记账、打算盘、会计、银行什么的。于是,张世英在第二年立刻转系,进入了社会系。社会系需要搞调查,其中有一门课老师带领学生们去妓院作调查,这又令他极度反感,觉得社会系也没什么念头。

就在张世英深陷迷茫之际,贺麟先生的一门"哲学概论"的选修课为他的心灵打开了一扇窗。贺先生讲课生动活泼、深入浅出、通俗易懂,特别爱讲黑格尔。贺先生以荷花为例讲辩证法,荷花出淤泥而不染,她的清香高洁出自污泥却又战胜污泥,是真正的清高。张世英听后大为触动,觉得这一句"荷出污泥而不染"把自己的人生观都讲透了。一个人的才能与兴趣也许是先天的,但他对自己的才能与兴趣的清楚认识却往往需要一个过程。正是贺先生的这门课让他清楚地认识到,比起经济学、社会学,唯有哲学才最能触动自己的灵魂,最为贴合自己的性格也最可发挥自己的才华。张世英随后又转入哲学系就读,从此在"自己学习与研究的大方向上就算终生无悔了"[2]。

1952年,由于全国高等院校进行院系调整,张世英先生从执教的武汉大学,回到了北大。院系调整的第二年,张先生被调到外国哲学教研室,从此他开始从事关于德国古典哲学、特别是黑格尔哲学的研究。

说起来,张世英先生的研究方式十分独特,他效仿古人李贺锦囊觅句,当他遇到疑难或是偶得佳句时便随时随地记录在纸条或是卡片上,然后分装入袋。这样的研究方式,在现在几乎是不可想象的。他这种好学好思、颇具古风的研究精神在令人感佩的同时,其实也恰恰反映出了哲学系当时研究环境之窘迫。就像张先生自己所回忆的那样,他是在各种政治运动的夹缝中挤出时间进

---

[1] 张世英:《归途——我的哲学生涯》,第8页。
[2] 同上书,第25页。

行研究，所以不得已采用这种化整为零、集腋成裘的方式。就在这样的条件下，张先生在五六十年代中仍发表了不少关于黑格尔以及西方哲学史的论文和著作，在学术界争得一席之地。

然而，当每次提起在那个年代所取得的学术成果时，张世英先生非但没有自得意满，反倒常常感到不胜愧汗。他后来不断进行反思，作了不少自我批评。在那段特殊的年份里，所有的哲学论著几乎都打上了强烈地时代烙印，他的著作也不例外。当哲学沦为仆人的时候，一切哲学作品不过是主人指挥下的"一唱亿和"罢了。

二

张世英先生真正焕发学术创造力的年代，要等到改革开放之后。改革开放给整个社会注入了新的风气，也给老一辈的北大学者们带来了新的学术机遇，北大哲学系终于拨云见日。80年代初，已经步入花甲之年的张世英先生，与他的许多同辈同行一样，重新点燃了被压抑许久的学术激情。为了弥补丢失了的盛年，张先生秉着"人一能之己十之，人十能之己百之"的精神，在学术研究上躬身耕耘至今，一刻不曾停息。

在80年代，张世英先生的教学和研究方向主要还是在德国古典哲学、尤其是黑格尔哲学上，不过不再是从前那样以"大批判"为旨归的研究，而是真正的纯正的学术性研究。在哲学史研究方面，他笔耕不辍，先后发表了数篇有关黑格尔的论文，连续出版了《黑格尔〈小逻辑〉绎注》（1982）、《论黑格尔的精神哲学》（1986）、《康德的〈纯粹理性批判〉》（1987）、《自我实现的历程——解读黑格尔的〈精神现象学〉》（2001），编译了《青年黑格尔的哲学思想》（1983），还主编了《新黑格尔主义论著选辑》上下卷（1997、2003）、《黑格尔辞典》（1991）以及《黑格尔全集》（2011年出版首批两部，第10卷、第

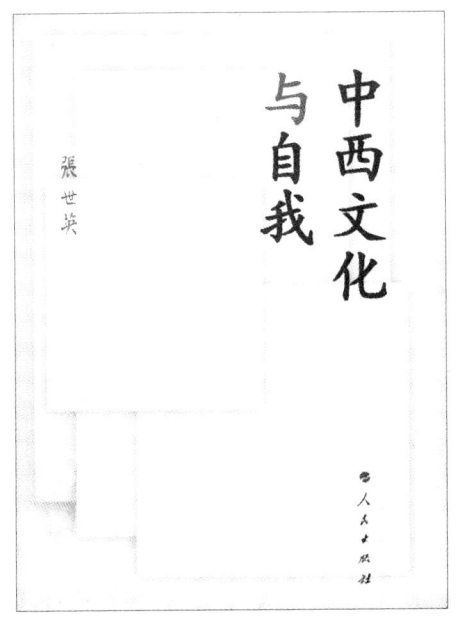

张世英著《中西文化与自我》书影 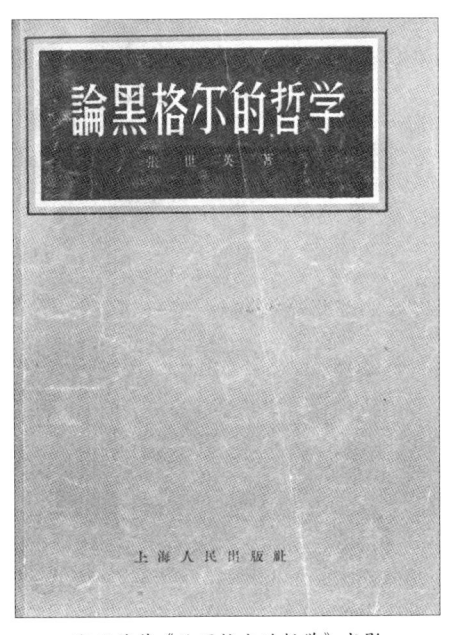　　　张世英著《论黑格尔的哲学》书影

17卷)。

西方哲学史与中国哲学史长期以来一直被称为是北大哲学系的两大强项，包括张世英先生在内的老一辈的学者们大都博古通今、学贯中西。80年代初，中国哲学界兴起了一股讨论"主体性"问题的热潮。这一热潮引起了张世英先生对中、西哲学史进行广泛的阅读和深刻的思考。经过数年的研究，他找到了一个中西结合点，那就是不论中国哲学史还是西方哲学史似乎都经历着这样一种变化过程：

前主客不分的天人合一→主客二分→后主客不分的天人合一

张世英先生把他的这一新的哲学史观写入了《天人之际——中西哲学的困惑与选择》（1995）一书中，成为他的主要创见之一。

思想上的创新与不能自已的激情推动着张世英先生不顾高年连续写作，在

《天人之际》出版后，他又陆续发表了很多文章。更加惊人的是，仅仅时隔四年，张世英先生的另一本重要的哲学著作《进入澄明之境——哲学的新方向》(1999)诞生了。在这本书中，张世英先生认为，旧的形而上学（包括中西双方）都被束缚于主客二分的思维模式中，只依靠思维，追求从具体到抽象的"纵向超越"，最终达到的只有永恒在场的同一性。就像此书副标题所提示的那样，张世英先生并不满足于对传统哲学的批判，他提供了一套新的哲学，那就是突破主客二分的思维框架、重回主客不分的天人合一境界，不单依靠思维，还要靠想象，追求从具体到具体的"横向超越"。这一超越最终达到的是互不相同的万物之间的相通相融。

2002年，北大哲学系尝试恢复昔日老教授为低年级本科生开设基础课的优良传统，张世英先生应邀为本科新生开设《哲学导论》课程。借此机会，他清理并深化了自己十余年来的研究成果，整理出了一套具有原创性的新的哲学体系，在课程尚未结束之际就出版了《哲学导论》(2002)一书。张世英先生的这套新的哲学体系简单来说就是"万物一体"，它被三个问题所贯穿：首先，什么是哲学的根本问题？在他看来，哲学的根本问题可以概括为人生在世的"在世结构"问题，而"结构"就是指人与世界相结合的关系和方式。其次，面对旧哲学的终结，新的哲学是什么样的？在他看来，新的哲学当以提高人生境界为目标，是提高人生境界之学。最后，当今的中国需要一种什么样的哲学？或者说，需要一种怎样的境界之学呢？对于这个问题，张世英先生既复返其根又汇通创新。他既吸取了中国古代老庄及宋明道学思想，又试图结合西方现当代哲学，提倡一种超越主客关系的"万物一体"的境界之学。由于这种"万物一体"是真善美的统一，张世英先生便把这种境界之学贯穿于历史哲学、伦理学与美学之中。张世英先生深信，他所提出的这套新哲学符合当代中国的需要，能引起当下国人的共鸣。

张世英先生在哲学上的进展并未就此停止。有两位《哲学导论》的读者不约而同地提出，此书仅谈论了个人境界问题而没有涉及社会问题。张世英先生对于他们的意见非常重视，为了弥补不足，他继续深化自己的研究，在年近九秩的高龄完成了《境界与文化——成人之道》（2007）一书。这本书着力探讨各种人生境界、各种文化活动之间的关系，特别是中华民族与西方民族在文化上的特征，目的是希望能够为提高个人乃至整个民族的精神境界提供一条可供参考的途径。这本书的核心问题就是回答这样一个问题：如何成人？"成人"即成为有高远境界之人，而这里的"人"既包含个人，也囊括了民族。

三

1993年夏天，香港举办了一个大型国际学术会议，张世英先生应邀赴会。会议期间的某个清晨，他在酒店用餐，同桌是四五位同来参加这次会议的学者。张先生与这几位学者并不认识，因此用餐期间并未交谈。席间，这几位彼此相互熟识的学者对北京大学从校长到哲学系在内的人文学科都作了一番议论，大都为负面的批评之词。先生独坐一旁，一面埋头用餐，一面洗耳恭听，想趁此机会多听听来自校外的最真实的声音，不过听到刺耳处，还是不免忐忑不安、汗流浃背。然而，故事并未就此结束。这几位学者们用餐完毕后，并未直接扬长而去，其中一位起身突然同先生开始寒暄："请问，您是哪个学校的？"先生只好回答道："我就是北大的。"这件事后，张先生深有感触地说"我第一次体会到了'母校'的'母'字的感情和意义。"[1]

张世英先生自1952年院系调整回校后，与北大哲学系一起走过了整整六十个年头，不离不弃、荣辱与共。北大由蔡元培先生开创了兼容并包的传统学风，张世英先生曾经自豪地宣称，在这点上，他是不愧为北大人的！张

---

[1] 张世英：《归途——我的哲学生涯》，第106页。

世英先生为了哲学，耗尽了一生的年华与心血，他的身体也许略显疲惫了，但他的灵魂仍充盈着对学术与理论的激情，这激情如波涛汹涌，如万马奔腾。正是这份激情令先生在耄耋之年仍思如泉涌、笔意奔放。他用笔发出了心灵的呐喊："我恨不能把这些用理论编织的蛛网烧成熊熊烈火，驱散着天上的片片愁云；恨不能把这支秃笔化作一把犁，犁尽这世间不平地。……问苍茫大地，道在何方？"[1]

（施　璇）

---

[1] 张世英：《归途——我的哲学生涯》，第128页。

金岳霖先生
道超青牛，论高白马

金岳霖（1895—1984），字龙荪，1895年7月14日生于湖南长沙。1911年考入清华学堂，1914年毕业，同年官费留美。1920年获美国哥伦比亚大学政治学博士学位，之后在英、德、法等国游历。1926年秋，金先生被清华大学聘请讲授逻辑学，不久后创办清华大学哲学系，任教授兼系主任。1952年，全国高校院系调整，六所大学哲学系合并为北京大学哲学系，金先生任哲学系系主任。1955年被聘为中国科学院哲学社会科学部哲学研究所副所长兼逻辑研究组组长。1984年，金先生在北京寓所逝世，享年八十九岁，终身未婚。金先生是把现代逻辑介绍到中国来的最大功臣。他还把西方哲学与中国哲学相结合，构建起了自己独特的哲学体系，并且培养了一大批有较高素养的哲学和逻辑学专门人才。

一

金岳霖先生生于湖南长沙，祖籍浙江诸暨，但终其一生都未到过该地。他的老家庭属于清朝后期洋务派的官僚家庭。父亲是浙江人，早期为清盛宣怀尚书部署，三品顶戴，后到湖南任职，追随张之洞搞洋务运动。金先生的出生正值列强瓜分中国的时代，中国基本上已被瓜分为多国的势力范围。湖南和长沙下游当时属于英日势力范围。

金先生于1901年入胡子靖先生创办的明德学校读小学。1907年入教会办的雅礼学校读中学。该校为美国人创办，起先名为雅礼大学，后改称雅礼学校。据金先生本人的回忆文章，这所学校对他有不小的影响。他在回忆录中提到了这一时期列强对学校教育这一势力范围的占领，这制造了许多黄皮肤黑头发且有着中国国籍的美国人。事实上，后来美国政府就是为了能占领这一势力范围才把向中国索取的赔款又退回给了中国，用于创办留美预备学校。清华的前身就是这样一个预备学校。当时的中国外交部还设有留美学务办事处。

1911年春，金先生在长沙报考北京清华学堂中等科，未被录取。同年夏，又到北京报考清华学堂高等科。与考试相关的共有三个学科：国文、算学和英文。金先生似乎在这场考试中只是英文比较突出，在算学考试中并没有什么优异的表现，但最终还是被录取了。他曾回忆说："北京考英文，我不怕；算学靠运气，就怕国文。"

入清华不久，同年10月辛亥革命爆发。对这次革命金先生是抱着喜悦的心情表示欢迎的。他剪掉了头上的辫子，还写了一首打油诗：

辫子已随前清去，此地空余和尚头。
辫子一去不复返，此头千载光溜溜。

11月清华学堂经费断绝，学生纷纷离校。金先生是高等科最后一个离校的学生。

1912年5月，清华学堂复课，金先生重回清华。据金先生回忆，当时的情况发生了变化，多了很多英语教员，差不多都是年龄不大的美国大学毕业生。他们除了教课，还教授给学生美国人的生活方式。特别是星期六晚上有一个聚会，很多次是学生用英文辩论，或者用英文进行演说竞赛。后来金先生对美国人在中国创办教育作了如下评价:"美国人占领了教育这个势力范围,而又能使中国人不感觉到它是占领。甚至本来是美国替中国培养知识分子的事,到了'美籍华人'时代也可以说已经变成了中国替美国培养知识分子的事了。"在清华求学期间,金先生担任过高等科英文班学生会委员,最高年级学生会主席。从这里也可以看出,金先生早年时就对政治比较热心,并不是一个只会埋头读书的人。

1914年,金先生去美国留学。先是在宾夕法尼亚大学学商业,结果"这玩意引不起兴趣,转而学政治"。

著名哲学家金岳霖

在给五哥的信中他说:"簿记者,小技耳,俺常常七尺之躯,何必学此雕虫之策。昔项羽之不学剑,盖剑乃一人敌,不足学也。"1917年他从宾州大学毕业,获学士学位。同年9月入哥伦比亚大学研究院继续学习政治学。1918年9月他又完成论文 The Financial Powers of Governor,获文学硕士学位。之后继续攻读博士学位。在哥伦比亚大学,金先生着重选了两门课:毕亚德(比尔德)的美国宪法和邓玲的政治学说史;同时他还对哲学产生了兴趣。他在《论道》的绪论中写道:"我最初发生哲学上的兴趣是在民国八年的夏天。那时候我正在研究政治思想史,我在政治思想史的课程中碰到了 T.H.Green。我记得我头一次感觉到理智上的欣赏就是那个时候。而在一两年之内,如果我能够说有点子思想的话,我的思想似乎总是徘徊于所谓'唯心论'的道旁。"据他回忆,在1918到1920年这段学习政治的时间之后,他就进入了抽象思维领域,且再也没有离开过。这一习惯形成之后,金先生说:"我虽然是一个活的具体的人,我的思想大都不能在活的具体的事上停留多少时候。"这一转变其实已经预示了他后来转向逻辑学和哲学研究的可能。

在哥伦比亚大学期间，金先生有幸接触到了几位被请来讲学的英国人，这为他以后到英国访问求学打下了一定的基础。金先生提到过两位他以师相待的英国人：瓦拉斯与巴克，都是他在美国时结识的。1920年12月，金先生赴英国留学，在伦敦大学经济学院听课。这一时期，他的思想有了很大的转变，他读了休谟的书，这让他摆脱了政治学，从此进入了哲学。而这些还都是在他对逻辑发生兴趣之前的事。在伦敦时，有两本书对他影响极大：一是罗素的《数学原理》(Principles of Mathematics)，一是休谟的《人性论》(Treatise)。对于罗素，他认为："使我想到哲理之为哲理不一定要靠大题目，就是日常生活中所常用的概念也可以有很精深的分析，而此精深的分析也就是哲学。从此以后我注重分析，在思想上慢慢地与 Green 分家。"对休谟他则说："给我以洋洋乎大观的味道，尤其是他讨论因果的那几章。"金先生是很注意归纳的合理性根源的，而休谟对归纳可靠性的质疑必然可导出一个直接结论：倘若因果不过是心理联系而已，则基于因果的科学就没有了基础。因此，他总认为休谟关于因果的思想是有问题的。后来，他认为："休谟底缺点不在他底因果论本身，而在他底整个哲学。"这个问题就是 idea。idea 一般被翻译为"观念"，金先生将其翻译为"意象"，而不把它翻译为"意念"或"意思"。因为休谟的 idea 是模糊的印象，因此，这只能是想象的产物，而不能是思议的产物。也就是说，金先生认为，休谟只承认具体的，而不承认抽象的，这就使得休谟哲学出现了问题。在后来的哲学作品里金先生对此作了详细论证。

1922年金先生到德国游历，1924年又去法国游历，而金先生接触逻辑就是在这个时候。这完全是出于机缘巧合：一次，金先生和张奚若以及秦丽莲（金先生的一位美国朋友）在法国巴黎圣米歇尔大街上散步，遇到一些人不知为何争论得很凶，于是三人便加入进去。这次争论中恰好就有人提到了逻辑。金先生后来回忆说："但是，我不知道逻辑是什么，他们好像也不大清楚。"以后金先生就对逻辑学正式产生了兴趣。

1925年12月,金先生回国。1926年6月他发表了回国后的第一篇哲学论文《唯物哲学与科学》。文中说:"近年来对于政治——不仅是中国的政治,无论哪国的政治——极觉得灰心,而对于哲学,颇有兴趣。""世界上似乎有很多的哲学动物,我自己也是一个,就是把他们放在监牢里做苦工,他们脑子里仍然是满脑子的哲学问题。"这些话进一步表明了金先生的兴趣转向。同年8月他又发表文章《自由意志与因果关系的关系》。徐志摩对本文作了如下评论:"金先生的嗜好是捡起一根名词的头发,耐心地拿在手里给分;他可以暂时不吃饭,但这头发丝粗得怪可怜的,非给它劈开来不得舒服。"而这一评论正好说中了金先生思维中偏爱分析的特点,非常恰当。

同年秋,清华大学讲授逻辑的赵元任调入中央研究院供职,他推荐金先生接替他,这是金先生正式接触逻辑的开始。在清华大学,金先生教授的主要是逻辑学和西方哲学,同时还包括一些政治学课程。由于之前金先生对逻辑接触并不多,这于是也就成了他边教边学的过程。1931年金先生又有机会到美国留学了一年,其间到哈佛大学的谢非先生处学习逻辑。这时怀特海也在哈佛大学教书,这让他有了更多的机会接触剑桥思想。而正是这一影响使得他后来走上了比较着重分析的哲学之路。自1927年起,金先生便开始在自己的寓所里于每周的星期六邀友人聚会。聚会中交谈的内容形形色色,有学术问题,也有政治以及绘画艺术之类的问题。这一活动一直持续到1937年的"七七事变"。从这里可以进一步看出,金先生绝对不是一个仅仅埋头读书而不关心世事的人,也不是一个枯燥乏味而没有生活情趣的人。

二

金先生的三部主要著作《知识论》、《论道》和《逻辑》都是在新中国成立前完成的。虽然《知识论》迟至1983年才正式出版，但事实上该书在1948年即已完稿，只是由于第一稿在战乱中遗失才会这么晚出版的。金先生的整个哲学体系在这几本书里得以全面体现。以下是对他哲学体系的简单阐述。

金先生明确地提出："哲学底目标可以说是通，我们不盼望学哲学的人发现历史的事实，也不盼望他们发现科学上的道理。……当然学哲学的人也许同时是学习历史的人，他在历史底立场上，也许求发现历史上的事实；也许是学科学的人，在所习科学底立场上，也许求发现科学上的道理；然而，在哲学底立场上他仍只是求通。"他还认为："所谓通不只是一致，而且有真底意思。"由此进一步来看就能理解金先生为什么要建构形而上学：因为在他看来，形而上学是所有知识的基础，只有形而上学才能达到通与真。他还特别提到："中国哲学家都是不同程度的苏格拉底式人物。其所以如此，是因为伦理、政治、反思和认识集于哲学家一身，在他那里知识和美德是不可分的一体。他的哲学要求他身体力行，他本人是实行他的哲学的工具。按照自己的哲学信念生活，是他的哲学的一部分。"所以，这也导致了一个直接的结果，就是，在中国独立的形而上学尤其不发达。由此就可以看出在中国建构形而上学的必要性和紧迫性。

金先生的形而上学体系类似于亚里士多德的四因说，也和朱熹的理气观有几分相似。对此他本人并不讳言，并在《论道》中明确指出："现实之不能不有也许就是朱子所说的理不能无气，气不能无理，或亚里士多德所说的形不能无质，质不能无形。本书底式类似理与形，本书底能类似气与质，不过说法不同而已。"亚里士多德的纯形式同质料结合，便形成事物。同样，金先生的"能"就必须设定"式"的存在，"能"与"式"的结合，便是"道"。而"道""才是中国思想中最崇高的概念，最基本的原动力"。这样，金先生就从对于西方哲学的借鉴，走到了中国哲学的构建上来，将西方的形而上学同中国哲学的建构联系起来了。事实上，金先生一直试图从中国传统思想里开启出形而上学的领域。因为他对于中国哲学有着某种天然的亲切感。他说道："对于这样的道，我在哲学底立场上，用我这多少年所用的方法去研究它，我不见得能懂，也不见得能说清楚，但在人事底立场上，我不能独立于我自己，情感难免以役与这样的道为安，我底思想也难免以达于这样的道为得。"

有两个问题可以作为金先生思想的起点：首先是归纳问题。归纳原则不是从归纳中得到的，那么，这一原则从何处来，其依据又是什么呢？这一问题是《论道》中提出的；另一个就是思议与想象的问题。这两者都必须遵守逻辑，因为逻辑的界限就是人思维的界限，反逻辑的就是不可思议的。他认为："从逻辑这一方面着想，任何世界，即与现实世界完全不同的世界，只要是我们能够想象与思议的，都不能不遵守逻辑。"

他从休谟的归纳问题进入哲学，这一问题就成了他形而上学的起点，其中主要是观念（idea）问题。他认为 idea 应该翻译成"意象"而不是"意念"。因为在他看来，意象总是具体的，同人们的感觉相关；而意念则是抽象的，同人们的理性相连。休谟则不承认抽象观念的存在，他认为一切观念都是人们的知觉。由此休谟的 idea 就只是心理表象层面的，最终导致他得出认识论上怀疑论的结论。与此不同，金先生则认为抽象观念是存在的。他把"思想"这个概念分析为"思议"和"想象"两个成分。"想象"的内容是意象，是类似于具体、个体和特殊的，其对象是具体、个体和特殊的东西；而"思议"则是意念，思议的对象是共相或共相的关联，这是对于普遍性对象的反映和把握。所以，金山、银山等都是可以想象的，也是可以思议的。但是，若仅仅是作为思议的，则是不可想象的，如零、无限小等。这样，他就论证了抽象思维的作用，也就是他所谓的思议。通过思议就能概括出共相或共相的关联，从而找到普遍性的法则。

这些共相，在他看来，都是遵守逻辑的。这样，逻辑在金先生的体系构建中就成了一个不可或缺的起限制性作用的工具。逻辑之所以有效，就在于逻辑不仅是人的思维规律，而且也是客观外在的规律。逻辑的界限就是世界的界限。金先生通过逻辑，从事实到事物，从事物到形式和质料的关系，最终获得式与能这两个概念。因此，式与能就是个体事物（不是事实）的最基本的成分。

至于如何形成个体事物，这就涉及金先生所谓"能与式的综合为道"的思想。具体来说，金先生认为，"能"是不具备任何性质也没有任何规定性的"纯材料"。对任何一个特殊的个体，都可以用抽象的方法"无量地抽象下去"，把它所具有的共相与殊相或性质与关系全部抽掉，最后仍有某种成分存在，也就是上述的纯材料。这最终留存的成分就是金先生所谓的"能"。"能"是不具备任何性质的纯材料。他说："这根本非任何相底成分，我最初用英文'Stuff'表示，后来用'质'这一字表示，最后才用周叔迦先生所用的'能'字表示。"这样的"能"，并不是构成物质的基本单位。因为物质的基本单位，如电子，它总是一类的事物，都有共相，而"能"却是没有任何相的成分。另一方面，金先生又认为，"能"是任何事物的材料。所有的事物，小如电子，大如世界，都有"能"。因此，"能""是万事万物之同有的材料，而不是万事万物之所同是的东西，或同属的类"。这就是说，"能"一定不是同类的东西，一定也不具有任何性质，但是，它又是纯材料。任何事物，包括最基本的电子，都是由它构成的。综合上述两点可知，"能"虽然是形成万物的材料，但其本身毕竟不是万物，因此，要形成万物，还必须要有另外一个本体："式"。能必须与式或说"可能"结合才能形成万事万物。他说："式是析取地无所不包的可能。"就是说，式穷尽了所有的可能。把所有的可能以"或"的逻辑形式排列起来，就是所谓的"析取"。"可能是可以有而不必有'能'的'架子'或'样式'。"这就是说，可能在事实上可以有'能'在其中，但是，也可以没有'能'在其中。如果可能事实上已经有能结合，那么它就不仅仅是可能，而且也是"实的共相"；如果可能事实上没有能进入，那么它就仅仅是"空的概念"，如"鬼"、"龙"、"超人"等等。这些空概念虽然事实上没有能，但是，它们仍然是可能。因为在理论或逻辑上它们仍然可以有能。所以，可能的就有两部分组成：空概念和实的共相。可能不在时空之中，但又是存在的，是非心非物的。

上面在论到"式"时提到：可能是无量之多，将无量之多的可能析取地排列起来形成的系列就是式。所以，式是无所不包的可能。这也就是逻辑意义上的必然。逻辑就是人的抽象思维能力，"逻辑学就是研究式的学问，或研究必然的学问"。这里可以看出，逻辑于金先生的体系建构中在方法上起了核心作用。

另外，逻辑的抽象作用在金先生的系统中还同他对于事实与"所与"的区别直接相连。在他看来，事实并不是客观的"所与"，尽管两者不可分离。所与是与认知主体发生认识关系并且不依赖认知主体而独立存在的客观外物。这种客观外物是被给予的，所以被称为"所与"。而事实不过是用抽象思维将所与整理成为事实秩序。因为在他看来，如果事实就是客观的所与，那么，秩序问题就无法解决，休谟问题也无法解决。可见，所谓事实一方面是所与，而另一方面是我们的意念。事实一方面是意念，所以它有意念的结构，意念的结构就是一种秩序。事实既有这样的结构，当然，也有这样的秩序。事实是客观与主观的连接，是抽象思维对于客观的概括与总结，是意念与所与综合而成的。由此可见，抽象思维提供范畴，范畴的作用在于分类。所与是特殊的，是变化的，但是，这些特殊而变化的所与，在意念作用下，通过对所与的排列与分类，就可以从中抽象出普遍的共相。所以，意念反映的是共相或共相的关联。这一关联，金先生认为相当于中国哲学中的"理"。而这样的理不是同所与分离的，而是在所与中表现出来的，这一关系就相当于中国哲学里的理与气的关系。但是，他又认为，"一特殊的事物，不仅是一大堆的共相。把共相堆起来，无论如何的堆法，总堆不出一个特殊的事物来。……一特殊事物也不仅是一大堆的殊相，把殊相堆起来也堆不出一特殊的事物来"。因此，在理气分殊问题上，他认为，存在着一种非任何相的成分，这就是他所谓的"能"。由此可见，他的上述这一区分与他的整个体系是有关联的。

金先生在进行体系构建时特别重视归纳逻辑，更多地关注事物的构成和性质。这与康德的体系明显不同。在康德那里经验的和超验的有着一条鲜明的界限，即知识的都是经验的，形而上学都是超验的。而在金先生的思想里，这条界限并不清楚,甚至是没有界限。他一直试图通过经验来建立一种本体论的形而上学,他认为,建立了这样的形而上学就可以解决或解释全部经验领域的问题。这就是他建立的以"道"为基础的形而上学。金先生构造形而上学体系的这种方法对西方传统哲学方法是有突破的。西方传统哲学的方法是从自明的东西出发,再据严格的逻辑法则进行演绎推导直至建立一套概念体系。这一方法的一个明显的缺陷就是,整个体系的前提得不到证明,只是一些独断的结论,不是根据已观察到的事物进行归纳得出。过分地强调这种方法就会在思想与感情、直觉与观察之间划下一道鸿沟。直接的后果就是本体论哲学过分追求超越性,完全超越经验世界。但金先生主张形而上学既要"求理智的了解",也要"求情感的满足"。所以,在他的形而上学里是逻辑与经验并重,超越性与内在性并重。

金先生构建形而上学的这一方法还与他的知识论相关。金先生的形而上学始于观念。在他的知识论体系中他认为观念不仅来源于感觉,也来源于抽象思维。因为只有抽象思维才能概括出共相或共相的关联。而共相或共相的关联之所以可能是因为它们必然符合逻辑。而逻辑不过是人的一种抽象思维能力。因此,强调主体对于知识建构的重要性,就成了金先生知识论的基本立场。主体的知识建构过程大致可表述为:抽象思维具有提供范畴的作用,可以对殊相进行概括,形成共相。共相与殊相结合,便形成对事物的认识。然而,任何性质,无论是共相还是殊相,都应该有构成的材料。在这种意义上,他提出了"能"这一概念。"能"不具备任何性质,而又是任何事物所必不可少的纯材料。这样的"能"遵循基本的法则,进一步与"式"结合,便生成了"道"。"道"就构成了世界的真正基础和前提。这样,他就从知识论开始,最后走到了本体论的形而上学,从而完成了他自己的形而上学的建构。

金先生的形而上学仍然有着自身理论上的困境。他认为形而上学的最高目的是要达到情求尽性,用求得体的人生境界。在这种境界里,道是其基础和根据。所以他强调,道绝不会是空,而一定是实的。不过,这种实不是实在,也不是实际,而是充实。从而,道相对于事实仍然是虚,是最普遍的法则,最根本的规律。所以，他指出，自万有合而为道而言之，道是一，自万有之各有其道而言之，道是无量。这样一来，"道"就成了一个抽象的观念，又如何使得实践领域的人道成为可能，就无法论证了。因为形而上学的抽象的"道"和现实的人道之间，始终存在着内在的分裂。尽管他也认识到形而上学对于人的根本作用，但是，这种作用不是作为人的存在的基础或根基，而只是作为人的追求的境界或目标来设定的。之所以如此，是因为从内心上讲，他希望哲学能够为人提供生活的指导，使哲学具有价值意义，因此就非常牵强地在本体的形而上学思路上，提出了形而下的人生境界论。

不过这样的失误和偏差对于中国哲学的发展未必就完全无用。中国哲学与西方哲学的关系，一直是中国哲学作为学科在近现代建立后应该搞清楚而没有完全搞清楚的问题，这就成了中国哲学发展的障碍。哲学是在西方产生的学科。在近代以前，中国是没有哲学学科的。因此，在中国建立哲学以西方哲学为范本，这是很自然的。可是，中国哲学的建立却充满艰辛和曲折。因为哲学涉及的都是超验的东西，同主体意识紧密相关。超验而主观就注定了哲学的构建非常艰难。金先生根据自己对于哲学和形而上学的理解，提出了他的极具特色的体系，对理清上述关系进行了一次有意义的尝试。从中国现代哲学史的角度来看，他的形而上学建构应当视为是中国现代哲学发展的一个必不可少的阶段。

三

1949 年，中华人民共和国成立，是年金先生五十四岁。此后，金先生又生活了三十五年。这接续的三十五年，是金先生思想发生重大变化的时期。

在政治上，1956 年，金先生成为新中国成立后第一批加入中国共产党的老知识分子，1960 年成为正式党员。他在入党申请书中写道："人民共和国成立后，中国人民确实站起来了。要巩固这个'站起来'的局面，又非建设社主义不可。在我们这样一个人口众多的大国里，要建设社会主义，非有相当多的人无条件地服从党的领导、接受党的任务不可。"他对蒋介石的专制深恶痛绝，对建国之初毛泽东的开明不仅赞赏，而且钦佩。当时他在思想上的转变应当是真诚的，他并没有预料到接踵而至的政治运动，没有感受到后来的那种压力。再加上天性中的幽默，这一时期他的生活应该是很轻松的。

在哲学上，金先生从实在论转向了马克思主义。如他所言，在1949年以前他如果拿到毛泽东1937年出版的《实践论》，会用他的哲学把《实践论》"批评得不像样子"。然而，1949年以后，他却"不留情面"地批判自己过去的哲学立场，从根本上放弃了经营了几十年的体系。他甚至在国际论坛上明确宣称自己已经成为了一个马克思主义者。包括他的哲学理想也发生了变化：从把哲学作为专门学问并追求完美的哲学体系，到将哲学作为思想武器，为国家经济发展和社会进步服务。1957年前后，金先生在许多场合都曾明确表态："我改造得不好，为党为人民做的事太少！"他写过一本《罗素哲学》，以十分严苛的笔调将这位自己多年尊崇的西方哲学家敲打得满头是包，他公开表态与罗素划清界限。显然，这种转变，已经相当不合乎思想的自然演化了。那是"罢黜百家，独尊马列"的时代，也是幽默大师彻底丧失幽默感的时代。不为已甚的古典法则完全失灵，金先生苛责自己，批判他人，知行裂变，身不由己。1958年，金先生参加一个访英文化代表团，在牛津大学住了几天。王浩当时任教于牛津大学，特意安排恩师在牛津哲学教师会作了一个不长的报告。金先生的演讲主旨是：因为马克思主义拯救了中国，所以他放弃了以前所研究的学院哲学，转成一个马克思主义者。据王浩回忆，当时听讲的大部分教师都觉得论证太简单了一些。可以猜想，这也只是金先生在表明政治立场罢了。再顺便提一下，当时因为金先生的英式英语特别高雅漂亮，牛津的教师大多数对金先生很尊敬。说到英语表达，费正清也在《自传》中称赞过金岳霖先生的英语"几乎达到了炉火纯青的地步。他能在音调、含义、表情等各方面分辨出英语中最细微的差别"。一个自由主义知识分子在精神上发生显而易见的突变，从思想演变的逻辑性来看，就显得极不自然。当年，胡适在海外感叹金岳霖被洗脑了，认为他参加学习会，写批判文章，是一件屈辱的事情。但一位哲学家被强行洗脑又岂是"屈辱"二字可以轻易概括的，那是一个民族的悲剧，也是一个时代的悲剧。书生玩不转政治，政治却可以轻易玩转书生，从古至今都是如此，罕有例外。

到了后来，金先生也感觉到他是一个研究抽象思维的人，不适合招惹政治。他在回忆文章《对于政治，我是一个"辩证的矛盾"》中写道："我这个人根本没有改造世界的要求，只有了解世界、理解世界的要求。我基本上没有拥护旧世界的要求，也没有打破旧世界的要求。中国共产党和毛主席等领导同志的努力打破了那个旧世界，我非常之拥护，并且愈学习愈拥护。但是在我的头脑里，我仍然只是在了解世界上绕圈子。请注意，在最后这一句话里，'世界'两个字说的实在就是宇宙。"在该文中金岳霖还特意诠释了他不搞政治又不得不搞政治的原因："解放后，我们花大功夫，长时间，学习政治，端正政治态度。我这样的人有条件争取入盟、入党，难道我可以不争取吗？不错，我是一个搞抽象思维的人，但是，我终究是一个活的、具体的人。这一点如果我不承认，怎么说得上有自知之明呢？根据这一点我就争取入盟、入党了。"在不间断的政治运动中，在那个人人自危的年代里，这位天性幽默的人在这场洪流中怕也深觉不得自主吧！

不少人认为：金先生新中国成立后的著述是慑于权势而作的，是奉命而作的，是为了保住名位而作的，全是违心之作。这一评价未必完全恰当，但至少也是大致恰当的。周礼全先生对恩师晚年的学力衰退作了一个比较中肯的分析："影响金先生解放后著作质量的直接原因，我认为有两个。一个原因是：他担任了许多学术行政工作，参加了许多政治性的社会活动。再加上他责任心很强，但又不善于处理这类事务。这就使他缺少充足的时间进行深入的哲学研究。另一个原因是：他不懂政治，但政治热情又很高。他高昂的政治热情影响了他冷静的理智思考。"周礼全先生在1986年金先生逝世一周年和九十诞辰纪念会上还对金先生的思想体系作了如下评论：就主要内容和整体来说，金岳霖的哲学体系是唯物主义的，并且具有不少朴素辩证法的因素。这一评价也基本上是恰当的。

金岳霖先生后半生的作为乏善可陈，或许是命中注定。入于荣辱、是非、得失、成败之境，始终只有单纯，只有天真，只有大海捞月的梦想，只有竹篮打水的徒劳。可在时代的洪流中，为求全身，别无他法，论者若持恕道，对先生和类似其遭遇的知识分子就不要太过苛求了吧！

（刘美平）

沈有鼎先生
沉醉于形而上的世界

沈有鼎（1908—1989），字公武，生于上海市。1929 年毕业于清华大学哲学系，同年公费留美。1929 至 1931 年沈先生在美国哈佛大学师从于 H. M. 谢弗和 A. N. 怀德海，1931 年获硕士学位。后来又在海德堡和弗赖堡大学从事访问研究。1934 年回国后，沈先生任教于清华大学，1935 年晋升为教授，开始指导研究生。1952 年院系调整，沈先生调职于北京大学哲学系，1955 年又调至中科院哲学社会科学部哲学所工作，直至 1989 年逝世。沈先生的专长是数理逻辑和中西逻辑史，在中国学术界以数理逻辑学家著称，是中国早期分析哲学思潮的代表人物之一。他的《论真理的分野》一文被视为中国学者论分析哲学的代表作。

一

沈有鼎先生出身于书香门第，父亲沈恩孚是清末举人。辛亥革命时，沈恩孚担任江苏民政次长和省公署秘书长。后来退出政界，专门从事文化教育活动，曾发起成立中华职业教育社，筹建南京河海工程专科学校，创办鸿英图书馆。沈恩孚先生酷爱昆曲，与著名实业家穆藕初过从甚密。穆藕初于1921年在苏州创办昆曲传习所，培养了一批人才。沈有鼎先生在昆曲方面有一定的造诣，怕是受了早年这一机缘的熏陶吧。

1915年沈先生在七岁时入上海第二师范附属小学读书。1921年入上海南洋大学附中读中学。早在中学时代，沈先生就读过一本逻辑学的小册子，从此对逻辑学产生了浓厚兴趣。1925年秋，沈先生进入清华大学哲学系。其间，他经常和同学们讨论逻辑问题。有一次，他们正在教室里高谈阔论，金岳霖先生路过，为其天赋所吸引，便站在外面听了很久。金先生说，当年清华的逻辑课应该由赵元任讲，赵先生请他代替，他便答应下来。不知道金先生是不是为了沈有鼎才接下这份工作，但后来清华大学哲学系的建立，确实与金、沈两位先生密切相关。金先生于1926在清华大学开逻辑学课，而沈先生在清华学习期间曾建议金先生创办哲学系。后来清华大学哲学系终于得以建立，金先生担任系主任。沈先生晚年回忆说："老师金岳霖、同学陶燠民和我三人有共同创立清华大学哲学系的荣誉。从后来的发展和成就来看，这样的荣誉我和陶燠民实在担当不起。这完全是金先生一个人的功劳。"但事实上金先生是当时哲学系里的唯一的教授，而全系的学生也仅有沈有鼎与陶燠民两人，两人实际上肯定参与了金先生的建系工作。

1928年，罗家伦就任清华校长，曾以"学术化，民主化，纪律化，军事化"为教育方针，其中"军事化"中重要的一项内容即为每天早上六点钟学生即要起来早操。后来缺席人多，"罗家伦下了一个命令，说是早操无故缺席，记小过一次。照校规：三次小过为一次大过，三次大过就开除学籍"。当时沈有鼎先生为清华学生，"向来生活很随便，他经常不上早操，也不请假，积累下来，被记了八次小过，如果再有一次小过，他就要被开除学籍了，可是就在这个时候，早操无形中取消了，他才得以幸免，保留学籍，一直到清华毕业"。从这里就可以看得出沈先生是一个多么随性的人，之后做出一些在别人看来奇怪的举动也就不难理解了。

沈先生于毕业当年取得美国哈佛大学公费留学资格。赴美后师从谢弗和怀特海，就读期间曾经用数理逻辑处理过复杂的模态逻辑问题，并于1931年获哈佛大学硕士学位。之后又赴德国海德堡大学和弗赖堡大学深造。1934年先生回国，到母校清华大学哲学系任教，并由金岳霖先生介绍参加了中国哲学会。

抗战初期，1937年7月清华大学师生南下，10月在长沙临时停靠。当时沈先生在哲学心理教育系任教，讲授数理逻辑与形而上学。据钱穆回忆，在南岳衡山文学

著名数理逻辑学家沈有鼎

院时，他曾与吴雨生、闻一多、沈有鼎共居一室，这四人之所以能凑在一起，钱穆认为是其余三人"平日皆孤僻寡交游，不在诸人择伴中，乃合居一室"，因为还留有一个空床，钱穆就住进去了。《师友杂忆》中说道："室中一长桌，入夜，一多自燃一灯置其座位前。时一多方勤读《诗经》、《楚辞》，遇新见解，分撰成篇，一人在灯下默坐撰写。雨生则为预备明日上课抄笔记写纲要，逐条书之，又有合并，有增加，写定则于逐条下加以红笔勾勒。雨生在清华教书至少已逾十年，在此流寓中上课，其严谨不苟有如此。沈有鼎则喃喃自语：如此良夜，尽可闲谈，各自埋头，所为何来。雨生加以申斥：汝喜闲谈，不妨去别室自找谈友；否则早自上床，可勿在此妨碍人。有鼎只得默然。"由此可见沈先生对待生活和时间之态度，与其他诸位教授似乎大不相同。这样看来，研究逻辑的人，生活不见得就一定刻板。

1939年，学校再次内迁，至云南昆明，并与北大与南开大学合并成立西南联大。自此，沈先生一直都在西南联大任教，还与金岳霖先生共同培养了王浩、殷海光等学生。从这个时候一直到1945年去英国牛津之前，沈先生在西

南联大前后教授过多门课程，大致包括：维特根斯坦哲学、周易哲学、形而上学、德国哲学名著选读、胡塞尔原著习读、晚周辩学以及逻辑原理和逻辑问题研读等，多少都与逻辑有一定联系。贺麟在《当代中国哲学》书稿中称沈先生对西洋数理逻辑"有相当深的研究"。

1945 年，沈先生赴英国牛津大学从事访问研究，其间曾旁听过哲学课程。沈先生自己叹气在牛津时体验到了英国学者辩论时的一种作风：引经据典，就问题本身展开争辩，基本上不在人情层面有所顾虑。应当说这是希腊传统下的文明所体现出的共性吧。沈先生之所以对此颇为欣赏，定是因为感觉到这与中华文明对比之下显出的鲜明差异。的确，中国文化中一个突出的特点就是特别重人情。不能简单地说两者哪个更好一些，这要看在什么方面或者什么领域了。不过至少在思维领域还是排除人情层面的干扰比较好一些吧。

1948 年沈先生回国，继续任清华大学哲学系教授。1952 年 10 月院系调整，沈先生被调入北大哲学系。据汪子嵩回忆，当时北大哲学系逻辑组是"学术辩论最热烈的地方"，而金岳霖、沈有鼎和周礼全"祖孙三代是其代表"。1955 年，中国科学院成立哲学研究所，沈先生调任研究员。不久哲学研究所成立逻辑研究组，沈先生被调到逻辑组工作，一直到逝世。可以说沈先生将其一生都奉献给了逻辑学与哲学的教学与研究工作。

二

沈先生是我国早期少数几位称得上数理逻辑学家的人之一。他对经典命题逻辑、直觉主义命题逻辑、相干命题逻辑、模态命题逻辑等都作过深入研究。他在数理逻辑领域里的主要贡献有：建立了两个新的逻辑演算系统，构造了两个悖论。

1."初基演算"。初基演算是比 Johansson 的极小演算更"小"的命题演算。

建立初基演算的意义在于：从它出发，一方面可以逐步扩展为 Johansson 极小演算，Heyting 的构造性命题演算，再到二值演算；另一方面可以逐步扩展为 Lewis 的 S4、S5 再到二值演算。初基演算是上述两个方面演算的共同基础，建立初基演算可以加深我们对命题演算构成的理解。同时，初基演算还给出了一种简单而严格的命题演算证明的新的系列标记法。

2. **不依赖量词的部分的纯逻辑演算**。所谓"纯逻辑演算"是专指加入了"同一"概念之后的狭谓词演算。纯逻辑演算中不依赖量词的部分是纯逻辑演算中极其微小的部分。这项研究成果从带等词的一阶逻辑中分离出一个完全的、可判定的子系统。沈先生没有按照通常的办法给出本系统的公理，而是采用一种和命题演算中运用真值表判定一公式是否定理的方法相类似的判定方法，把真值表推广为"值表"。而这种方法本身就可以理解为一种公理系统。

3. **"所有有根类的类"的悖论**。即对于类 A 而言，如果有一个由类组成的无穷级数 A^1，A^2，A^3，…（不一定都不相同）使得 … $\in A^3 \in A^2 \in A^1 \in A$，则称 A 为无根的；并非无根的类，称为有根的。令 K 是由所有有根类组成的类。假定 K 是无根的，那么有一个由类组成的无穷级数 A^1，A^2，A^3，…使得… $\in A^3 \in A^2 \in A^1 \in K$。由于 $A^1 \in K$，A^1 就是一个有根类；由于… $\in A^3 \in A^2 \in A^1$，A^1 又是一个无根类。显然不可能。所以，K 是有根类。因而 $K \in K$，并且有 … $\in K \in K \in K$，因此，K 又是无根类。这一悖论跟所有非循环类的类的悖论以及所有非 n—循环类的类的悖论一起，形成了一个三体联合。

4. **两个语义悖论**。一个是命题：(1)"我正在讲的不可证明"。通过简单的论证，可以得出 (1) 既可证明又不可证明。另一个悖论是 (1) 的对偶命题：(2)"我正在讲的可以反驳。"这个命题既真又假。沈先生指出，在对所给语言能形式化的东西未作精确刻画时，(1) 和 (2) 只不过分别是两个悖论序列的首项。

沈先生在数学领域里也取得了两项引人注目的成果：

1. 通常的抽象集合论只讲有序集和良序集，不讲半序集，而沈先生却特别强调了半序集的重要性。他发现伯克霍夫《格论》中在定义半序集的积时，所得的结果不一定是半序集。而沈先生提出的两个半序集的积的定义所得的结果都是半序集，从而伯克霍夫定义中的不严格就被消除了。另外，沈先生在研究偏序集的积时还提出了实质积和随选集两个新概念。

2. 在研究构造性数学时，沈先生指出，严格界定数学中的广义的能行性并纠正布劳威尔规定的数学的范围，从而划清构造性数学的特定范围，必须严守布劳威尔能行性语言的范围，并将对其系统形式化，而且还要遵守古典数学所用的全部形式逻辑，建立一个包括古典数学和构造性数学的全面数学，并将其形式化。沈先生的这两点建议指出了数学发展所面临的急迫问题，对数学的发展意义非常重大。

三

沈先生在先秦名辩思想研究中同样也取得了多项重要成果。他通过研究《墨经》中有关逻辑学的文本，进而以现代逻辑为工具研究《墨经》的逻辑学，最终挖掘出《墨经》中许多鲜为人知的逻辑思想。比如，他对"言尽悖"、"非诽"等命题的阐释，揭示了中国古代人对自相矛盾命题的独特悟性；对"兼爱相若……其类在死蛇"的疏解，揭示出古人对关系命题的本质的深刻理解；对"谓'彼是，是也'不可"的解释揭示了《墨经》用"彼"、"是"等代词当变项使用的特点；用公式"$a \cup a = a$"解说《墨经》中"彼彼止于彼，此此止于此"、"彼此彼此"与"彼此同"、"彼此不可彼且此"，揭示了中国古代语言里诸如"牛马"、"夫妻"、"兄弟"等"二名并举"的特殊形式及推理原则；对"侔"、"止"等辩说方式的解释，既揭示了这些辩说方式的一般推理本质，也显示出了中国文化中的个体思维模式。最终，沈先生写成了《墨经的逻辑学》一书，阐述《墨经》的认识论，根据《小取》的规定，依次阐述了辩的目标和功用、名、辞、说和辩的原则及个别方式、《墨经》与各学派的关系等，由此，《墨经》的逻辑体系大致得以呈现。他还紧紧抓住逻辑是研究推理的这个本质问题，阐述中国古代思想家对归纳、演绎、类比推理的认识历史，指出类推（或推类）是中华民族最为常用的一种推理形式，也是中国古代逻辑不同于西方逻辑和印度因明的最根本的特征。沈先生的《墨经的逻辑学》是中国逻辑史领域里的一部重要著作，它把我国学者对《墨经》逻辑的研究提高到了一个新的高度。

但就当前对逻辑的通常看法而论，沈先生对《墨经》中逻辑成果的定位未必就能让人信服。以类推而论，这种思维方式固然属于推理，但和逻辑性的推理就几乎完全不是一回事了。逻辑推理是演绎的，而类推绝对不是。如果《墨经》中对推理的研究只是达到这种程度，实在不能说《墨经》在推理方面有多大的成就。逻辑中可以把非演绎的推理包括进来，但至少也应当是经过某种技术性处理之后，而不是直接简单的引入。程仲棠先生评价说，《墨经》只是有逻辑学的萌芽，并没有建立任何逻辑学的体系——这一观点或许更为中肯一些。不过，沈先生在研究中所遵循的一些原则和使用到的一些方法即使是现在也仍然有借鉴价值。比如，他提到，搞学术史要尊重历史，实事求是，坚决放弃主观主义；研究古籍时文字考辨和思想阐发要同时进行；可以在合理的程度上进行科学想象等等。

沈先生在研究中国传统文化时也提出了不少新见解，这些研究主要是在20世纪30年代开展的。在哲学方面，他提出中华民族性和哲学关系的新观点。他称赞了中国人的悟性和直觉能力，但这也导致了分析在中国的缺失，从而导致思维中缺乏清晰性。他还提到中国人的现实倾向，从而对生活以外的问题不感兴趣，自然对研究哲学问题、构建哲学系统也不太热心。但他认为中国历史中充满了哲学精神，并乐观地预言："无论如何，我们现在已经可以知道：哲学在中国将有空前的复兴，中国民族将从哲学的根基找到一个中心思想，足以扶植中国民族的更生。这是必然的现象。"贺麟先生当年评论说，沈先生说出了"非卓有见地的人不敢说的话"。至今仍有学者著文高评沈先生的上述观点。客观地说，沈先生的上述观点未必就合理，至少他的论证太过单薄，支持者除了在观点上的附和外也没提出什么有力的理论支持。

沈先生还细致研究过《周易》。1936年9月他在《哲学评论》上发表《周易卦序分析》一文，连标点在内不足二百字，指出周易卦序用建构原则而不用平等原则，"是以义味深长，后世儒者多不能晓"。他还提到，主卦从卦其排列则上篇象天而圆，下篇法地而方。有三序：回互之序，交错之序，顺布之序，"井然森然，杂而不乱，学者所宜用心焉"。胡世华评论说，这是关于周易卦序的真正科学研究。李学勤则称该文是"中外最短的现代哲学论文"，是对《周易》研究的"一大贡献"，"意味深长"。不过，倘若真正细究起来，该文中的很多概念还是过于"玄"了一些，有些牵强，离科学似乎还有一定距离，未必如上述二人所论。

四

这里要特别提一下，在中国用胡塞尔现象学的意向性理论作哲学研究并进一步用于逻辑研究的第一人不是别人，正是沈先生。遗憾的是，他的工作并没有引起学界的注意。沈先生运用现象学于自己的逻辑哲学，尽管只是"边缘"式的使用，却不能说不重要，这至少表明沈先生对现象学曾经关注过。

杨人梗先生在《现象学概论》一文"序说"中最早对现象学作了如下评论：现象学处于所谓"学之哲学"与"生之哲学"之间，即认识论哲学与生命哲学之间，意在"解决现代哲学中种种至难的对立的问题"。这一评价比较恰当，只可惜未能引起当时学人的关注。杨人梗先生之后也有人在介绍西方哲学思想时顺便提及胡塞尔的思想，同样未引起哲学爱好者的注意。而且还有一个问题，所有这些中国现象学运动的早期介绍者，似乎都没有亲身聆听过胡塞尔本人的教诲。真正有幸聆听过胡塞尔的言传，后来又用胡塞尔的思想作哲学研究工作的却是以数理逻辑专家享誉国内学术界的沈有鼎。但是他同胡塞尔现象学的关系一直鲜为人知。

1931—1934 年沈先生曾在德国弗赖堡大学和海德堡大学深造。留德期间沈先生同已经退休、渐受冷落的犹太哲学家胡塞尔有过直接的交往。沈先生对胡塞尔的逻辑工作研究现有的文献证据只有沈先生的学生和朋友王浩的文字材料。他是否在胡塞尔的指导下学习过不得而知，但从王浩保留的沈先生的书信中可以看到，他曾同胡塞尔就现象学进行过认真的讨论。比如，1974 年 8 月 11 日沈有鼎给王浩的信中谈到现象学的文献时写道："不过，我当时在德国的时候，胡塞尔告诉我，只有他自己的著作才算数，所有其余的现象学文献都没有用。……无论如何，劝告'初学者'除了胡塞尔自己之外，应当暂时忽视所有的现象学著作，倒是正确的。"1931 年到 1934 年胡塞尔已经不在大学授课。所以，这条材料证明，沈先生在弗赖堡期间同胡塞尔有过私人往来。胡塞尔很可能在家中接待过这位来自中国的年轻的天才数理逻辑学家。但是毕竟没有直接的材料说明沈先生同胡塞尔的交往到底有多深。另外，王浩在发表沈先生的信件时回忆道："1942 年我选了沈先生讲维特根斯坦及胡塞尔的两门课。"可见沈有鼎曾经在西南联大时期开过讨论胡塞尔思想的课程。

沈先生生前发表的绝大部分文章都是用于讨论数理逻辑问题以及解读中国古典文献中的逻辑著作。但是，在沈先生的早期工作中可以明显地看出，在这些研究中利用了胡塞尔认识论成果，用于澄清逻辑语法以及数理逻辑中的概念和问题。而且直到晚年，沈先生对胡塞尔的《逻辑研究》仍然评价甚高："胡塞尔和弗洛伊德在现代讲英语的世界中相当流行。这跟他们两人都遭受过纳粹的迫害有些联系。他们两人的另一个共同情况就是，在他们较早的著作中他们真正充分地讨论了所处理的问题，那时他们的头脑还不像后期那样为新奇的想法所充斥。胡塞尔的《逻辑研究》仍然是用德文作哲学讨论的一个模范。虽然胡塞尔自己认为它是不成熟的，但它至少具有明白易懂的优点。"由此可以断言，他一定认真研究过胡塞尔的《逻辑研究》，或许还包括胡塞尔后期的逻辑研究工作。

五

与金岳霖先生不同，沈有鼎先生新中国成立之后并没有荒废学术方面的工作，受政治洪流的影响没金先生那么严重。从他的作品成型年代来看，甚至于新中国成立后并不比新中国成立前少。这应当与他和金先生在性格上的差异有关吧。有史为证：1969年1月，毛泽东发表了一项"最高指示"。人们敲锣打鼓游行宣传归来之后，沈先生居然在学习会上说，这条"最高指示"有点错误，"要加上一个逗点，就更清楚了"。结果这当然是被揪成一条罪状，开了一晚上"批判会"，会上高呼这是"现行反革命"、"不投降就叫他灭亡"。而沈先生在一片口号声中居然睡着了。第二天一早，院子里的红卫兵再也寻他不着，不久才发现，他若无其事地在胡同西口的牛奶站吃起了早点。

1972年王浩第一次回国，其间沈先生在金岳霖先生家见到了王浩。之后两人就保持通信，讨论学术问题。沈先生晚年与王浩有过大量的通信交往，主要都是探讨学术问题。这些信件里有不少内容关涉沈先生对哲学、逻辑和数学中的某些问题的看法。比如，在哲学方面，他区分了不能严格阐述的方法论和可以作范畴分析的方法论，后者在精确程度上甚至于接近形式逻辑，只是内容比形式逻辑更广。在逻辑方面，他认为三阶逻辑算不上纯逻辑，而二阶逻辑则是；他认为数学基础研究中最重要的问题是搞清构造性集合论和古典逻辑与集合论的根本性关系；他还认为古典数学不包括"构造性数学"，而两者都应包括在"模态"数学中。他还认为中国语言在精神上就是"辩证的"，从而不适合表达逻辑思想。除此之外还有大量的观点，叙述都比较自由，但很多都算不得研究的深入彻底，从而大多都有着进一步研究和发挥的价值。

沈先生在纯数理层面可以心无旁骛，凌空蹈虚。可在现实生活中，这位逻辑天才却也是一样地无法超脱众多的羁绊。毕竟，每个人都只能是一个现实的人然后才可能是一个真实存在人，又怎能不食人间烟火。

1955年中国科学院哲学社会科学部成立逻辑所，金岳霖先生便将沈先生调到自己身边。金先生将沈先生带到身边，一方面有保护之意，另一方面也是要借重其天才。金先生的留美弟子王浩，在数理逻辑方面独步一方。70年代以后王浩每次回大陆看老师，金先生必然叫上沈先生作陪。金先生很清楚自己对现代逻辑的了解不及沈先生，带上沈先生也就容易与王浩交流了。作为学生，沈先生在老师金岳霖面前总是毕恭毕敬的，一旦论及学问，却有"弟子不必不如师，师不必贤于弟子"之气概。尤其是在他所长的数理逻辑方面，这位学生往往更是当仁不让。但在1956年工资定级时，沈先生只到四级，工资比别人低。沈先生似乎没有说什么。估计在这方面他是想不出要说什么。

他不爱换洗衣服，一件衣服一旦穿上了身，就好像长在身上，中间一水不过，直到破烂不堪脱掉丢了为止。自然的，他也不爱洗澡。而且这位哲学家的眼睛还总是很迷蒙，好像一直在发呆。和他迎头碰上，完全可以不打招呼，因为"打了也白打"。他急匆匆走他的路，想他的哲学问题，大部分时候"好像没看见你一样"。这副尊容，再加上不洗衣服不洗澡的邋遢样，很容易引起别人误会，以至于被警察捉去过。为此，关于他的谣言很多，有人说他逛商店时被当成小偷，有人说他想看表便爬上人家的墙头，还有人说他是因为看女人洗澡而被捉。沈先生还不会做饭，偶尔与夫人动口角，夫人就不做饭。无法，他只好找领导，气急败坏地说自己夫人是反革命分子。……以上所述权当笑谈吧，倒也不必当真。

但还有很多趣事，显示出这个"疯子"人生的另一面。他嗜书如命，据说有借书不还的"毛病"；不管是哪一个系的教授开课，只要他感兴趣就去旁听、发问，还会插嘴说"你讲错了"，让人家下不来台。在西南联大时，他吃遍当地的风味食品，就连寺院的斋饭也不放过。据汪子嵩回忆，在联大后面的文林街上，经常可见沈先生出现在茶馆或小饭馆，提着他那小小的"百宝箱"，里面装着书和钱，口中念念有词。据说，沈先生还可以出钱请学生喝茶，但只有当他觉得你的意见有意思时，才肯让你吃他买的那碟花生或者瓜子。要是旁边凑来一些得不到他青睐的学生，他就会伸出手，紧紧护住碟子里的瓜子，严肃地说："不给你吃。"

只是，数十年过去了，当年这种"我自风流"的气魄，已经凝固在近代中国文化中，成为历史。有人剖析这个"疯子"的内心，称他"一生沉醉于形而上的思考"，"大约和陈景润一样，是太单纯、太天真、太痴迷于学问之故……"不管怎样，还是真心期望，当前的中国，能再有幸多出几个这样的"风流"人物。

（刘美平）

王宪钧先生
桃李无言，下自成蹊

王宪钧（1910—1993），我国著名的逻辑学家、教育家，一生致力于开创与发展中国的数理逻辑研究和教育事业。1936年自清华大学毕业后，赴德国柏林大学留学，1938年回国。归国之初任教于西南联大，立志"把业已成熟的数理逻辑引进中国的大学课堂"，并且为此付出了卓有成效的努力。1946年起任教于清华大学哲学系，并代理系主任。1952年经院系调整后任教于北京大学哲学系，任逻辑教研室主任和北京大学学术委员会委员。1993年11月病逝于北京。王先生的开创与引导工作，大大提高了我国逻辑的教学和科研水平，推动了我国逻辑事业与国际接轨的步伐。

一

王宪钧先生于1910年4月出生于江苏省南京市，祖籍山东福山。他最初是在南开大学读理科一年级，后转入清华大学哲学系。1933年毕业后，又考入清华大学哲学系攻读研究生学位，师从金岳霖先生。1936年自清华大学毕业后，他赴德国柏林大学留学。1937年与1938年他还在奥地利维也纳大学和德国明斯特大学进修过。在维也纳大学时王宪钧先生是哥德尔的"集合论公理体系"这一课程唯一正式注册的学生，由此可见，他是系统地学习过数理逻辑的相关课程的。

自 1938 年留学进修回国后，王先生就一直在大学任教，并一直开设数理逻辑课程。最早把西方现代逻辑系统介绍到中国来并产生了重大影响的逻辑学家，应当是金岳霖先生，他也开辟了中国逻辑学教学和研究的先河。王宪钧先生则在金先生开辟的道路上继续前进，最先将希尔伯特和阿克曼的《理论逻辑基础》引入中国大学课堂。王先生的学生，著名的逻辑学家王浩曾经这样评价："宪钧师早年的一项大功绩是把业已成熟的数理逻辑引进了中国的大学课堂，这种逻辑大大超过了怀特海和罗素的《数学原理》，正转入希尔伯特学派、司寇伦、哥德尔造就的新轨道。"由此可见，就中国逻辑学科的建立与完善而论，王先生的功绩应当不在金先生之下，将王先生视为中国逻辑学学科建立、完善的第一功臣当不为过。

王宪钧先生治学严谨，立论严密，讨论问题精辟透彻。其专门著作《数理逻辑引论》是新中国早期出版的现代逻辑著作之一，对现代逻辑基础部分作了简明、透彻的讲述，对数理逻辑中的许多难点作了细致的分析。其中关于数理逻辑发展史和数学基础问题的探讨，至今仍然是国内关于这些问题最为系统、理论最为可靠的研究成果。这本书也是王先生一生中最重要的作品，积数十年之教学经验撰写而成。在当时的中国，就数理逻辑的众多入门教材来看，这基本上是最好的一本。其中的《数理逻辑发展简述》一章，言简意赅，清晰地勾画出了数理逻辑理论、观念、方法和学说发展的线索与趋势。前后各章所述从 17 世纪中叶到 20 世纪 30 年代，人物涉及从莱布尼茨到哥德尔，内容包括从经典逻辑演算的萌芽到集合论、证明论、递归论等分支的早期工作。这其中自然包含了许多精辟独到的见解。概而论之，大致包括：科学地评价了康托的是无穷理论；区分了实质公理学和形式公理学的本质；全面分析了弗雷格和罗素构建起的逻辑系统；对哥德尔的客观主义和超穷思想给出了科学评价等等。

著名逻辑学家王宪钧

　　1978年第一次全国逻辑讨论会上,王先生作了《数理逻辑和形式逻辑》的专题报告,他简要讲述了数理逻辑的发展史。他指出:"数理逻辑是演绎法在20世纪的新发展,它本身就是演绎逻辑。因之从事演绎法研究的人,似乎不只是吸收数理逻辑成果的问题,而是要关心它,理解这门学科,研究这门学科,推动这门学科的发展和普及这门学科,使数理逻辑和形式逻辑能够为四个现代化贡献力量。"在1979年第二次全国逻辑讨论会上,王先生又作了一个专题报告——《逻辑课程的现代化》,他指出:"普通逻辑是课程的名称,不是学科名称,其中包括演绎法和归纳法。……目前高校普通逻辑课没有反映现代演绎法的发展,其内容可以说是比较旧的。……普通逻辑课程应吸收一些新的内容,要现代化;但是我们并不是说,形式逻辑或演绎法这门学科要现代化。因为演绎法到目前为止的研究成果就是现代的演绎法,而现代的演绎法理论就是数理逻辑或符号逻辑。数理逻辑或符号逻辑纠正了传统逻辑之不足,突破了后者的局限性,并取得了飞跃的成果。这是演绎方法这门科学的客观发展情况,是不以人们的意志为转移的事实。同时,数理逻辑并不只是数学的逻辑,数理逻辑或符号逻辑也包括了一般思维和其他学科所运用的演绎规律,这也是客观事实。因之,我们现在面临的问题就是如何对待这样的事实,我们不要由于它使用了大量符号和一些数学方法而置之不顾,而是要将其中具有普遍性的且又重要的结果引入普通逻辑课程中来。"他还论述了普通逻辑课的目的,认为普通逻辑课不能只单纯地被看作工具课,不能只是用于提高思维的逻辑性和言语表达能力。普通逻辑应该作为基础课、先修课和导论课,其目的和作用应当是多方面的。作为导论课,它应当把形式逻辑的现代发展介绍清楚,为学生选择专业方向提供参考;作为基础和先修课,它应当为进一步研究和学习逻辑学、心理学、方法论、认识论、语言学、人工智能、计算机科学等众多学科提供必要的预备知识。他还给出了一些具体方案:"对于不同的院系,内容可以不尽相同,难易也有区别。我们可以把课程分为两部分,前一部分讲传统逻辑,后一部分讲现代形式逻辑。但无论如何,改革和提高是必要的,吸收现代成果是必要的。"他的这些建议,即使是在当前也仍然有一定的参考价值,比如说对不同院系开设不同内容不同难度的逻辑学课程。王先生的辛勤耕耘已经结出了丰硕的成果。

二

说王先生是一位逻辑学领域的教育家也许比将其称为逻辑学家更为合适。自1952年之后他就一直在北京大学工作,王先生对中国逻辑学科完善所作出的贡献也基本上是在北大完成的。1952—1956年王先生与金岳霖先生等在北大建立并主持了中国第一个逻辑专业,在新中国最先开设了现代逻辑课程。1956年之后,他主要从事逻辑研究生的培养工作,为国家培养了大批逻辑人才。改革开放后,他首先倡导逻辑教学与研究的现代化方针,引起全国逻辑学界的积极关注和热烈讨论。他所指导和培养的研究生已经成为国内逻辑学界的骨干力量。诲人不倦用在他身上绝对恰当,在五十多年的教育生涯中他培养出了一大批从事现代逻辑研究的专家。他本人思维很清晰,讲课采用启发式的方法,画龙点睛，条分缕析。除了兢兢业业的教学态度，王先生在课堂上还采用讨论班的方式让学生作报告，使学生能主动地掌握课程内容。这一方法在当下的逻辑学教学中也是普遍被采用的。他对自己的要求严格，对学生的要求也一样的严格，强调让学生读外文原著，大量做习题，以求逻辑技术的熟练。王浩曾经这样描述王宪钧先生："宪钧师讲课不图广博深奥，务求把基本知识和技巧讲得非常透彻……我与宪钧师交往超过半个世纪。我和他相处总有如沐春风的感觉，说不出的亲切，说不出的温暖。他为人正直，识大体，戒浮夸，平等对待一切人，和气而不放弃原则，凡事必定仔细权衡轻重。他这些长处让人羡慕，但并非轻易可以学到的。宪钧师做学问至为诚实谦虚，真正做到了'知之为知之，不知为不知'。尤其难能可贵的是他的思想和语言极其清晰，可以说绝无仅有；凡接触过他的人无不有一种清新和纯洁之感。他讲课和讨论的明白彻底也是常人难企及的；听听他发表意见，你就会明白怎样才叫'理解'了一个科学道理。"这些概括用于描述王先生的为人为学非常恰当，也表达出了王先生学生们的心声。或许就具体的理论创造而论，他并不像本书中提到的其他几位逻辑学家那样有着相当丰硕的成果。但就逻辑学学科在中国的建立和逻辑教学而论，显然他是成就最大的。另外，王先生还担任了《中国大百科全书·哲学卷》逻辑学部分的主编，对该书这一部分的完成起到了核心作用。每个人都是可以在多个不同的方面成就人生价值的，当然学者也可以在不同的角度对学术发展作出贡献，不一定非要以思想原创作为唯一标准来衡量学者的价值吧。

王宪钧先生一生致力于逻辑学的教学工作，桃李满天下。

（刘美平）

胡世华先生
数理逻辑与计算机

胡世华（1912—1998），又名胡子华，浙江吴兴人。1912年1月28日生于上海市。1929—1932年入南开大学，其间表现出对数学的兴趣。1932年转学至北京大学，入哲学系学习哲学，于1935年毕业。1936—1940年，先后于奥地利维也纳大学、德国西威廉敏思特大学学习和研究数理逻辑和数学基础。在西威廉敏思特大学，他完成了博士学位论文《伪布尔代数及拓扑基础》，获哲学博士学位。1946—1962年任北大哲学系数理逻辑、数学基础教授；1950—1963年兼任中国科学院数学研究所研究员、数学逻辑研究室主任。1958—1963年还兼任中国科学技术大学应用数学系工程逻辑教研室主任。1963—1985年任中国科学院计算技术研究所研究员。胡先生一生致力于数理逻辑与计算机的结合，成就斐然。

一

胡世华先生祖籍浙江吴兴，生于上海。因其父胡惟德先生曾任北洋政府国务总理，故久居北京。胡先生的父亲希望教育他也走上从政的道路，但胡先生对政治并不感兴趣。1929—1932年，胡先生进入天津南开大学，读预科两年，本科一年，就读期间表现出对数学的兴趣。1932年他转学至北京大学，本来想读数学，但由于父亲不赞成，结果转入哲学系学习哲学。在北京大学学习期间，胡先生与李尔重、杜毓沄等有进步思想的同学结识，曾经想从事进步活动。但李、杜两人建议胡先生根据自己的具体情况选择人生道路。从这里可以猜想，两人怕是觉得胡先生不太适合搞政治，做学问应当更对路一些。在他们的建议下，胡先生最终选择了继续读书求学，自此走上了学术研究的道路。

胡世华先生是在中国国内发展数理逻辑的少数几位代表人物之一，而且超出哲学的范畴进行逻辑研究并和数学联系起来，这一工作也是自他开始的。他还是国内把逻辑和计算机结合起来进行研究的主要倡导人。此外，胡先生还很关心数学的哲学问题，并在这一方面做出过在国内有一定影响的工作。他曾经发表过几篇文章，介绍数理逻辑的基本特征、数理逻辑和其他学科的关系以及对数学基础问题的若干看法。

胡先生于30年代末在肖尔兹和柯特两位教授指导下完成博士学位论文《伪布尔代数及拓扑基础》，其中建立了拓扑空间中"非完整的点"的概念和理论，这可以看作是60年代开始发展的非标准分析空间（随之必然有关于非标准点的拓扑空间）中"非标准点"概念和理论的一种雏形。该文的全文未曾公开发表，详细提要刊于《学术季刊》。

20世纪40年代起胡先生开始公开发表他在数理逻辑领域的研究成果。1943年在《学术季刊》文哲号第1卷第3期里，他发表了《论人造的语言》。在这篇文章中他详细地介绍了一阶谓词演算的特点与作用，并对其进行了解释。顺便提一下，这篇文章是在抗日战争期间发表的，从而更突显了它的价值。1945年胡先生又在《学原》第1卷第5期发表了《再现算术新系统及其逻辑常词》，建立了一个新的递归算术系统RA。

著名数理逻辑学家胡世华

由40年代末到50年代初,胡先生的研究领域主要在多值逻辑方面。1950年他在《中国科学》第1卷第2至4期发表了《一个$\aleph_0$—值命题演算的构造》,1951年9月他与陈强业合作在《中国数学学报》第1卷第3期上发表了《四值命题演算与四色问题》,1955年6月他在《数学学报》上发表了《$\aleph_0$—值命题演算的有穷值的具有函数完全性的子系统》。在这一系列文章里,胡先生建立了一些多值逻辑的系统,并考虑了多值逻辑在数学其他分支中的应用。

1949年,胡先生在 The Journal of Symbolic Logic 上发表了一篇文章,在该文中他成功地将 m 值逻辑处理成为了 m + n 值的命题演算系统的一个完全的子系统;在《一个$\aleph_0$—值命题演算的构造》一文里,他构造了一个$\aleph_0$—值命题演算的语言规则,并且把建立的系统记为 β。他还在文章里给出了 β 的若干基本的语法定理;在《四值命题演算与四色问题》一文里,他和陈强业指出四值命题演算与四色问题的联系,从而把四色问题还原到四值命题演算问题;在《$\aleph_0$—值命题演算的有穷值的具有函数完全性的子系统》一文中,他给出了一种方法,这种方法可以把任何一个完全的具有函数的完全性的有穷值命题演算嵌入到一个$\aleph_0$—值命题演算中使之成为其子系统。这些工作引起了一定程度的国际关注,例如 A. 普赖尔的 Formal Logic 一书就引用了胡先生的多值逻辑结果。

二

50 年代末期胡先生的工作有了一个重要的转变，也即由对$\aleph_0$—值逻辑的研究转为递归函数理论的研究。也就是在这个时期，胡先生在中国科学院数学研究所里建立了数理逻辑研究组。他从中国人民大学调来了唐稚松、陆钟万两位同志，并且把 1955 年由数学系毕业的黄祖良、杨东屏也吸收进来。自此伊始，数理逻辑分支在中国科学院里得到了大力发展。

在谈到胡先生递归函数理论的工作之前，先介绍一下他在经典谓词演算方面的工作。在经典谓词演算方面，胡先生着重考虑了自然推理的研究。他在 1964 年《数学进展》上发表的《古典谓词演算》一文中，构造了谓词演算系统，证明了有关原数学定理并用它们描述形式数学系统。在这篇文章的基础上，胡先生又和陆钟万合作写出了《数理逻辑基础》（上、下册），并获得了国家教委高等学校优秀教材二等奖。胡先生还撰写了其他一些有关数理逻辑的专著和许多阐明数理逻辑和数学基础的特征及其意义的论文，例如，《数理逻辑的基本特征和科学意义》、《略论数理逻辑的发生、发展和现状》、《数理逻辑》和《数学基础》等。

在递归函数理论领域，胡先生作出了重要贡献。50 年代后半期，他本人对递归函数理论进行了深入的研究，其中也有一些工作是和他的助手、学生合作完成的。例如他和黄祖良在《数学进展》上于 1963 年（第 6 卷第 4 期）发表的《加法和乘法》一文中利用函数 sum（x, y, z），prod（x, y, z）深入地研究了算术谓词的表示函数。他和杨东屏在《数学学报》上于 1964 年（第 14 卷第 4 期）发表的《关于原始递归性》一文中研究了原始递归算子在可计算函数类的作用。这方面第一篇受到国际上重视的文章也是他在《数学学报》上于 1956 年（第 6 卷第 1 期）发表的《一种递归式的原始递归性》一文。他在这篇文章中考虑了多种内容很丰富的泛函。上述这些文章技术性都很强，符号表示也很复杂，非该领域的专业学者是很难看明白的，故在此处对其具体内容就不多作介绍了。

《一种递归式的原始递归性》一文中要解决的问题是于 1954 年 12 月由南京大学莫绍揆教授向他提出的。在上述文章中胡世华先生证明了相关的问题有肯定的解。这项研究表明了虽然当时国内只有中国科学院数学研究所和南京大学两个单位在研究递归函数理论，但是他们之间存在着很好的学术交流。他和莫绍揆先生相互切磋相互帮助的关系一直正常地得以发展，为递归论在中国的研究工作创造了有利条件。而且胡先生的这项工作还在国际上受到了重视。著名递归函数理论专家 R. Peter 就对他的工作进行了后继研究，并把他的结果加以推广。

到了 1960 年，随着电子计算机的发展，若干国家的科学家同时都注意到了应该有一种直接在字上定义的可计算函数，以利于对符号串加以处理。差不多与胡先生同时，美国的麦卡锡（McCarthy）、南斯拉夫的伍科维奇都进行了这项研究工作。在这方面，胡先生的工作成果主要是 1960 年在《数学学报》上先后发表的三篇文章，总标题为《递归算法论》。第一篇就是《递归算法》。在这篇文章里他介绍了一种字上定义的可计算函数。第二篇称为《核函数》，是他和陆钟万合作发表的，为三篇中最精彩的部分。在这篇文章中，他们用一种非常简练的方式定义了一种构造上很简单但功能很强的核函数类。这篇文章的处理方式受到同行的称赞。第三篇称为《递归函数的范式》，文中他给出了字上递归函数用核函数表示的范式。

递归算法是国际上较早出现的直接定义字上可计算函数。据董韫美回忆，20 世纪 60 年代他与李开德考虑如何使算法语言的语法描述精确化，这需要在语法规则外引入上下文约束条件的精确刻画。他们打算用递归谓词表达上下文条件，也就是通过哥德尔配数法用数的谓词来表达。胡先生则提出直接用字的谓词。他通过字上原始递归函数的定义，使得字上谓词得以应用于算法语言的语法描述中。从这里大致可以看出胡先生提出的理论的应用潜力。胡先生原打算随即考虑它在计算机程序设计语言中的应用，可是由于当时的政治条件造成的原因中断了这种研究，因此胡先生的递归算法的工作并没有达到麦卡锡工作的那种完整程度，而且也未能实现任何在软件上的应用。可事实上胡先生的工作是要比麦卡锡的工作更加深入的。这里再一次让我们看到了一个时代的悲剧，一个民族的悲剧，最终导致了一场学术悲剧。

三

"文革"是牵涉到整个中华民族的一场浩劫，胡先生也没有能够逃脱。其间胡先生受到了迫害，抄家、隔离审查，作为"资产阶级反动学术权威"受到多次批斗，受到人格和人身侮辱，被关进"牛棚"，他和他的家庭遭受了很多不公正的待遇，实在是一段不堪回首的往事。据计算技术研究所第九研究室的同志回忆，在这之后的生活中先生很少再谈这些事情。偶尔谈到这些往事，他也总是心情平静，神态谦和，除了对有些事和有些人表示不理解之外，并没有怨恨；偶有激动，用语也不失分寸。周巢尘回忆道："记得有一次在病中探望他时，我向胡先生提起'文化大革命'中对他批判一事，先生打断了我的话，淡淡地说了一句：这是个时代的问题，这种时代已经过去了。"由此可见胡先生心胸之豁达。

"文革"过后，胡先生立即以满腔的热情重新投入到自己的研究工作中，包括培养研究生，指导青年研究人员的工作。他还曾担任过北京计算机学院的院长，而且承担了部分行政管理工作，并非只是挂个虚职。一直到耄耋之年，胡先生仍然没有放下手中的研究工作。80年代后期为了研究可解决性问题，他不顾高龄，倾力钻研，直到疾病缠身。卧病期间，还一再询问丘奇的数理逻辑下册是否有着落，能否购买一些数理逻辑专著。事实上，胡先生早年就在递归算法的基础上考虑了字上可计算函数在证明论中的应用，晚年时正可以对以前的思想进行整理。终于在1990年《中国科学》上，他发表了《递归结构——可解决性理论Ⅰ》及《递归结构理论的形式系统和语句的可判定性——可解决性理论Ⅱ》。在第一篇文章中他提出了一类代数结构，称之为递归结构；在第二篇文章中他建立了递归结构的形式系统并给出判定其语句的可判定性充要条件。后来胡先生又写出了第三篇文章《可解决性理论Ⅲ》，他在文中给出了一个称为条件的判别条件。他证明了目前数论中许多未解决问题是可判定的，即要么可证要么可驳。在胡先生的带动下，中国科学院软件研究所的递归函数及递归论的研究有了成果丰硕的发展。之后的研究人员，如杨东屏、眭跃飞、蒋志根、李昂生、张庆龙等都曾做出过一些较有影响力的工作。

其实，胡先生很早就预见到了数理逻辑在计算机科学中的应用价值，早在20世纪50年代就开始倡导数理逻辑和计算机的结合。在今天几乎所有人都知道数理逻辑和计算机的密切联系，但是在当时胡先生要经过很大努力，克服种种困难来说明这一点。中华人民共和国成立后，由于苏联批判数理逻辑，中国哲学界也跟着批判过数理逻辑。1956年春节，毛泽东在宴请科学家时向金岳霖先生讲，数理逻辑重要，应该搞；还建议他写书介绍数理逻辑，并表示书出来后他愿意看。毛泽东的话给了中国的数理逻辑工作者极大的鼓舞。但由于毛泽东的话未正式发表，所以仍然时常有人批判数理逻辑，甚至到"文化大革命"时在上海、北京的杂志上都有批判数理逻辑的文章。因此肯定数理逻辑，说明它和电子计算机有密切关系，在当时并不被人接受。另外，胡先生基于自己的研究工作对计算机的发展还提出了不少极有创建性的预见，像高速计算机、计算机推理等。在那个年代这甚至被视为是异想天开、天方夜谭，所以受到冷嘲热讽也在所难免。在五六十年代的学术批判中，胡先生就曾受到了粗暴的不公平待遇。而在"文革"期间他的遭遇更是不堪回首。

胡先生给出的回应是反复解释自己的想法，为此他还写了一些文章对这两个学科之间的关系进行论证，并且多次在报纸杂志上宣传数理逻辑和电子计算机的关系。相关的代表性作品是他于1957年在《哲学研究》上发表的《数理逻辑的基本特征与科学意义》。在这篇文章里胡先生回顾了通用电子计算机的历史，指出正是冯·诺依曼受了图灵定义的通用图灵机的启示而设计了第一架通用电子计算机，还提到是图灵本人领导了计算机的设计。由此胡先生阐述了数理逻辑中能行性的研究和电子计算机发展的密切关系。这些工作都是领先于当时苏联科学家的。

胡先生还参加了中国电子计算机发展规划小组，并曾经和小组其他人一起去苏联征求意见。但是当时苏联某些院士不同意他的意见，他们认为数理逻辑对计算机的发展起不了作用。考虑到苏联的影响力，这一观点显然会对胡先生产生不小的压力。幸好科学院当时的副院长张劲夫同志支持他的看法，他还支持、鼓励胡先生坚持自己的观点并且进一步制订规划。1958 年，在胡先生倡导下，科学院数学研究所办起了数理逻辑训练班。参加者在班里不但学习了数理逻辑知识，也学了大量计算机知识。胡先生的许多助手和学生都参加了具体的计算机逻辑设计和编制程序工作，其中不少人后来都转去搞计算机科学理论和技术工作。中国科学院软件研究所的自然科学奖一等奖获得者唐稚松、二等奖获得者周巢尘、三等奖获得者陶仁骥都曾是胡先生的助手或学生，他们在计算机理论和技术领域里都作出了重要贡献。周巢尘曾经这样评价："胡世华先生对数理逻辑的研究是执著的，对真理的维护也是执著的。有一段时间，形式逻辑在苏联是被否定的；受苏联的影响形式逻辑在中国也没有地位。为了给形式逻辑和数理逻辑争取一个应有的科学地位，先生在各种报刊、杂志和会议解释数理逻辑的基本特征与科学意义，呼吁支持数理逻辑学的发展。……在先生的札记里，维护数理逻辑应有的地位，他更以布鲁诺自勉。"坚持自己的学术观点，不计个人得失，不在乎他人的毁誉，老一辈知识分子的优良品质再次得以彰显。现在回头看过去，胡先生的坚持确实值得庆幸。我国当前在计算机领域的发展并不比苏联的主要继承人俄罗斯差，这应当与胡先生的坚持有很大的关系吧。

四

胡先生同时还是一个十分热爱祖国的人。他非常关注国家科学技术和教育事业的发展，特别是新兴的计算事业的发展。先生不仅著文论述如何发展我国的计算技术事业，还身体力行推动这一事业的发展。在研究工作中，他严肃认真，一丝不苟，刻苦钻研，数十年如一日；在培养人才的工作中，他对青年既严格要求，同时又不忘关心爱护。国内不少计算科学领域早期的知名人士都在中国科学院原数学研究所数理逻辑研究室学习工作过。陶仁骥回忆说："胡先生非常重视人才的培养。1957年，他在北大数学力学系数学专业开办了中国的第一个数理逻辑专门化，并亲自编写教材和授课。不少有成就的专家出自这届专门化。1958年秋，中国科学院在北京创办了中国科学技术大学，胡先生又在应用数学系开办了中国的第一个工程逻辑专业。"正是通过在科研与教育领域的具体工作，胡先生表达了对祖国的爱。

在生活上，胡先生是一个特别节俭的人，也很朴素，待人诚恳，和蔼谦逊。他的朋友、同事和学生，都很敬重他的品德、学识和奉献精神。也许有人以为研究逻辑和数学的人会比较枯燥，但胡先生并不是一个枯燥沉闷的人。比如说，他对书法及京剧艺术有着相当浓厚的兴趣。他比较欣赏王羲之与王献之二人，多次提到："汉魏有钟张之绝，晋末有二王之妙。"这是古人对书法的评价，可见胡先生是花时间专门研究过的，要不又从何引用。又比如，在一次数学研究所的春节联欢会上，所内学者云集，参与者相继献艺，于是胡先生也唱了一段京剧《李七长亭》，颇有老派净角的韵味。这里再次表明一个人的生活情趣和所从事的专业并没有什么必然联系。一个逻辑学家仍然可以是一个非常有生活情趣的人。

（刘美平）

汪奠基先生
中国逻辑史之探赜发微

汪奠基（1900—1979），又名三辅，号芰芜、山父等，湖北鄂州人。1918年毕业于北京大学，1919年赴法国勤工俭学，攻读哲学和数理逻辑，获巴黎大学数学和哲学双硕士学位。1925年回国后先后在北京大学等多所大学任教，是当时国内知名度极高的学者。1944年，任国立湖北师范学院（湖北大学前身）院长。1952年全国院系调整，再次到北京大学哲学系任教授，讲授逻辑学和西方逻辑史等课程。1955年调入中国科学院哲学社会科学部哲学研究所，主要从事中国逻辑思想史研究工作，直到1979年辞世。汪先生一生从事逻辑学的研究和教育工作，对中国现代逻辑和逻辑史的学术发展以及人才培养作出了拓荒性的贡献，被公认为20世纪后半叶对中国逻辑思想史最有贡献的学者之一。

一

1900年，恰逢世纪之交，汪奠基先生于是年8月出生于湖北鄂城段家店永三村。不同于金岳霖、沈有鼎等几位先生出身于官宦家庭，汪先生的父亲只是一个贫苦的农民，他的童年也是在农村度过的。自六岁起汪先生开始入私塾读书，后入鄂城东路小学和县立寒溪中学，学习非常刻苦。父亲让他背书，他每次总能倒背如流。私塾先生和乡亲们也都称赞他是"神童"。由此可见，汪先生的天生资质特别高。

1916年夏，汪先生离开家乡到北京大学读书。他旁听过冯祖荀先生的分析数学课和王仁辅先生的解析几何课。后来还听了哲学、文史类的课程，并且对刘师培、辜鸿铭、黄节等几位先生的讲授内容产生了浓厚兴趣。1919年秋汪先生赴法国勤工俭学。1920—1924年，他先后在巴黎大学、里昂中法大学学习高等数学、哲学与数理逻辑等课程，获三张高级文凭，按法国学制规定，承认大学毕业。1924年夏，汪先生入巴黎大学研究班继续深造，并于1925年5月回国。回国后经蔡元培介绍到北京大学教书，主讲哲学、法文和西洋逻辑史三门课，先后任讲师、教授，同时兼任北京师范大学数学系和教育系教授、中法大学服尔德学院法国文学和法文课教授、中国大学和北京女师大哲学系教授。其间他先后完成了《数学史》、《逻辑与数学逻辑论》、《哲学与科学》、《科学方法》等讲稿和书稿。其中《逻辑与数学逻辑论》这本书有着特别的价值。

早在青年时代，汪先生就受到杜威的影响，对数理抽象思维产生了浓厚兴趣。在北大学习期间，他就选修过数学和逻辑，师从陈大齐先生。到法国后，又继续研修数学和数理逻辑，他的导师雷诺威尔是法国著名的哲学和数理逻辑学家。巴黎大学记录了他的登记博士论文题目《逻辑与数学逻辑论》。1925年回国后，他切身地体会到了国内数理逻辑的薄弱，便在大学里一边讲授数理逻辑，一边修改自己的博士论文稿，并在1927年用中文出版。他在书中用极为简明的语言概述了形式逻辑的历史进程，并进一步指出了数理逻辑产生的根本原因。《逻辑与数学逻辑论》是中国学者撰写的介绍数理逻辑的第一部著作，先于金岳霖的《逻辑学》。现在这本书基本上除了具备史学价值外，已经不会有专业学者去参考了，但在当时还是很有意义的。1937年，汪先生又出版了《现代逻辑》一书。写作中他参考了英、美、德、法等国各派的多种逻辑理论，比较系统地介绍了现代逻辑的两个演算、公理论和演绎模型等内容。该书对传统逻辑进行了批评，提出了传统逻辑的局限性，认为传统逻辑使用含混有歧义的自然语言，无法对命题和推理作出精细的分析，从而不能把一些正确推理形式包括进来，也就无法胜任全面而透彻地研究推理的任务。今天的逻辑学界所谈论的传统逻辑的局限性在这本书里基本上都讲到了。这些观点在当前的专业团体内自然是众所周知的，但若考虑到那时的环境，就可以体会出它的价值了。说难能可贵绝对不为过。

著名数理逻辑学家汪奠基

著名哲学家贺麟曾经评论说："近年来对西洋的数理逻辑，国内学者有相当深的研究，且有新的贡献者，颇不乏人。"（《当代中国哲学》，1947）"近年"自然是指那个时候了，贺麟认为汪先生"数学基础佳"，是代表者之一。中国社会科学院哲学研究所研究员刘培育老师更是将汪先生视为"中国现代逻辑研究的奠基人"。1985年12月，数理逻辑学家莫绍揆教授在金岳霖学术思想讨论会上也提到，他青年时代开始接触数理逻辑时，就读过汪先生的数理逻辑著作。这两部著作的确对数理逻辑在我国的早期传播发挥了一定的作用；不过由于当时中国的总体环境对逻辑学乃至整个学术领域的发展而言并不理想，还不能说是产生了很大影响，或者说，影响力不及金岳霖先生的《逻辑学》。究其原因，不是因为这两部著作不专业，而更可能是因为它们没有金先生的作品通俗。在一门学科早期的传播中，或许通俗性会比专业性更有价值。

在 1949 年之前，汪先生的主要精力除了投在学术研究与教学之外，事实上还有相当大的一部分放在了政治活动上。首先就是他曾担任过大量行政职务，直接受到过政治影响。他于 1928 年到湖北武汉任湖北省汉口特别市党务训练所教务长，并于同年 8 月加入国民党。1929 年 1 月任汉口市党部委员、常委、宣传部长，兼湖北日报总编。同时兼任武汉大学筹备委员，武昌中华大学校董等。1929 年春末，国民党蒋桂内战加剧，武汉的桂系军阀失败。由于汪先生是国民党员，所以受到殃及。该年 4 月，南京国民党中央党部宣布开除汪先生党籍，并下令通缉。汪先生短暂的国民党员身份便就此结束了，他逃离汉口，到上海租界避难。其间，汪先生和其他几人还创办了《和平奋斗》月刊，共出三期。后经李济深介绍，他到广州、香港谋事。由此可见，在汪先生那里，中国传统文化中的知识分子向来是"学而优则仕"的，即使是到了当前，这一文化传统也都没有完全消除。从学术研究的角度来看，这倒未必算得上好事吧！

二

1949 年之前，关于中国逻辑学史，虽然有胡适的《先秦名学史》和郭湛波的《先秦辩学史》出版，但他们的眼界基本都局限在先秦，中国逻辑史研究领域几乎仍然是一片处女地。1956 年，国家制定全国科学规划时明确指出，要加强中国逻辑史的研究工作。中国科学院哲学研究所委托汪先生负责其事，于是他的主要精力便集中到了这一领域。中国古代典籍浩如烟海，前辈们留下的成果不多，开拓中国逻辑史研究工作是异常繁重而艰巨的。汪先生决定啃这块"硬骨头"，把中国历史上的典籍全部翻检，通盘审视，用第一手材料写出一部比较完备的中国逻辑思想通史。

经过反复、周密的思考，他制定了一个分三个步骤的研究和写作计划。第一步，全面系统地搜集逻辑史料，用马克思主义观点分析这些史料，编辑《中国逻辑思想史料分析》一书。全书拟分四辑，其中第一辑"从邓析到惠施、公孙龙的名辩思想史料及墨辩的逻辑科学史料分析"，1961年由中华书局正式出版；第二辑于1964年交稿，一直没有出版；以下两辑，有的稿子在"十年动乱"中失落了，有的还没有来得及完成。

第二步，撰写《中国逻辑思想简史》，初稿于1960年底完成，受到学术界的关注。不少专家认为，"它是中国逻辑史方面的第一部著作，对于中国逻辑思想史的研究是个良好的开端"。这些研究成果，可以说明我们的祖先在逻辑思想、思维形式等方面都有过建树、创造和发展；可以说明形式逻辑反映的是人类思维发展的共同规律；这有助于丰富逻辑教学内容，也有助于培养学生们的爱国主义思想，因此具有重大的意义。此后，汪先生又对《简史》进行了多次修改，1979年9月由上海人民出版社出版。出版汪先生这部著作时，出版社征得汪先生同意，删去了《"五四"前后五十年间的逻辑思想运动》一章，并把书名上的"简"字去掉了。

这部著作包括绪论和三编。在绪论中详细阐述了汪先生对中国逻辑思想史的对象和特点的认识：中国逻辑思想史是研究中国古代所有哲学和科学思想范围内的有关形式逻辑及辩证思维方面的思维形式法则及其理论认识的发生、发展的历史，包括印度因明和西方逻辑在中国传播和发展的历史。显然，他不仅认为有关形式逻辑的理论认识发展是中国逻辑思想史所要研究的，而且关于辩证思维的形式法则及其理论认识的历史也应该研究。其根本出发点是"为了尽量吸取历史上的逻辑遗产"而有意"把逻辑史的对象和范围放宽一些"。他进一步把中国逻辑思想史的特点概括为四点：中国逻辑思想从一开始就与伦理学相联系，并为其服务；中国逻辑思想从未与政治脱离，始终服务于政治；古代逻辑思想具有演绎的、玄学的特点；正名主义的"正统"思想与名家的名辩思想相矛盾。汪先生指出，第一和第二两点实为一个问题的两个方面。这几点概括基本上都很恰切，合起来看，不仅概括了中国逻辑思想的历史特点，而且反映了逻辑与政治伦理、与思辨哲学的历史关系。该书的正文三编共十五章，系统讲述了我国从先秦到"五四"运动前夕逻辑思想的发展史，提出了一些新颖的看法。这些都是汪先生经过深入研究得出的结论，尽管在学术界不一定取得共识，但给人以启发。这部书的逻辑史料甚丰，不仅包括两千多年来的逻辑著作，也有哲学著作和政论文章中的逻辑思想资料；还广泛搜集了文学和自然科学中的逻辑思想史料。书后附有《关于中国逻辑思想史参考书目》，汪先生对有些参考书还指出了阅读要点及取材方面的意见，为从事中国逻辑思想史研究和教学工作的青年同志寻找古代逻辑文献，提供了很大方便，"后人研究中国逻辑史，不能不读汪奠基的《中国逻辑思想史》"。这是中国历史上的第一部中国逻辑通史著作，《中国大百科全书·哲学卷》"中国逻辑史"条把《中国逻辑思想史》列为参考书目之一。

汪先生研究计划的第三步是要在"简史"的基础上写出一部内容更为详备的中国逻辑史，而这一工作开展正值史无前例的动乱年代。1971年元月，汪先生从河南息县学部"五七干校"回到北京，他一边参加学部北京留守处规定的学习会，一边抓紧时间撰写大部头的中国逻辑史著作。到1973年1月，他写出了《先秦两汉逻辑史》稿，近二十万字。这部书稿不仅扩充了《中国逻辑思想史》相关章节的内容，增加了新的章节，还提出了一些新的观点。可惜这部书稿至今没有出版。汪先生逝世以后发表的《唯物论者荀况的逻辑思想研究》和《韩非的逻辑思想概述》就是其中的两篇。他在《丰富的中国逻辑思想遗产》一文中写道："研究逻辑史，必须联系到历代科学思想发展情况"；"整理中国逻辑史的材料，必须深入地研究有关中国逻辑思想史的全部问题，特别是有关历代科学思想的实际问题"。出于种种原因，汪先生原计划撰写的更为详备的中国逻辑史巨著最终没有完成，但他的这一思想推动了科学史工作者对中国古代逻辑思想的研究。

顺便提一下，在上海人民出版社出版《中国逻辑思想史》删去的最后一章书稿中，汪先生批评了自己的《逻辑与数学逻辑论》一书，说："这是一部站在西方资产阶级唯心论的逻辑观点上来介绍形式逻辑发展与数学逻辑思想产生的参考书。由于全书叙述欠清晰，没有从科学上明确两者发生发展的基本关键，所以不能对这一科学的认识作出合理解释。"在当时的思想环境下，这些言论未必就是出于他的本意。凭汪先生早年就已有的对现代逻辑的认识，怕是不大会生出这些观点来的吧。或者真的是因为年龄的增长而思维能力退化，反而不及年轻时的高瞻远瞩了！

三

除了逻辑学家和哲学家，汪先生还是一位不折不扣的教育家。1944年，他受国民政府教育部聘请，从四川大学师范学院转任国立湖北师范学院院长。根据学校转型发展的要求，他对内积极构建大学精神和理念，大刀阔斧地推进学科专业调整和各项改革；对外广泛延揽人才，聘请一批海内外知名学者和社会名流担任教授，如理化系主任李家光教授、史地系主任唐祖培教授、英语系主任李毓华教授、教务长国内知名琵琶专家周光达教授、总务长尹聘伊教授、钢琴专家钟林，以及程璟、张昭麟、齐植采、齐植朵、陈志纯、沈雨生、杨大钧、刘式昕、程发轫、李叔熙、饶校文等教授。在他的治理下，虽然当时办学硬件条件极度恶劣，但仍然在短短的三年内，从复校走向了发展的鼎盛时期。到1947年汪先生离任之时，该校已拥有教育、国文、英文、史地、数学、理化、音乐、体育八个系，在校生达七百余人，教职工二百五十余人，成为当时湖北省乃至全国都很有影响的大学。汪先生在任期间把德育作为学校教育的最基础内容，教育师生坚持德与用、为学与做人并重，培育"道德乐群的精神"；1947年元旦，面对学校经两度迁徙之后的不利办学局面，他亲笔为新修的两层教学楼题名"习坎楼"，并篆刻石碑置于该楼的基脚，激励国师师生要具有笃志力行、克服困难、艰苦奋斗、矢志不渝的精神品质。这种精神一直延续至今，成为学校"日思日睿、笃志笃行"校训的滥觞和"自强不息、克难奋进"精神的重要源头。汪先生的治校之道在湖北大学发展史上有着里程碑的意义。

汪先生曾经说过："在大学讲课是占着一个学术讲台，导引学生进入学术宫殿。"他在教学过程中，勤于治学，并且精于治学。他还认为，做学问的人必须热爱学问，对做学问有正确的态度，"以涵养敬事为功夫，以持志率气为守恒"，把全身心都投入到做学问中去。汪先生自己也正是这样做的。他生命的最后几年，正值"文革"后期，清查运动，不间断的交代汇报，占去了他绝大部分时间；心脏病又时常发作，使他苦不堪言。然而他仍严格遵守自己规定的工作时间表，包括在星期天，也要上午工作，下午才休息。有时感冒发烧，夫人让他休息，他总是说"只要能吃饭就要干工作"。考虑到他已人近古稀，就更显不易了。"余以为学者必有求端致力之方，如举纲提目，振衣挈领，从而近思体念，寻绎入里，复引申触类目虚融蓄察，则天下之理得而成位乎其中矣。《论语》谓谁能出不入户，何莫由斯道也。学者如错用心力，唐废光阴，终身难得一明了知识。古人以学思并论，若徒夸记诵，狂肆辞说目虽间有私义，焉知统类？所谓炫闻守曲，行一不该，绝非通学。读中应以涵养敬事为功夫，以持志率气为守恒，不迁为收摄因修显性，强立不反，是谓学之至也。"这可以看作汪先生对自己治学经验的总结。

汪先生在家是严父，对学生是严师，做学问时又是严肃的学者。然而，他在生活中并不是一个"严"的人，而且还极有情趣。他酷爱诗词、绘画、书法、篆刻，不但有很高的鉴赏力，还有深厚的创作功底。他不仅写诗作画，对诗道画理还有自己独到的见解。有诗为证："只有唐诗情入画，倘无宋苑理犹空。丹青未许玄同道，笔底乾坤自在中。"这首诗表达了汪先生的下述看法："唐人诗主情，宋人诗主理。匪情近于诗，而诗近于情也。岂特作诗如此，作画亦无不然也。"颇有见地！

汪先生作为一位教授和学者，沉浸在抽象思维理论；而他的业余生活，却又是漫步在艺术殿堂中，充满形象思维。科学与艺术，抽象与形象，交织在汪先生的身上，融会在他的心中。中国社会科学院哲学研究所副所长孙伟平曾经提到，研究所多位老学者、老领导回忆到汪先生时，一致看法便是："学养深厚，成就卓著，多才多艺，为人低调，平易近人，是一位真正的好人。"

（刘美平）

周礼全先生
探索自然语言的逻辑奥秘

周礼全（1921—2008），湖南湘西人，我国著名的逻辑学家和哲学家。1941年考入西南联大哲学系。1946年开始攻读研究生，师从金岳霖先生，毕业后在清华大学留校任教。1952年院系调整时入北京大学继续从事教育工作。1955年，中国科学院成立哲学研究所，周先生调入该所任逻辑研究组学术秘书、助理研究员。1983年7月晋升为研究员，10月当选为中国逻辑学会会长。1992年继续当选为中国逻辑学会会长。周先生曾任国务院学位委员会哲学学科评议组成员。其主要著作有《模态逻辑引论》、《黑格尔的辩证逻辑》、《逻辑——正确思维和成功交际的理论》等，涉及哲学、逻辑学、逻辑史等诸多方面。其中《逻辑——正确思维和成功交际的理论》是开了一代先河的重要作品。

一

周礼全先生1921年12月8日生于中国湖南省吉首市。1933年考入长沙市兑泽中学初中部。1937年考入湖南省立长沙高级中学（第一中学），周先生的学术兴趣即始于这一时期。周先生认为长沙高级中学有一些大学风范，所以非常喜欢这所中学。在这里，学生思想活跃，自学课外知识的风气很浓，自学组织也很多。在这一时期，周先生读了胡仁源翻译的《纯粹理性批判》，由于各种原因，并没有读太懂。倒是另外两本书对周先生的影响比较大，此即刘琦翻译的《逻辑》和冯友兰的《中国哲学史》。小学时周先生就可以背诵一些中国古籍，古文基础在当时是足以读懂冯先生这本书的。就是为了能跟冯先生学习中国哲学，周先生考入了西南联大哲学系。从这里可以看得出，一个人早年的学术兴趣可能与后来有非常大的区别。

周先生在抗战期间于1941年考入西南联合大学哲学系。一年级时，周先生偶然读到罗素的《哲学问题》这本书。罗素清晰的思想和严密的逻辑令周先生特别折服。正是这本书引起了周先生对西方分析哲学的浓厚兴趣，而这又进一步使周先生确立了大学期间的学习方向。也正是在这个时候，他抛开了直观性较强、论证性较差的中国哲学。或许对大部分人来说，一生所从事的事业都多少要由机缘巧合来促成吧。

20世纪40年代正是西方逻辑实证主义发展的黄金时期，这一趋势也影响到了西南联大。周先生对分析哲学的兴趣很自然地也就扩展到了逻辑实证主义上。当时西南联大的总体情况是，年轻人比较重视或同情逻辑实证主义，年长的教师则多数不喜欢或不理会它。逻辑实证主义对当时的中国来说绝对是一件新事物。新事物总是年轻人更容易接受一些，出现这种情况也就不奇怪了。当时的逻辑实证主义的主流观点基本上认为哲学命题是分析命题，是通过逻辑分析方法得到的。而周先生认为，哲学命题既不同于逻辑实证主义所谓的分析命题，也不同于综合命题。他把语句分为两大类：S—语句和V—语句。S—语句即科学语句，可再分为分析语句和综合语句。V—语句是价值语句，哲学语句就应当归入这一类。这一类语句有特定的意义和特有的证明方法。由此而论，哲学中的形而上学语句不是无意义的，也就不应该被取消。

周先生在1946年毕业后考入清华大学研究院哲学系攻读研究生，师从著名哲学家、逻辑学家金岳霖先生。1949年研究生毕业获得哲学硕士学位后，留校在哲学系任助教、讲师。也是在这一年，北京成立了社会科学联合会办事处。办事处组织了三个讨论组，其中一个就是逻辑讨论组，召集人是金岳霖先生。周先生也参加了这个组。逻辑组总是准时开会，出席率也很高。组内讨论的问题大都围绕"形式逻辑与辩证法的关系"、"形式逻辑的矛盾律与辩证法"、"形式逻辑与形而上学"等。讨论十分激烈，常常是到散会时间却想散也散不得。这个讨论组也是周先生一生中最早参加的正式学术活动。这一讨论组一直持续到1952年全国院系调整时，据周先生的回忆，"会上各种不同的意见发人深思，刺激我去找寻正确的答案"。由此可见这讨论组对他还是有很大影响的。

著名逻辑学家周礼全

二

1952年院系调整，周先生从清华大学调至北京大学，任哲学系讲师。此次重组共调集了南北八个大学的逻辑学教师，在北大组成一个逻辑教学组，一边进行教师的思想改造，一边进行逻辑课程的改革工作。教学组每周至少召集一次会议，会上经常讨论形式逻辑课程的内容。当时基本上有三种观点：一种是坚持逻辑课程的改革必须学习马列主义，也即是苏联的逻辑教本；另一种观点强调逻辑必须遵循亚里士多德的传统，也就是走传统逻辑的路；还有一种则认为应当用数理逻辑的某些观点和精神来处理形式逻辑课程中的问题。周先生基本上赞同第三种观点，并且为这种观点进行了辩护。

1952年秋，周先生开始给北大一年级学生讲授形式逻辑。当时的课程改革遵循一条重要原则，"理论联系实际"。周先生很赞同，而且认为：形式逻辑联系实际，就是应用形式逻辑的知识和技能去解决实际思维中的逻辑问题。实际思维一般情况下在自然语言中进行，因此，形式逻辑联系实际也就要结合自然语言，关注自然语言中的逻辑问题。这些想法应该直接影响了周先生后来的学术取向中有进一步的体现。

1954年春，周先生主动退掉讲课工作，这让他在后来的几年里有较多时间对以前的想法进行系统整理。事实上，在当时，给学生上课被认为是很荣耀的事，所以周先生的这一选择不应当被看作推卸责任，反而应当视为是成人之美的举动。当时周先生有两方面的研究兴趣：一是形式逻辑的哲学问题，一是形式逻辑联系实际思维。前者在当时是争论最激烈的研究领域，尤其是其中的概念问题，急需解决。于是周先生选择了概念问题作为研究课题。到1955年秋，周先生被调至中国科学院哲学研究所，并继续他的这一研究。从1954年到1957年，周先生先后得出了三项成果：《论概念发展的两个主要阶段》、《亚里士多德论矛盾论和排中律》、《黑格尔的辩证逻辑》，三者之间有着密切的联系。《论概念发展的两个主要阶段》虽未直接提到形式逻辑和辩证法，但事实上是以两者为理论依据的。《黑格尔的辩证逻辑》深入浅出地阐明了黑格尔思想体系的合理之处及其形式主义弊端，分析非常恰当。这三篇文章针对的是当时比较流行的一些错误看法，而这些错误看法基本上都根源于黑格尔。苏联大多数哲学家把形式逻辑看作是反对事物运动变化的形而上学，从而也就视形式逻辑与辩证法互不相容。而我国的许多学者只是随声附和，但没有人在理论层面深入研究过。不过，在当时的大环境下，即使是有人真正研究了，也未必敢发表自己的观点。但有一点可以肯定，要纠正并消除这些错误思想，必须深入研究亚里士多德的矛盾论思想和黑格尔的《逻辑学》。前者是形式逻辑的核心原理，后者则是辩证法的经典，而且两者互相牵涉。周先生在该文中考察了从亚里士多德到黑格尔对概念的论述，并在此基础上正面阐述了马克思主义的本质论、概念发展理论的基本特点。他根据《实践论》的精神区别了不同种类的定义，区分了抽象概念和具体概念，从而批评了某些把马克思主义研究简单化、庸俗化的做法。该文发表时适逢"百花齐放、百家争鸣"方针出台可谓应时际会。只可惜短短几年后发生了反"右"运动，迫使周先生将全部时间和精力都投入到了没有阶级性的形式逻辑研究中去了，再不敢涉足可能与意识形态相关的领域，其间他还被多次下发进行劳动改造。时代的悲剧，民族的悲剧，最后造成的是学术的悲剧。

三

1955年，周礼全先生离开北大哲学系，随同金岳霖先生一起，调入新成立的中国科学院哲学研究所。

1961年春节期间，周先生利用到上海探亲的一段时间写成了《形式逻辑应尝试分析自然语言的具体意义》一文，这是周先生自然语言逻辑思想的一个新发展。这篇文章主要谈到了四点：不同意义的语句；明确提出语境和具体意义；强调结合语法和修辞来研究逻辑；明确提出要扩大逻辑基本词项，建立新的逻辑系统，即自然语言逻辑。这些思想是周先生在分析实际思维中得出的，在同一时期国外的自然语言研究也有类似的结论问世。

1961年夏，周先生开始参与编写形式逻辑的教科书。编写组共九人，金岳霖先生是主编。周先生和其他几位则协助主编金岳霖先生反复修改，可谓呕心沥血。该项工作的主要目的之一是为逻辑教学人才的培养提供教学资料，所以，它也可视为周先生为在中国正确地传播传统逻辑知识以及传播现代逻辑所作出的一项具体贡献。周先生是坚决反对把传统逻辑等同于形而上学的，也坚决反对对传统逻辑的种种歪曲。该书从1962年开始写作，1963年完成初稿，1965年又进行了一次持续约半年的修订，经过"文化大革命"，最终于1978

年得以在人民出版社出版。此书是新中国成立以后,第一本克服了许多错误、渗透了现代逻辑分析精神的高校形式逻辑教材,在学术界产生了重要影响。完成这一任务后,周先生的主要精力又重新投在了研究模态逻辑和自然语言逻辑上。只可惜1966年开始的"文革"彻底打破了周先生的专业学习与研究,一直到十年后才有机会恢复研究工作,这时周先生重新开始如饥似渴地阅读外文文献中关于自然语言逻辑的资料。很明显,"文革"对周先生学术研究的影响比上一次"反右"运动还要大得多。

在1978年的全国第一次逻辑讨论会上,周先生作了一个关于自然语言逻辑的发言,会后整理出了一篇文章发表在《哲学研究》上。周先生想要构建的自然语言逻辑的一个雏形在这时基本上已经形成。这篇文章相对于《形式逻辑应尝试分析自然语言的具体意义》一文有进一步发展,已显现出从孤立研究到与国际研究合流的趋势,显然是受到了几年内所阅读的外文文献的影响。其中值得注意的观点是把语言中的感情因素作为语言意义的一个重要因素来看。由此直到1982年,周先生一直在努力学习和研究自然语言逻辑与模态逻辑。1982年冬到美国安娜堡密执安大学的一次学术访问,此次访问提供了一个很好的进一步收集自然语言逻辑文献的机会。周先生认为模态逻辑当时是一块尚未充分开发的处女地,容易产生丰硕成果,所以就对模态逻辑大加宣扬。为此他还写了一本书——《模态逻辑引论》。这本书是中国第一部系统论述模态逻辑以及可能世界的学术专著。此书的最后一章"模态逻辑简史"堪称模态逻辑史的专著,具有独特的学术价值。王路曾这样评价:"《模态逻辑》一书是国内非经典逻辑方面的第一部专著,虽然其中主要是介绍性的,但是'模态逻辑简史'一章却是具有国际水平的研究成果,而且这本书的背后有他自己非常重要的哲学思想。"

另外,1983年,周先生还参加了《中国大百科全书·哲学卷》逻辑部分的编写工作,任《中国大百科全书·哲学卷》编委、副主编。作为副主编,周先生协助主编王宪钧先生精心编写了《中国大百科全书·哲学卷》的逻辑学部分。

四

周礼全先生对逻辑学的主要贡献是在自然语言逻辑方面。早在20世纪50年代，他就提出了形式逻辑要结合自然语言的观点。80年代以后，他明确提出应该在现代逻辑学、现代语言学和现代修辞学相结合的基础上进行自然语言逻辑的研究，把现代逻辑应用到自然语言的分析中，建立新的逻辑系统，从而扩大和丰富逻辑理论的作用范围，为人们的日常思维和交际提供更为有效的工具。完成大百科全书的编写工作之后，周先生就正式离休了，而这正好给了他一个集中精力写一本自然语言逻辑方面的书的机会。该书的写作共有八人参与，最后命名为《逻辑——正确思维和成功交际的理论》。书中提出了一个以意义、语境、隐涵、预设等范畴为骨干的自然语言逻辑体系，描述了一种成功交际的理论。他的这一思想不仅在中国是开拓性的，而且在国际上也是富有创造性的。在这本书的序言中周先生作了如下的评价："我一方面有一种轻松感：多年夙愿，一旦实现，快何如之！但另一方面，我又有一种沉重的心情。我像一个年老体弱的登山者，经过长时间的艰苦攀援之后，仰望前程，离目标还是那么遥远！回顾来路，离出发点又还近在咫尺！好在科学是全人类的永恒的共同的事业，平生不了事，自有后人补。"对此，王路曾说："理解这段话字面上大概不会有什么问题。但是以我对周先生的了解，他实际上是在检讨自己。我想，这种检讨可能是多方面的，这项工作本来应该做得更好。"由此可见，周先生的这段评语，一方面固然是自谦之词，另一方面其实也表明：自然语言逻辑是一门重要的有辉煌前景的学科，但需要探索的问题仍然还有很多。

周礼全先生是一位充满正义感的学者。有史为证：有一次在武汉大学作学术报告，谈到不正之风，周先生声色俱厉。他提及康德的名言："在我上者有日月星辰，在我心中有道德律令。"又提及张载的名言："为天地立心，为生民立命，为往圣继绝学，为万世开太平。"其时老泪纵横，不能自已，凛然之气，感人肺腑。这是周先生人格的一次表露，同时也预示了周先生晚年的思想转变:在早年被抛开的伦理学,重新又成了周先生晚年关注的问题。1996年10月中国逻辑学会召开第五次全国代表大会,七十五岁高龄的周先生终于卸下历任三届的会长职务。从那以后,他不再过问中国逻辑学界的事情,专门在家里读书。但是实际上,他仍然在考虑哲学问题,而且是联系实际进行这样的思考。他曾说过:"哲学应指导人生,促进人生的幸福,哲学应指导社会,促进社会的进步。"他倾向于回到儒家的观点,认为哲学在明明德,在亲民,在止于至善。他还认为元哲学非常重要,元哲学以哲学为研究对象,其研究可以帮助我们了解哲学的根本性质、功能和使命,这对于理解、评价、欣赏和创造哲学系统都是重要的和必要的。他明确地指出,今天世界和中国的哲学现状,是不能令人满意的。有些人以艰深文简陋,有些人以糊涂充高明……这样就把哲学引向了邪路。哲学需要革命或革新。元哲学是推动哲学革命或革新的锐利武器。王路曾在一篇文章中提到:"我觉得,周先生这一辈学者的哲学境界和哲学观是比较复杂的,一方面吸收了中国儒家思想、西方哲学传统,以及马克思主义哲学的精华,另一方面也融入了他们几十年风风雨雨的坎坷经历。他们始终觉得对人类、对社会、对历史有一种崇高的责任感、使命感。这种境界体现了一种学者的情怀,一种普遍的中国知识分子的情怀。"

周礼全先生在学问上一丝不苟。但在另一方面,他宽以待人、奖掖后学、兼容并包、海纳百川。他不要求学生一定要怎样,而是相信学生一定会怎样。他相信学生会尽力把每一件事做好。他的严谨和他的仁爱共同产生的宽容最终使他成为了一个和谐的人。

周礼全先生于美国时间2008年6月7日在加利福尼亚州逝世,享年八十七岁。

(刘美平)

邓以蛰先生
书韵画境寄玄思

　　邓以蛰（1892—1973），字叔存，1892年1月9日出生于安徽省怀宁县白麟阪老家。1907年，东渡日本学习日语，1911年回国。1917年，他又赴美国哥伦比亚大学留学，回国后任教于北京大学哲学系，讲授美学与艺术史。1927年，他因反对北京大学改组，离京赴厦门大学任教。1929年，返京任教于清华大学。1937年抗战爆发，他因病滞留北京，坚决不与伪政府合作。抗战胜利后他回清华大学任教，并于1952年转入北大哲学系，不久后因体弱多病退休。1973年病逝。邓先生留下的著作不多，但在中国书画理论方面有着极深的造诣，其《书法之欣赏》、《画理探微》、《六法通诠》等著作影响很大。

一

　　邓以蛰是清代大书法家和篆刻家邓石如的五世孙。邓先生的父亲邓艺孙，一生从事教育事业，曾先后出任安庆敬敷书院院长、安徽高等学堂及师范学堂经学教习，安徽省教育司长。邓家世代书香门第，因为在这样的家庭中浸润濡染，饱受熏陶，邓先生有着很好的传统文化素养和艺术鉴赏力。和宗白华先生一样，由于骨子里对中国传统文化和艺术的热爱，他最终也从对西方美学的研究，转向了中国美学，特别是中国书画美学的研究，并取得了无与伦比的成就。

在《辛巳病余录》中，邓先生这样描述他小时候的生活环境："皖垣北乡，距城四十里许，有铁研山房者，我先人之故居也，位平阪之中，四面皆山，而一面为水，水曰凤水，山曰龙山，龟山，白麟山，故吾高祖完白山人有印曰'家在四灵山水间'，盖纪实也。山房中斋额有挹翠楼，无极阁，长寿神清之居等，皆为楼上。吾幼时常居楼，坐对行循，起卧恒不去目前者，乃一绝好之大痴之《富春山居》或九龙山人之《溪山无尽》长卷，四时朝暮，风雨阴晴，各呈异态，直不待搜筐箧，舒卷把玩而后适也。"在这样山清水秀、风景宜人的地方长大，呼吸着天地之灵气，饱览着江山之丽色，无限画图尽在胸中，养就了邓先生对自然、艺术和美的挚爱。

七岁，邓以蛰即入私塾读书。十二岁入安庆尚志学堂学习。翌年，入芜湖安徽公学学习，直到1906年。1907年，十五岁的邓以蛰远渡东瀛，在东京宏文书院学习日语。在日本期间，他结识了陈独秀。陈独秀给他带来了新文化的思想。1911年，邓先生从日本回国，先是在安徽陆军小学担任日文教员，两年后担任安庆图书馆馆长。1917年，他再度出国留学。这次是在美国的哥伦比亚大学专攻哲学与美学，直到1923年夏季归国。邓先生接受过系统的哲学与美学教育，这对他后来研究中国书画奠定了很好的理论基础。

在美国念书期间，邓先生还在关心着国内的新文化运动。在《致陈独秀胡适之函》中，他写道："迩来偶于国内报纸得悉兄等近在大学种种创业革新，皆吾辈日常所辗转思维，不知何意将此意中美竟顿时表露天下，若出郭门春郊遍绿者，粪尘毒雾之中，对此崭然灵光，既惊且喜。"信里，他还提醒两位新文化运动的主将，要谨防来自日本的文化糟粕的侵袭。

二

1923年秋，邓先生自美国归来后，就任北京大学哲学系教授，在哲学系及北平艺专讲授美学、美术史课。这段时间，邓先生除了授课外，还积极投入新文艺的宣传中，关心各种艺术方面的问题。1924年，他在《晨报副刊》上发表了《中日绘画展览会的批评》、《对北京音乐界的请求》等文。在《对于北京音乐界的请求》中，他强调了音乐在陶冶性情方面的作用，呼吁艺术家们积极投入到演奏中，来医治中国人目下"索寞，涣散，枯竭，狭隘，忌刻，怨毒"的病症。

1925年，闻一多从美国归来，任北平艺专教务长并主编《晨报副刊》。邓先生和他私交甚笃。在闻一多的推动下，邓先生仅1926年一年就在《晨报副刊》上发表了六篇美学和艺术批评的文章，讨论了中西画的区别、中国绘画的派别及变迁、诗与历史的关系、戏剧与道德的关系、戏剧与雕刻的联系与区别等问题。他还为北京艺术大会作《民众的艺术》一文，提倡为民众的艺术和民众自己创造的艺术。这些文章，后来收入《艺术家的难关》一书中。

1927年，北洋政府教育总长提出将北京大学、北京师范大学等九所高等学校合并成立国立京师大学校。因为反对北大的改组，邓以蛰以及胡适等多位教授离开北大以示反对。邓以蛰前往厦门大学哲学系任教。两年后的1929年，他重返北京，却未重返北大，而是在清华大学哲学系任教，直到1937年。其间，从1933年到1934年，邓先生出游欧洲，遍访艺术博物馆，还游学巴黎大学半年。回国之后，邓先生似乎很少再活跃于文艺批评，而是埋首书斋，作更精细、更深刻的学术研究。这时，他的兴趣越来越偏向中国画和中国美学。经过多年的西学的洗礼，在中国画的研究中，他似乎又找到了自己的家园，找到了自己从少年起就熟悉的生命体验。

1935年，邓先生在《大公报·艺术周刊》上发表了《以大观小》和《气韵生动》，用现代美学观点讨论中国古典美学的问题。对于他的中国画研究来说，这是一个起点。在后文的附记中,他提到:"余久欲写《画学举隅》一文,其篇目为:书画同源,以大观小,气韵生动。前仅为《艺术周刊》写《以大观小》一篇,余无暇着笔。今《艺刊》拟于伦敦国际中国艺术展览会于上海预展时出特刊,专论中国艺术,又征文于余,辞不获,遂又草此二篇。仓促之中,意思难期周密,文字不遑剪裁,深未惬意。读者倘亦以此相咎,不敢辞也。"他在这些文章中拟讨论的问题,正是后来的《画理探微》中更深入地研究的问题。

著名美学家邓以蛰

1937年,卢沟桥事变爆发,日军发动侵华战争,北京形势危急。北大、清华、人大三校南迁昆明,合并为西南联大。邓先生由于体弱有病,无法长途跋涉,最终不得不滞留北京。日军占领北京后,无恶不作。沦陷区的人民生活在水深火热之中。邓先生失去了教职,生活开始陷入困境。日军的残暴更是不堪入目,使他心情沉重。一位老朋友曾来邓家炫耀在伪政府的职位,邓以蛰勃然大怒,将他赶出家门。

1940年,邓先生决定送长子邓稼先经香港、越南辗转至西南联大读书。据邓稼先先生回忆:"日寇统治时期,日本侵略者为庆祝侵略中国,强令学生游行,我出于爱国心将那游行的旗子踩在脚下,招来杀身之祸,父亲果断地让大姐带我逃离北平,奔向大后方。告别时,父亲谆谆叮嘱我:'稼儿,为了祖国的强盛,你要立志学科学,将来报效国家。'1940年春末,我告别父亲,穿过层层封锁线,转香港经越南到昆明,十七岁考入西南联大物理系。在日本敌机轰炸下,防空洞的日子里,我牢记父亲的期望,苦学苦读,准备为祖国的强盛，贡献自己的一生。"

1941年，于贫病之际邓先生创作了《辛巳病余录》。书前的小引读来颇为感伤："《病余录》云者，盖余之身外之物，如文字及一部分书籍于丁丑初焚失已尽，书与画则于病中转入他人回收。尝以陆天游仿董北苑笔向友人乞米，寄之诗曰：'荷锸聊为夜壑藏，蒹葭吹尽满头霜；即今沧海沉云黑，欲遣天孙乞片光。'四年之中，箧中诸物，或质或售，无不遭我遣之。今病后所余，不过张爱宾所谓'唯书与画，犹未忘情'之未忘于情者而已！所见所遣，录而书之，以为不时温此情云。"日军攻陷北京城后，邓先生生活拮据，为了维持生计，多年节衣缩食购买珍藏之绘画，不得不忍痛割爱，流于当铺市肆。在如此恶劣的环境下，邓先生还在《病余录》中对他的藏品一一进行了详细的著录和考证。这本书既寄托着他对中国艺术的一往情深，也凝聚着他的学术热忱。在这样艰苦的环境下，他还费尽心力保存下了他祖上邓石如的大量精品墨迹，并在新中国成立后捐给故宫博物院。

除了创作《病余录》外，在这样的岁月里，他还写出了《画理探微》这一中国绘画理论研究的代表作。《画理探微》与《六法通诠》这两篇40年代的论文，篇幅虽然不长，却构成了邓先生关于中国绘画美学的理论体系，奠定了他在中国画研究上难以替代的地位。

在刘纲纪先生看来，邓先生对于中国绘画美学的理论，包含着一个自成系统的结构，这就是：

体—形—意
生动—神—意境（气韵）

这是两个互相联系的、历史与逻辑相统一的结构，是邓先生对于中国绘画历史发展的理论概括。

《画理探微》写出后，到1946年12月11发表在《哲学评论》第10卷第

2 期上。而《六法通诠》则是在五个月后刊于同一本杂志同一卷第 4 期。

1943 至 1945 年，邓先生出任北京中国大学文学院长、教授。1945 年，抗战终于胜利，北京光复。邓先生迎来了他人生新的春天，他重回清华大学哲学系担任教授。除了上述的两篇文章，他还对中国绘画上的南北宗问题有兴趣，在 1945 年发表了关于这个问题的演讲，并写有讲演提纲草稿。遗憾的是，这个草稿最终并没有写成完整的论文发表。

重回清华后，邓先生享受了一段既舒适又硕果累累的日子。他住在清华西园，闲暇的时候，常常在荷塘散步休憩。

三

全国解放后，1952 年全国院系大调整，邓以蛰从清华又调到了北大。时隔二十五年，他又回到了自己执教的第一所大学。二十五年是一个轮回，中间邓先生经历了太多，有国家的危难战争的残酷，生活的贫苦和艰辛；也有周游欧洲诸国的见闻阅历，赏画藏画的愉悦和学术研究的丰硕成果。重回北大，邓先生年已花甲，体弱多病。十有五岁，邓先生即有志于学，孤身远赴东瀛留学。三十岁，邓先生正在大洋彼岸的美国，挑灯苦读，为了祖国文化的振兴。四十岁，邓先生在异域潇洒地采撷风物人情，写就游记洋洋洒洒，字里行间尽是华夏赤子悲天悯人的襟怀。五十岁，邓先生在日军的沦陷区里，眼见国家之疮痍民生之凋敝，度日如年；却仍坚持研究自己挚爱的中国画，苦心孤诣，传承文化之火种，最终获得不朽的成就。如今，六十岁的邓先生，终于得到了一片安恬舒心的家园，得以安顿疲惫和多病的身躯。

邓以蛰的家从清华西园搬到了北大的朗润园，和宗白华先生住得很近。宗先生在为《邓以蛰全集》作的序中说："1952 年全国大学院系调整，我和邓先生都调到了北京大学，住得又很靠近，几乎天天见面。我常去他那里观赏书画,特别是又有机会仔细观赏了他珍藏的邓完白的许多书画作品。有时谈及艺术上的一些问题,彼此都有莫逆于心,相对忘言之快。"宗先生还赞扬道:"邓先生对中国艺术传统有深入研究,青年时期又曾到美国研习,还游历了欧洲不少国家。他写的文章,把西洋的科学精神和中国的艺术传统结合起来,分析问题很细致。因为他精于中国书画的鉴赏,所以他的那些论到中国书法、绘画的文章,深得中国艺术的真谛,曾使我受到不少教益。邓先生在美学上的贡献,值得我们认真研究。"两位安徽安庆的老乡,两位中国美学泰山北斗式的人物,最终能在北大校园相会,一起享受湖光山色,讨论学理,品评艺术。这既是他们的幸事,也是美学的幸事。

因为年龄已大,又体弱多病,调回北大不久,邓先生就退休了。但是他仍然关心着教育事业和文化事业,在接下来的几年里,先后校订了滕固著的《唐宋绘画史》,标点注译了元饶自然的《绘宗十二忌》,又校阅了马采标点注译的明代汤垕的《画鉴》。除此之外,他还写作了《关于国画》(一)与(二),发表在《争鸣》上,并应《美术》杂志之约,作《〈艺术家的难关〉的回顾》。

邓先生学术生涯最后的精力,放在了对先祖邓石如的研究上。1962年,七十一岁的他四次致函穆孝天,谈有关邓石如研究问题。10月,他把家藏的三十六幅邓石如精品墨迹捐给国家,这些作品在故宫举办的"邓石如先生诞生二百二十周年纪念展览"中展出,邓先生还为此作了《完白山人纪念展览简述》。次年,他为穆孝天、许佳琼著的《邓石如》一书作序,并写作了《关于完白山人专集的出版》,以及《〈邓石如书法全集〉的前言》。这篇前言是邓先生最后公开发表的文章。虽然并未写作关于邓石如先生的专著,但通过自己的努力,邓以蛰使自己先祖的艺术得到了发扬光大,这也完成了他多年的心愿。也许选择艺术研究这条道路,最初就是受了先祖那不朽的形象和艺术作品的感召。通过一辈子的孜孜以求,邓以蛰为艺术事业所奉献的,不仅是他杰出的美学理论,更是他的纯粹和坚持,对艺术永不曾磨灭的热忱。

之后,邓先生在家养病多年。1973年,八十二岁的他溘然长逝,未能看到"文化大革命"结束的那一天。许多师生参加了他的追悼会。如今,邓先生去世已近四十年,关于他的许多故事早已为人们所遗忘。邓先生和北大有着不解之缘,这里是他教师生涯的开始,也是结束。有意思的是,当初的离开,是因为一次政治上的"学校的合并调整",而最终的回归,也是因为一次政治上的"院系调整"。离开也好,回来也罢,邓先生的梦想和努力,却一直未曾远离北大和哲学系的精神和宗旨。

(刘 耕)

宗白华先生
天光云影共徘徊

宗白华（1897—1986），原名之櫆，字伯华，1897年生于安徽安庆。中国当代著名哲学家、美学家、诗人。1919年成为《少年中国》月刊的主要撰稿人，同年8月受聘上海《时事新报》副刊《学灯》，任编辑、主编。他在《学灯》上不仅发表了许多哲学、美学论文，还发表了大量郭沫若的新诗。1920年赴德国留学。1925年回国后，历任东南大学、中央大学、南京大学哲学系教授。1930年任中央大学系主任。抗战期间，担任渝版《学灯》的主编，投身于抗日救亡的文化运动。院系调整中，他从南京大学调入北京大学，先后在西方哲学史和中国哲学史教研室工作。1960年，他进入美学教研室，开设了"中国美学史专题"等课程，又在1963年指导美学教研室编辑《中国美学史资料选编》。1986年12月20日，在北京逝世，享年九十岁。

一

1952年，时年五十五岁的宗白华先生，因院系调整，从南京一路北上，来到北京大学哲学系。这一年成为宗白华先生人生及学术生涯的一道分水岭。

此前，从二十八岁起，宗先生已经在中央大学执教了近二十七年。其间，中央大学不仅三易其名，从东南大学到国立中央大学，到1949的国立南京大学，再到去掉"国立"二字、从1950沿用至今的南京大学；还经历了1937的内迁重庆，1945年的迁回南京，以及1952年院系调整中的拆分。比起一校之变易，国家经历了远为波澜壮阔、风云变幻的历史，从北伐，到国共合作抗战，再到解放战争……

个人的命运，永远随着历史的洪流俯仰沉浮。1949年后，宗先生曾经的一些同事，如方东美先生和牟宗三先生，选择了南下台湾继续学术生涯；宗先生则怀着无比的热情迎接着新中国的诞生。在1951年的刊登在南京大学校刊的一篇随笔《南大生活》中，宗先生写道："在三十年前的五四运动时代，我们凭着小资产阶级知识分子的满腔热血和满脑子幻想，希望创造一个新的中国，新的文化；而中国共产党却用马列主义的哲学跟中国民族的具体情况结合起来。由于正确的领导，壮烈的牺牲，三十年的奋斗实践，把五千年腐朽的封建的中国彻底改造成为一个强大的独立的自由的新中国了。""三十年后的今日，中国共产党领导成功的中国革命，把那漫天无际的黑雾吹得干干净净，伟大祖国的河山格外灿烂明丽了！马列主义的哲学唤醒了迷途的长梦，使中国民族真能发展他的聪慧才能，贡献于全世界的人民了！今天我们更用不着独立苍茫的感慨，我们已经参加进世界进步的人民的行列里，为创造更光明的人类前途而工作了！"

宗先生遗憾"自己生活在这个空前伟大的史诗的边缘上，没有能够实际参加，这是何等惭愧的事！"但实际上，宗先生绝不是躲进书斋只专注于哲学思索的学者，一直以来，他都非常关心祖国和民族的命运。1918年，宗白华就参与到少年中国学会的筹办工作之中。许多后来赫赫有名的人物如毛泽东、张闻天、田汉等都成为过该学会的成员。李大钊先生也应邀作为学会的共同发起人，以及临时的编辑部主任。该学会一直努力在青年中唤起一种崇高的理想和爱国的热忱；一种青春洋溢、积极向上、致力于学术的风气。此时的宗先生，

20世纪80年代初,宗白华(前排右二)与进修教师合影

渴望通过社会、人生和文化的改造来改变国家。在《我的创造少年中国的办法》中他说:"我的意思是跳出这腐败的旧社会的精神与能力,来改造旧社会,使旧社会看我们新社会的愉快安乐,生了羡慕之心,感觉自己社会的缺憾,从心中觉悟,想改革仿效,那时,我们再予以积极的援助,渐渐改革我们全国社会缺憾之点,造成个愉快完美的新社会与新国家。"

宗先生不希望采用武力和暴动的方式推翻旧的一切,宁愿"逃到了深山野旷"的地方,"另自安炉起灶,造个新社会"。这种看法自然是有些天真和书生气的。对于祖国和民族的改变,宗先生更关注的是社会、文化和教育方面;关注青年如何树立正确的世界观和人生观,砥砺美好的德性,在生命的体验和哲学的玄思之间保持一种平衡。在《致少年中国诸君书》中,他认为:"鼓吹青年,先要自己可以作青年的模范,具科学研究的眼光,抱真诚高洁的心胸,怀独立不屈的意志。"而他认为:"研究学理是我们新少年真正的天职,那些鼓吹青年同评论社会还不是我们的正事,我们的学理不曾真正研究,怎么能鼓吹他人评论他人呢?"他认为只有在研究学理的基础上,有精微的知识,深远的眼光,以及实在的经验,才能谈得上评论社会。他要求学会的月刊要学理多而文学少,篇篇文字都要有学理的价值,即便是文学,也是要描写世界一种的真理。

或许正是这样一种对学问的认真和恳切的态度,使宗先生后来成为了一名大学者,而不是诗人或政客。宗先生自己一直身体力行的正是在学理方面为新的文化添砖加瓦。二十岁左右在同济医工学堂读书的时候,他已无心学医,而是花了很大的精力研读德国的文学和哲学,对叔本华和康德的哲学、歌德的文学等都有所研习。1917年,二十岁的他就在《丙辰》杂志上发表了第一篇哲学论文——《萧彭浩哲学大意》。之后,他又陆续发表了《康德唯心哲学大意》、《康德空间唯心说》、《说人生观》、《哲学杂述》等哲学文章,这时的宗先生已经表现出了非常强的理论思维能力。

而从那时起,在宗先生的血液里流淌着的,除了形而上的思考,对宇宙人生的问题的追索外,也有着一腔对生命和自然的热爱和丰润的诗情画意。这或许是后来宗先生尤其关心艺术和美的问题,并确立了自己独特的美学思考方式的原因。十六七岁时,宗先生就常读《剑南诗钞》,王维、孟浩然的诗集,以及泰戈尔的《园丁集》等。诗歌的浸润,促成了宗先生对艺术的敏锐感觉和精到的把握。在《时事新报》副刊《学灯》担任编辑的时候,宗先生和诗歌有了更亲密的接触。他不仅参与到新诗理论的讨论中,如他在《新诗略谈》中认为诗是美好的形式和诗人的感想情绪的结合;也和诗人如郭沫若和田汉交往讨论;还自己参与到新诗的写作中。郭沫若当时的许多诗,都因宗先生的欣赏和推荐,而得以发表在《学灯》上。这极大地激发了郭沫若的创作热情,他开始源源不断地向《时事新报》社寄出自己的诗歌。而宗先生则以非凡的慧识,接二连三地刊出郭沫若的诗歌,像《天狗》、《新月》等名作。他甚至专门辟出"新诗"一栏,以专栏的四个版面来刊登郭沫若的作品。郭沫若《女神》中的绝大多数诗歌,都是在这个时候创作。从1919年9月到

1920年4月，宗白华编发郭沫若的新诗竟达五十多首。而当时的郭沫若，不过是一个籍籍无名的作者。

郭沫若诗歌的热情奔放，或许隐隐契合着宗先生内心里始终激荡着的诗意，道出了他渴望言说的体会和境界。因此，宗先生在书信中对郭沫若说："你诗中的境界是我心中的境界。我每读了一首，就得了一回安慰。因我心中常常也有这种同等的意境，只是因为平日多在'概念世界'中分析康德哲学，不常在'直觉世界'中感觉自然的神秘……又因为我向来主张我们心中不可无诗意诗境，却不必一定要做诗；所以有许多的诗稿就无形中打消了。现在你的诗既可以代表我的诗意，就认作我的诗也无妨。"宗先生对诗歌的态度是表达某种境界，既然郭沫若的诗已经说出此种境界，宗先生只有欢喜和感动。

当然，宗先生也有按捺不住诗兴、亲自操刀为之的时候。德国的生活似乎突然掘开了宗先生的诗源，汩汩诗泉奔涌而出。他写出了一系列小诗，玲珑精致，意象空灵，只言片语间，寄托着悠远的韵味。如《宇宙的灵魂》这一首小诗写道："宇宙的灵魂，我知道你了，昨夜蓝空的星梦，今朝眼底的万花。"几个美丽的意象，便隐约透露着宇宙无限的奥秘。后来这些诗被编为《流云》，由上海亚东图书馆出版。

宗白华和田汉则是相识于少年中国学会。宗白华先生对歌德有浓厚的兴趣，曾想做一篇关于歌德的论文，田汉就帮他翻译了一篇《歌德诗中所表现的思想》供他研究所用。后来，宗白华介绍田汉和郭沫若相识。从此，信件在上海、福冈和东京三地间频频往来。1920年，上海亚东图书馆出版的《三叶集》，就是这些书信的记录，也是他们友谊的见证。在这本小册子里，三个人真诚地吐露着自己的心曲，谈论着文学，也讨论着自由恋爱和婚姻的问题。集中郭沫若诉说的和安娜的爱情故事更是名闻天下。这本书短时间内数次重印，在青年间广为流传。

二

1920年，宗先生似乎开始更关心艺术的问题了。1920年3月发表的《美学与艺术略谈》中，宗先生讨论了美学及艺术的定义和内容。他还倾向于一种艺术的人生。如在《新人生观问题的我见》中，他说："什么叫艺术的人生态度？这就是积极地把我们人生的生活，当做一个高尚优美的艺术品似的创造，使他理想化，美化。""艺术创造的目的是一个优美高尚的艺术品，我们人生的目的是一个优美高尚的艺术品似的人生。"宗先生觉得自己当时的艺术基础知识还太缺乏，还不能着手完成艺术人生观的研究问题。

1920年5月，二十三岁的宗白华登上了从上海开往巴黎的轮船。一去欧洲，便是五年光阴。宗先生先在法国驻足了一段时间，在徐悲鸿的引导下，饱览艺术珍品，特别是罗丹的雕像。宗先生无比激动地写下《看了罗丹雕刻以后》，说："经过巴黎，徘徊于罗浮艺术之宫，摩挲于罗丹雕刻之院，然后我的思想大变了。否，不是变了，是变深沉了。"他深情地说："我们知道我们一生的迷途中，往往会忽然遇着一刹那的电光，破开云雾，照瞩前途黑暗的道路。一照之后，我们才确定了方向，直往前趋，不复迟疑。""我这次看见了罗丹的雕刻，就是看到了这一种光明。我自己自幼的人生观和自然观是相信创造的活力是我们生命的根源，也是自然的内在的真实。"罗丹的作品照亮了宗先生心中对自然的美和活力的炽爱，这种美和活力是一切生命的源泉。而艺术就是去展露这种自然的美，创造一种生命。宗先生在自然、生命和艺术之间建立起了美妙的联系，而这种联系，是他的美学研究所关心的核心。或许罗丹的艺术品印证宗先生在艺术和美学方面的研究方向。六十六岁的时候，宗先生还写了《形与影——罗丹作品学习札记》，八十二岁的高龄，他还翻译了《罗丹在谈话和信札中》一书，足见罗丹对他的影响。

1920年7月下旬，宗白华来到了德国的法兰克福。同年秋天，他进入法兰克福大学学习哲学、心理学、生物学。法兰克福是歌德的故乡。宗先生一直都对他崇仰不已。当时，宗先生之前在同济学堂的老师迪斯莱茨正在这里执教，他热情邀请宗白华来此读书。而宗先生在"少年中国学会"的好友王光祈、魏时珍、张梦久等人，也都先他来法兰克福大学学习。在这里，除了读书学习外，他尽情享受着异域风光，徜徉森林和古堡，瞻仰歌德故居，饱览美术馆的珍奇。大半年后，他又转入柏林大学，学习历史哲学和美学。正是从1921年的冬天起，诗神降临在了宗白华的生命里，繁华的街市，浩瀚的星空，柔媚的小花，高悬的明月，无一不摇荡着他的心波，泛起圈圈涟漪。诗句从他的笔尖倾流而出，美妙的意象绘成一幅生命的长卷。他还继续关心着诗歌的理论。在目睹了德国民族冷静的意志、积极工作和创造的魄力后，他由衷地惊叹和羡慕，呼唤中国的新诗人创造更多雄壮、乐观、深刻的诗，为民众带来一个欢畅愉悦的精神世界。

在德国的生活里，宗先生基本上是他那种为人们所称道的生活方式——注重生命体验和学术思考的交融，潇洒自如。除读书外，他听音乐，看歌剧，参观美术馆和游览山水；也看社会上风俗人情，和德国朋友交际。他是在细读生命这部大书，快意其中。

三

1925年，在遍游意大利和希腊、欣赏了数不清的艺术和建筑精品后，他回到了祖国，并于1925年12月经同乡曾朴推荐，到南京东南大学哲学系任副教授。东南大学并入中央大学后，他又被聘为中央大学哲学系教授。教育一直以来都是宗白华先生愿意为之毕生奉献的事业。他投入了很大的精力在教学工作中，开设了许多课程，如《美学》、《艺术学》、《叔本华哲学》、《尼采哲学》等等。之前国内的大学尚未为哲学系、中文系、艺术系、建筑系开设过《美学》和《艺术学》的课程，宗先生是第一次。宗先生的课旁征博引，熔中西文化艺术于一炉，又佐以自己的亲身经历，娓娓道来，分析精到，诗意盎然。所以他的课总是听众如云。复旦大学蒋孔阳先生曾回忆道："宗老讲课，我感到有'目中无人'之慨……他完全陶醉在自己的讲课中，而不关心学生听不听他的讲课。正因为这样，所以他的课，除了内容的丰富不俗外，本身就是一种精神感染力，使你觉得这位老师讲的是出自他的肺腑，是他真心诚意所相信的。因此，我们听时，也就油然有一种尊敬的感情。"这种讲课的风格，宗先生一直保持到几十年后在北大的教学中。

在漫长的讲课经历中，宗先生留下了大量的讲稿，而这部分讲稿里面往往包含着很丰富很深刻的思想，至今还没有被很好地挖掘出来。1925至1928年，宗先生就留下了两大部讲稿，一个是《美学》，一个是《艺术学》。两部讲稿多是对西方相关理论的总结，但也融入了宗先生自己的思考。在《美学》中，宗先生提出了很多问题，如美学的研究对象、美学的研究方法、审美方法、艺术创造的问题、天才问题等等，并给出了一些解答。《艺术学》也是以问题的形式来展开的。从这两部书来看，在西方美学理论的基础上，宗先生也在尝试建构自己的美学体系。除此之外，宗先生回国后也一直进行着对中国传统哲学、美学和艺术的思考。在宗先生大约写于1928—1930年间的一部手稿里，宗先生就讨论着中西形而上学的比较。同期他的手稿还包括《孔子形上学》、《论格物》等，这些中国哲学方面的研究为宗先生后来在中国美学方面的理论创造奠定了基础。

30年代初，宗先生还作了一系列歌德研究方面的文章，翻译了比学斯基的《歌德论》，以及一些歌德的诗。从30年代到40年代初，宗先生花了更多的时间在文化事业上，如翻译、编辑以及出版。当抗战爆发、民族生死存亡之际，宗先生在随中央大学迁往重庆后，毅然重新担任起《时事新报》副刊《学灯》的编辑，把《学灯》变成了弘扬民族精神、唤醒民族自信的战斗平台。他说："中国是个富有哲学理想的高尚的民族，在这次抗战中我们见到每一个兵士都肯杀身成仁，慷慨殉国。若不是国家有数千年文化深入人心，每一个兵士爱国家寸土胜于爱个人生命，怎能有这伟大形象？这种精神决可保障中国不亡。在艰苦的持久的抗战中一个近代国家已经产生，在建造新国家的大业中，技术和哲学是两根重要的柱石，而这两根柱石都是植根于科学的研究。"正是抱着这种信念，宗先生积极投身于文化事业，渴望用这种方式为民族和祖国的复兴作出自己的贡献。他热情地呼唤说："我们应该恢复汉唐的伟大，使我们的文化照耀世界。"对他来说，抗战不仅是赶跑侵略者，而是要完成建国文化复兴的大业。他要让《学灯》擎起时代精神的火炬。他呼唤"全国的学者，思想知识界的人士，利用区区的园地作为他们代表思想和研究的场所"。短短的几年时间，他就写了近百篇的编辑后语，对刊登的文章进行点评。他自己也加入到这文化重建的热潮中，1941 年，他发表了代表作之一《论〈世说新语〉与晋人的美》，指出："汉末魏晋六朝是中国政治上最混乱、社会上最苦痛的时代，然而却是精神史上极自由、极解放，最富于智慧、最浓于热情的一个时代。"除了学术研究外，这篇文章还有更多的意义。宗先生说："这次抗战中所表现出来的伟大精神和英雄主义，当真能替民族灵魂一新面目。在精神生活上发扬人格底真解放，真道德，以启发民众创造的心灵，俭朴的感情，建立深厚高阔、强健自由的生活，是这篇小文的用意。环视全世界，只有抗战中的中国民族精神是自由而美的了！"借着赞颂晋人，他是在高扬中华民族自由解放的精神。一年后，他又写了《清谈与析理》一文来对前文中的清谈问题进行详论。

1943 年，宗先生接连发表了几篇非常重要的论文，如《中国艺术意境之诞生》、《论文艺的空灵与充实》等，确立了意境作为中国美学的核心范畴并阐释其丰富含义，确立空灵和充实作为艺术精神的二元。这些成果显示在抗战期间，虽然忙于文化事业，宗先生关于中国美学的理论体系却在逐步地酝酿和形成中。

1945 年，抗日战争终于胜利结束。年底，宗先生随中央大学迁回南京。从这个时候一直到院系调整前的六七年时间，宗先生获得了一段安心研究学术的时间。他集中研究了中国艺术的时间和空间意识，提出了"音乐化的空间"、"时—空统一体"等重要观念。除此之外，他还做了两项很重要的工作，一是撰写《西洋哲学史》，二是撰写《中国哲学史提纲》。这两本书显示了宗先生经过二十多年的研究，对中西方哲学都有着自己独特的见解。书中，宗先生还受到了马克思唯物论的一定影响。遗憾的是，这两本书最终并未完成，而是停留在手稿状态。

四

随后，在1952这一中国大学历史的特定时期，宗先生来到了北大，把自己生命剩余的三十四年的光和热都奉献给了这片美丽而充满历史的校园。他先后在西方哲学史教研室、中国哲学史教研室工作，与朱光潜、邓以蛰同事。

他和邓以蛰、马采二位从外校调入北大的老师都搬到了未名湖边。宗先生先是住在健斋，后来搬到朗润园。美学大师们在杨柳青青、碧水空亭旁会聚一堂。宗先生在北京的生活是愉悦和轻松的，他在《复游寿函》里提到自己在北京购买古董书画赏玩的事。

不过，当时由于课程精简，美学课程被取消，他们三位和原本就在北大教书的朱光潜先生此时还没有教授美学课的可能。宗先生由于德语很好，又对马克思主义有一定研究，被安排了另外的任务——为中国人民大学讲授《共产党宣言》。他还编写了《近代思想史提纲》以及《中国近代思想史纲要》。为新中国的思想和文化建设，宗先生在努力贡献着自己最大的力量。

1956年，宗先生重新回到了美学方面的工作中。美学领域展开了热烈的大讨论，宗先生也参与其中。他于1957年写《读〈论美〉后一些疑问》，批评高尔泰的"美在主观"的观点，主张"美的对象对于我这鉴赏美的主观心灵是百分之百的客观事实，不以我的意志为转移"，并在《美从何处寻？》中表明：审美除"主观"心理条件之外，也还需要客观的物的方面的条件。1956年，宗先生还留下了《古代画论大意》的笔记，显示宗先生当时阅读了大量的画学画史文献，提出了很多重要问题。遗憾的是由于种种原因，这些问题最终都没能得到进一步地阐发。

1956—1958 年，宗先生翻译了大量美学著作，包括《海涅的生活与创作》、《黑格尔的美学和普遍人性》、温克尔曼美学论文三篇，以及《判断力批判》上卷的第一部分。1958 年，北大复开美学课程；1959 年，朱光潜先生也加入了哲学系美学小组；1960 年，北京大学哲学系新成立美学教研室，宗先生和朱先生分别准备"中国美学史"与"西方美学史"的课程，并开始主编《中国美学史》。1962 年，全国各大专院校逐步开设美学课，北京大学哲学系美学教研室组织编选《中国美学史资料选编》。宗先生同年为北大哲学系、中文系高年级学生开设"中国美学史专题讲座"，还为中国人民大学开设"中国美学专题讲座"。为讲授专题课程，他还留下了数万字的《中国美学思想专题研究笔记》，里面包含着非常丰富的思想。1963 年年中，宗先生指导完成了《中国美学史资料选编》。这样，在 1952—1958 年中断六年后，美学教育在中国重新蓬勃地开展起来，宗先生为新中国美学学科的建立和美学教育都作出了不可磨灭的贡献。

"文化大革命"，十年浩劫。1978 年，宗先生给林同华复信说："'文化大革命'，北大在中央直接领导之下，注意政策，我实受款待，情况良好。"这十年间，宗先生没有留下多少文字，灾难过去后，他也没有说过任何诉苦或埋怨的话。事实上，"文革"中，宗先生的家也曾被抄，他被关在外文楼，被罚去扫树叶。但他仍以无言对之。当时，和宗先生一起被罚去扫树叶的冯友兰先生曾讲过这样一件事："那年夏天我和白华同在'南阁'学习，有一次看见他身穿白裤褂，一手打伞，一手摇着纸扇，从北阁后面的山坡上走来，优哉游哉。我突然觉得这不就是一种'晋人风度'吗？旷达是晋人风度的特点，达到那种境界，自然就是晋人风度。假定勉强做，就是矫揉造作。'是真名士自风流'。"

宗先生这是何等的胸襟和气度，他是把中国古代文人精神中最高贵的地方融入了自己的生命，才能有这样的境界。我们今天总是说他的"散步美学"，却不知宗先生的"散步"，不只是注重生命体验，也不只是闲适和潇洒，而是对世事洞彻后方能有的从容悠游。

"文革"后，宗先生马上又投入到学术和教育的工作中，他热情地提点着学生们，给他们撰写一些信件，指导他们学术的方向。他甚至还为学生社团"学海社"做顾问，并题写"泛舟学海，孰为指南？百家争鸣，百花齐放"的题词。对待学生，宗先生和蔼可亲，爽朗健谈。据王德胜教授回忆，宗先生曾在未名湖边和他长谈，告诉他研究中国美学史要注意对实物的考察，尤其要重视考古文物；告诉他研究中国文化不能忘记同西方进行比较，要发现它们之间的联系和区别。王德胜离京去上海前，来到朗润园宗先生家，宗先生还深情地给他回忆起自己20年代在上海的生活，叮嘱他勿忘北京的生活。他为一些美学艺术的出版物写评语和序言，以这种方式支持着他们的工作；他也参加了一些座谈会和研讨会。对于宗先生而言，晚年的岁月是安宁的、丰富的、祥和的。祖国的学术事业重新发展起来，越来越多的学生致力于研究工作。他常常坐在门前的平台上，一袭长褂，蕴藉儒雅，晒着太阳，品味着如诗的时光。

1986年11月初，宗先生因病住进北京友谊医院，后因不够"级别"，转回条件简陋的北大校医院。12月20日，他溘然长逝，时年八十九岁。这年9月，他在即将出版的《艺境》的前言中曾说过："人生有限，而艺境之求索与创造无涯。本书或可为问路石一枚，对后来者有所启迪，则此生无憾矣。"事实上，宗先生不只是投下了一枚问路石，而是开辟了一道通往中国美学胜境的阶梯。而宗先生，以他渊博的学识、深刻的体悟和高妙的人生境界，无疑是胜境里辉煌的塑像，指引着我们前进的方向。

（刘　耕）

马采先生
精研顾痴注画鉴

马采（1904—1999），别号采真子，字君白，生于1904年，广东海丰人。作为和宗白华、邓以蛰、朱光潜一辈的美学理论家，马采是一个今天对于很多人来说已经有些陌生的名字。事实上，他为美学领域所作的贡献，一样是卓越而不可磨灭的。

1933年自日本留学归来后，马采在中山大学任教，1939年被升为教授。他早年致力于黑格尔哲学与美学的研究，著有《黑格尔美学辩证法》。后转入利普斯移情理论的研究。

1952年的院系调整中，马采从中山大学哲学系调至北京大学哲学系。八年后的1960年，中山大学哲学系复办，马采重回岭南任教。虽然在北京大学只待了八年时间，但这八年对于马采的人生历程和学术研究，都产生了巨大的影响。在这八年中，他做了大量的中国画论方面的研究工作，写作了《顾恺之研究》等。70年代到90年代，马采则利用多年的学术积累和掌握多种外文的优势，在夫人的协助下，编写两部几十万字的年表——《世界哲学史年表》和《世界美学艺术史年表》，利益后辈学人。

一

　　1921年，马采被选派公费往日本留学，1927年在日本冈山第六高等学校毕业后，考入京都帝国大学文学部哲学科，师从日本著名的哲学家西田几多郎和田边元，后又改从日本著名美学家深田康算专攻美学，最后在植田寿藏教授的指导下，于1931年完成大学学业，获文学士学位。随后，又考入东京帝国大学大学院，在泷精一教授指导下，研究美学和美术史。

　　1933年回国后，马采回国在中山大学任教，1939年初，被提升为教授；其间兼任中山大学研究院秘书、广州市立艺术专科学校的特约教授等职。在日本期间，马采学习的是系统的美学和艺术史，主要是西方的美学理论，特别是古希腊和黑格尔。回国后在中山大学，马采讲授美学课，是当时全国四位讲授美学课的学者之一。他同时全面系统地介绍黑格尔美学，著有《黑格尔美学辩证法》。

　　抗战开始，马采先生积极参与到抗日救亡的活动中。他和几位归国学子一起创办了《现代中国》，介绍西方学术文化，分析国内外形势，宣传抗日。日寇敌机疯狂轰炸广州，在枪林弹雨中，马采还翻译了费希特的《告德意志国民》。在译者序中，马采说："最后，译者在敌机不分昼夜疯狂滥炸下，流浪广州街头，翻译本书，想到当年抱着《精神现象学》的草稿，出入于枪林弹雨，冷眼藐视敌人，坚信他的'精神王国'必然最后胜利的青年黑格尔，和处暴敌控制下，向着祖国国民大声疾呼，慷慨陈词的费希特，译者心情的激动是永远不会忘记的。"他渴望通过文字中的力量，唤醒国民的斗志和希望。

　　1938年10月，广州沦陷。马采先生和陈云女士，随即陷入了颠沛流离的生活中。他们随校迁移，途中屡遇险情。在南江口，遭遇日本敌机扫射，幸亏躲避及时，得以死里逃生。接下来，在罗定县，战乱之际，马采和陈云在文学院院长吴康的证婚和主持下，在简单而隆重的仪式中，结为了患难夫妻。陈云后来回忆道："在竹笪间隔的小房，两张棉被并在一块，点上煤油灯就作为洞房花烛。"

中大一路辗转,溯江而入广西,经越南由河内乘火车前往昆明,其后又跋涉上百里前往澄江。中大在澄江复办,虽然条件很艰苦,但马采夫妇以及中大师生们苦中作乐。他们同在异乡为异客,亲如一家人,师生感情非常融洽。

在澄江期间,马采先生除了教授"美学"和"哲学概论"等课,还继续翻译《告德意志国民》的下半部。他还创作了《论艺术理念的发展》,在全国哲学学会第四次会议上宣读,提出"创作与鉴赏是艺术理念不可分割的两面。没有不被创作的艺术,也没有不被鉴赏的艺术。鉴赏便是创作,创作便是鉴赏",深得冯文潜的赞赏。此外,他还发表了《康德学派与现象学派》一文。

中大在澄江只停留了一年多时间,又迁往粤北坪石。途中遭遇车祸,车子整个地翻了个筋斗,四轮朝天,卡在山凹上。马采和陈云都受了重伤,女儿菲菲甚至一度失去了呼吸。据陈云记述:"那个风萧萧雨飘飘的漫漫长夜,我们两人各负着内外伤,还要整夜地注意着菲菲的瞳孔,密切地注意着任何细微的变化……这一夜,能够用凄凉、悲惨的字眼表达的吗?"所幸三人都没有生命危险。回到贵阳养了两个多月的伤,一家才前往坪石与中大会合。

这段时间,除在中大任教外,马采先生还兼代师范学院的哲学课程,每次去上课要翻山越岭走二十里的路程。教学之余,他多有论文发表,包括1941年的《艺术科学论》、1942年的《席勒的美的教育论》、1943年的《美的价值论》,以及《中国绘画导论》。

宁静的生活不久又被日寇的殊死反扑打破。为了北撤,日寇要打通粤汉铁路,坪石危在旦夕。中大又紧急搬迁往梅县。马采先生拖家带口紧随学校大队人马逃走,沿路都是逃难的人群,大家拼命和鬼子赛跑。

然而,到了仁化后,由于扶老携幼,马采先生一家无法冲过封锁线前往梅县与学校会合,只有滞留在扶溪。日军占领扶溪时,一家就躲到山上,饿了好几天。等到日军撤退,学校借口扶溪已成为沦陷区,停发了还滞留在扶溪的教职员工的工资。全家一贫如洗,几近断炊。靠着陈云女士给一位卸任县长的儿子女儿补习功课的微薄聘金，一家五口勉强维生。

　　1945年，抗战终于胜利了。但抗战胜利并不意味着马采先生艰苦的生活已告结束。重回广州，他们连住的地方都没有，捡到两张破旧的日本席席地而睡，用破箩筐当桌子吃饭……而且不久后，学校还通知，所有未跟随学校到梅县而滞留在沦陷区的教职工一律解除聘约。马采先生虽是长期教授，也遭失业之厄。当时马采"初返广州，地无立锥，屋无片瓦"，此刻被解

1979年马采先生在中山大学

聘，可谓"屋漏偏逢连夜雨"。所幸当时省立法商学院正筹建，聘请了马采先生。1848年，马先生还应聘做珠海大学的专任教授，又同时兼了法商学院、广州大学、广州市市立艺专的课，繁忙奔波。工作辛苦倒还是其次，当时的国统区金融动荡，赤字膨胀，货币贬值，工资拿到手转眼就不值几个钱，生活动荡不安。

　　在这样的环境中，几年下来，马采先生还出版了《哲学概论》、《论美》和《原哲》。《哲学概论》汇集他历年在各所大学讲授哲学的教学提纲而成。《原哲》是以苏格拉底为中心，评述了其哲学历程和人生道路。他还逐渐从德国观念论美学的研究转向对利普斯的移情说的研究，以及中国美学的研究。陈云说："《论美》由《美的价值论》扩充而成，显示着著者企图摆脱德国观念论的羁绊，走向李普斯的移感美学，并以移感说的'生命感情'为媒介，向我国化学思想史上的六法论——'气韵生动'挂上钩，为日后进行中国美学研究铺平道路。"40年代，他还写作了一篇《中国画学研究导论》，讨论了"气韵生动"问题。

　　终于，1949年10月1日，中华人民共和国成立；10月14日，广州解放。马采先生和夫人随即参与到各种政治学习中，学习《社会发展史》等。1950

年，南方大学成立，任务是要通过革命理论学习来提高学员们的政治认识，马采先生也被从广州市市立艺专派到南方大学学习。第一期学习时间是1950年1月到1950年8月，共八个月。学习内容是社会发展史、辩证唯物主义和历史唯物主义、革命人生观等课程。马采先生非常积极地投入到学习中。从南方大学毕业后，他终于能够重回中山大学任教。随后，在1952年的院系调整中，中大哲学系合并到北大哲学系，马采先生携家带口一起北上。与他一同调往北大的还有朱谦之、李曰华、方书春、容汝晃五位教师。上京的旅程是欢乐的。"火车到武昌停车，换乘摆渡船过江，在汉口住了一夜，又启程北上。四个孩子出这样远门，初见北国风光，欢跳雀跃，给我们的旅途，添了许多乐趣。"

二

来到北大，马采一家住进了北大朗润园167号一个院子里，同院还有他的得意门生方书春。方书春1946年赴美国耶鲁大学留学研究西方哲学史，1949年获得硕士学位并继续深造。新中国成立后，他放弃了博士学位，回国支持新中国的建设，任中山大学哲学系副教授。和马采先生一样，院系调整中，他来到了北大，改任北京大学哲学系副教授。当时，马采和方书春共住一院的东西厢房，师生家近邻，其乐融融。而宗白华先生和邓以蛰先生也都住在校内不远处。

和宗先生等其他老师一样，院系调整后到了北大，马采起初并没有教课的机会，而是接受来自苏联的老师的思想教育，学习辩证唯物主义和历史唯物主义。

在北京大学，在之前"移感说"和"气韵生动"研究的基础上，马采先生的学术兴趣有了新的转变，转向中国绘画美学和中国美术史的研究。他集中精力对顾恺之进行了非常详细精致的考证和研究，取得了很大的成就。在研究顾恺之的过程中,他结识了国画大师傅抱石和俞剑华先生。1958年,经傅抱石推荐,他研究顾恺之的文章汇集成《顾恺之研究》一书,由上海人民美术出版社出版。这本书在考证的基础上,对顾恺之的年代、生平、艺术成就、美学观念等都作了较为深刻的评述。除顾恺之研究外,马采还发表了《王维研究》等文章;并参与校注了汤垕的《画鉴》和《黄公望的〈画山水诀〉》。他还为日本大画家雪舟等杨撰写了一两篇介绍文章。这些工作,显示出他对于艺术研究各个领域的关切和熟悉。

1958年,北大重新开美学课,马采先生和宗白华、朱光潜、邓以蛰合开新中国成立后的第一次美学专题课。对于中国当代的美学教育,他们都有重要的奠基作用。当时,马采负责主讲"黑格尔以后的西方美学"。为此,他专门节译了近一百年来西方经验主义主要美学家(包括费希纳、朗格、李普斯、斯宾塞、格罗斯、格罗塞等)的专著十多种,编成讲稿。又代邓以蛰讲授《中国美学思想》。他还与朱谦之和李曰华合作开设《日本近代思想史》的课程。马采渴望把自己的一切力量和学识,贡献给学校和学生们。而这所有的工作,都是在他突遭双重打击——夫人陈云被划为"右派",得意门生方书春不幸英年早逝——的情况下完成的。1957年,整风运动开始。陈云被划为"右派",经常要写思想汇报并接受批判。马采和陈云的两个女儿和一个儿子,因为有一个"右派"妈妈,高考都很不顺利。而方书春则因为身体问题和流言蜚语的压力等,无法承受痛苦而自杀。马采先生为此事悲痛万分。直到近四十年后的1996年,在和记者方英谈起此事时,马老仍然激动不已,无法再说下去。

三

1960年,中山大学哲学系复办。马采和李曰华两人调回中大,家属一道随行。然而,中大当时对两位老教授并不重视,也未好好安排工作。学校认为他不够格讲马克思主义美学课,而要他去听别人开的课,并继续在社会主义学院学习和进行思想改造。在这种环境下,他翻译出版了幸德秋水的《社会主义神髓》、《近代日本思想史》上卷,又翻译了他的《二十世纪的怪物——帝国主义》,以及安腾昌益的《良演哲论》和《自然世论》等。

"文化大革命"中,马采被打入牛棚,还被扣上"养鸡教授"的帽子,家中书画等也被抄掠一空。而所受的折磨、污蔑、中伤等等,更是数不胜数。但这么多年的风风雨雨养成的胸襟和意志,让马采和夫人陈云最终熬过了"文革"的日子,并继续坚持着学术研究,如翻译了《萨摩亚史》等。

"文革"后的1980年,马采先生已经七十六岁。在昆明召开的中华全国美学会成立大会上,他提交了《大力提倡美育,为四化建设服务》的书面发言,引起了与会者的强烈反响。1984年,他还被邀请参加在蒙特利尔召开的第十届国际美学大会,但因健康问题未能成行。

80年代到90年代,马采先生老当益壮,仍有许多著述。他把之前自己的讲稿整理成《中国美学思想漫话》一书和《黑格尔以后的西方经验主义美学》一文,以及《从移感说观点看审美评价的意义》。八十六岁时,他还写了《孔子与音乐》一文,献给1990年孔子文化节。他和夫人陈云跑遍各大图书馆,搜集资料,又用了四五年的时间,钻研琢磨,呕心沥血,编成了五十多万字的《世界哲学史年表》一书,1992年出版。张岱年先生为该书作序,说:"《世界哲学史年表》一书是罗列古今中外哲学家的生卒年代以及著作情况,对于比较哲学的研究,是十分有用的,也是填补了中国学术界的一项空白……编成此书,嘉惠士林,这是值得称赞的。"

完成《世界哲学史年表》,马采先生已近九十岁高龄。九十岁生日,中山大学为马采举行了隆重的寿诞庆祝活动。在生日会上,他还谈道:"我下一步目标是集中精力完成'美的大观园'的建设工程,即写好《美学美术史年表》这一本书。"全场对他报以热烈的掌声。

遗憾的是,在快要完成这一任务前,陈云和马采先后辞世。在临终前,马老忍受着相伴一生的妻子去世的痛苦，仍然笔耕不辍，把最后的生命贡献给了他毕生的学术事业。在李永林和刘纲纪教授等人的帮助下，这本书最终得以完成，并命名为《世界美学艺术史年表》，并于 2001 年 9 月付印。这本书，也成了马采先生和夫人陈云生命的绝唱。两位老人一生坎坷，风雨同舟，淡泊名利，在生命的最后时刻，还想着做出一本实用的参考书，把多年的学术积累奉献给国家，为后人的学术研究提供一些便利。

在陈云女士看来，马采先生一生长达六十多年的学术生涯，大体上可以分为四个时期：早期、中期、近期、晚期。早期，主要是 30 年代，他追随国际学术界主流，醉心于德国观念论的研究。中期，40 年代，他试图从黑格尔的"理念"的发展转移到利普斯的"生命"的价值，着力于利普斯移感说美学的研究。近期，50 年代，1952 年的院系调整对马采的学术研究方向有着很大的影响。院系调整后精简课程，美学被砍掉，暂时无人问津。这时，马采先生把研究方向转向中国画学，把利普斯移感说的"生命感觉"与中国画学上六法论的"气韵生动"挂上钩，着力中国画学的研究，取得了很大的成就。晚期，70 年代后，马采先生集中精力整理校订旧稿，利用多年的学术积累和掌握多种外文的优势，编写两部几十万字的年表。他的研究覆盖了哲学、美学和艺术史各个方面。

朗润园的八年，对于马采来说，是一段难忘的经历。正是这段机缘，使他和朱光潜、宗白华和邓以蛰一道，在新中国重建了北大的美学学科，是北大书写美学的学科史时，不可忘记的前辈之一。

（刘　耕）

周辅成先生
伦理学之执著燃灯者

周辅成（1911—2009），1911年出生于四川江津县李市镇，1933年毕业于清华大学哲学系，并在该校研究院继续研究哲学三年。此后曾在四川担任国立编译馆编审，在四川大学、金陵大学、华西大学等校担任副教授、教授。抗战胜利后，担任中山大学、武汉大学教授。1952年院系调整，自武汉大学调入北京大学哲学系，直至1987年退休。

一

周辅成先生的少年时期是在四川度过的，那时正是辛亥革命风起云涌的时期，也是新文化运动如火如荼的时期。之后，"五四"、北伐和抗战接踵而至。特殊的成长背景使得周辅成和他们那一代青少年一样，都是早熟的一代人。面对着变革中的中国社会，面对着残酷的现实——正如周先生在《自述》中所言："我在中学、大学预科，共在四川重庆、成都过了六七年的学生生活，最后离开时，是看到六位进步同学的被枪决的尸体，并排在校门口……"如此沉痛的生活经历，激励着周辅成那一代人努力地追寻国家的希望和个人的出路，对于国家命运和个人价值的关怀，成为他们心中抹不去的情愫。

哲学进入周辅成的人生，除了社会背景的影响外，也是各种机缘巧合的结果。他最早接触现代的文学与哲学，是与新文化运动的影响分不开的。常年"流落"他乡的舅父龚慰农每年春节都带回去很多新文化的书刊，如《新青年》、《晨报副刊》、《小说月报》、《创造》、《洪水》，还有中国共产党、无政府主义派的刊物和宣传品等等，周辅成如饥似渴地阅读它们。而后，在"学敦社"读书会中结识的朋友江庆禄的影响下，周辅成又开始阅读《民铎杂志》，这是一种专门介绍西方哲学的杂志。每期杂志到手，周辅成和江庆禄都会争先阅读，然后发表各自不同的意见，虽然这些争论有些肤浅，却是周辅成最早的哲学思考，扩宽了眼界，贯穿他一生的哲学兴趣由此萌生。

后来由于父亲到重庆谋生，周辅成也随之转入了重庆巴县中学，学校附近书店的书籍和书店里很有文化的店员成为了周辅成这一时期的良师益友。在这一时期内，周辅成读了以茅盾为首的"文学研究会"、郭沫若为首的"创造社"、陈独秀为首的"新青年"社的全部出版物，以及共产主义的机关刊物《向导》、《中国青年》，无政府主义的《沉重》等。这段经历进一步深化了周辅成对于文学和哲学的兴趣。

在周辅成中学毕业的那年，正当北伐达到高潮，随即出现了蒋介石的反革命大政变，很多进步青年遭受残杀。在这种气氛中，周辅成进入了成都大学的文预科，他早年从读书中所接受的众多思想，促使其成为那个黑暗岁月里进步力量中的一分子。周辅成和几个同学在成都报纸上办副刊，命名为《彼哦哦》，这个奇特的名称取自英文 BOO，意指发出愤恨的声音。在这份报纸上，周辅成和他的同学们对于社会的批评，特别是对于某些遗老遗少的攻击，惹怒了学校当局。当局给予他们记过处罚。这件事促成了周辅成离开成都，开始了北上求学的历程。

二

周辅成离开成都大学后，转学到北京清华大学哲学系，开始了专业的哲学学习。当时清华大学的风气和成都大学大不相同，周辅成在这儿所接触到的哲学和他原来心目中的哲学很不一样。周辅成原以为，哲学是可以帮他解答一些人生观和社会观上的问题的，知道点宇宙论、本体论、认识论上的知识的，是可以深入检查自己和别人的人生观、社会观上的一些问题的，至少可以进而为人，退而为己。然而，清华大学哲学系提出的要求却是，只有纯粹分析一些知识上的命题才是真正的哲学，逻辑分析就是一切，逻辑分析出来的真理，才配称是真理。这种哲学观念上的反差，使周辅成一度深陷苦闷，故而埋首在图书馆中读书。在这段时间内，周辅成结识了杨丙辰先生，并从杨丙辰先生和宗白华先生那里得到启发，最终读懂了席勒的《论自然的诗与感伤的诗》，体悟到歌德式的"自然"人生，固然可爱可敬，就是席勒的苦求理想的"感伤"人生，也是可爱可敬的。如果把这道理追究到它的哲学根据，前者就是斯宾诺莎的自然主义的人生哲学，后者就是柏拉图、康德的理想主义人生哲学。对于歌德与斯宾诺莎的兴趣，使得周辅成和当时刚从美国留学回来的贺麟先生比较接近。不过，周辅成认为贺麟先生是理智主义者。对于贺先生而言，哲学知识在行为意识（如道德）之上，就如黑格尔在精神哲学中所安排的价值表，哲学高于道德、宗教和文艺。而自己是道德至上者。在他看来，不仅行为意识在理论知识之先，而且要说有所谓精神的话，那它也是道德的，或从道德精神推演出去的。在此期间，周辅成写下了《歌德与斯宾诺莎》（1932）、《伦理学上的自然主义与理想主义》（1933）等文章。

在哲学上遭遇孤独和苦闷之际，周辅成却从一些文学界的朋友那里得到了勇气和生命力量。在周辅成看来，当哲学界像死水一潭的时候，文学界却波涛汹涌，十分壮观，尤其是其亲眼见证的由曹禺的《雷雨》、《日出》所引发的一场眼泪文学之争，更是真正体现了时代精神。周辅成认为，在文学界新旧力量

20世纪80年代周辅成先生在讲课

的斗争中始终有人民的眼睛在内，谁是新时代的歌手，谁是人民的真诚可亲的伙伴，人民大众用不着去找外国教授的标准来打分，来颁布博士学位，他们自己就是有资格给人打分，给人颁发学位的主考。他埋怨哲学界还关闭在高高的城堡内，只有主人自己的那一杆"秤"，用来称量一切。

周辅成对于他眼前的哲学界的失望，使得其思想在这一时期显得非常矛盾，他在这一时期曾力图将自然主义潮流和康德的理想主义相统一。周辅成将自然主义伦理学的成绩限制在说明道德的社会起源和发展上，至于要说明道德的本质，则还需要求助于理想主义的伦理学，并将此思想写成了一篇题为《论伦理学上的自然主义与理想主义》的文章。

在哲学中的迷茫，曾使周辅成在抗日战争爆发之后，一度愤然想去南洋做一位"海外隐士"，逃避现实，而最后并没有真的成行。在此之后，周辅成由"窗里"转向"窗外"，由哲学转向文学，他在莎士比亚的作品中看到一个新的境界。周辅成认为，莎士比亚的整个著作就是他的整个人生观的反映，他在揭发人性的秘密的时候，实际上是在把自己性格作一次次大坦白、大展览。沉浸在莎翁的作品中，使周辅成缘自哲学的精神不安得到一定的缓解，心灵渐归于平静。

三

1949年新中国成立，在周辅成看来，这不仅是中国历史的转折，也是他人生的一个转折，他长期处于彷徨无所归依中的人生观和学术思想，也就此得到了解放。新中国成立初期，周辅成很兴奋地与学校中原本彼此生疏的师生，共同参加接管工作，下乡做普查工作，然后又参加"土改"。1952年，随着院系调整，周辅成从武汉大学调入北京大学哲学系。进入北大哲学系之后，周辅成又积极地跟这里研究中国哲学史的同事们在一起，一面学习马克思主义，一面以此为武器，整理中国哲学遗产。他们先从中国近代思想开始整理，每个人分担两三个题目，一年后扩展到整个中国哲学史。在这种整理和研究中，周辅成有自己的主见，他认为，首先固然是要掌握好分析判断这一武器，能处理好各种具体问题，同时仍然需要对中国哲学的根本精神作一透彻了解。治中国哲学史，应从每一位哲学家的体系内部走出来，不能仅仅从体系外面攻进去。贯彻这种想法，周辅成对戴震、董仲舒、《淮南子》的思想进行了深入研究，写下了《戴震的哲学》（1956）、《论董仲舒的思想》（1961）和《淮南子的哲学思想》（1962）等文章。

需要特别指出的是，对于伦理学的执著，是周辅成一生学术道路的一大特征。新中国成立初期，在大学中被取消的伦理学课程，在中央的重视下，又重新开设起来，周辅成先生还带了这方面的研究生。院系调整后的北大哲学系，还没有伦理学这样一个学科。据周辅成回忆，那时他还冒昧地问贺麟先生："我是否可以专搞伦理学？"贺麟先生很诧异地反问他："你还想搞伦理学？"

在北大哲学系创建和发展伦理学这一学科的过程中，周辅成的贡献是非常大的。在哲学系自身还没有这个学科的背景下，他只好建议中宣部同志去找几位曾写过共产主义道德方面文章的老干部，然后再约请一些教政治课的教师，再从刚在大学毕业的学生中挑选几位，从零开始，慢慢积聚力量，一起承担了社会主义伦理学学科的建设。周辅成指出，当时有些教师饥不择食，把苏联正流行的教科书略加改动，变成自己的教科书，边教、边学、边改、边写，不能说没有进步和成绩，但也不免有些地方是谬种流传，比如他们讲伦理学的基本范畴，居然不讲公正、自由意志等等。周辅成坚持自己的主张，为此不惜发生过争吵。建设伦理学学科的过程中，因为社会大气候的影响，时常发生波折，比如自从批判了《武训传》之后，谁也不想去搞伦理学，伦理学陷入困境。周辅成则始终坚持，他对西方伦理学的研究，对于伦理学学科建设，居功至伟。周辅成曾经几次为学生讲授《西方伦理学史》，并编译了《西方伦理学名著选辑》（1965）、《文艺复兴至十九世纪西方哲学家政治思想家关于人道主义人性论言论选辑》（1966）。可以说，在那个特殊的年代，周辅成始终坚持着自己的伦理学研究，不但点燃了，还小心地守护着那盏伦理学的明灯；终于在改革开放之后，在他的晚年，把这盏伦理学的灯，传递给了北大哲学系的后来者们。

周辅成是一位学贯中西、知识渊博的学者，一生著述的文字并不多，但涉及古今中外，范围非常广泛。从今天看来，周辅成无疑是当代首屈一指的伦理学家，他的关于古希腊伦理学的论文，曾受到毛泽东的赞扬，并推荐给刘少奇等同志阅读。他编辑的《西方伦理学名著选辑》（上、下）至今仍是国内研究西方伦理学的重要参考书目。同时我们也不宜把周辅成看作一位伦理学的专家，一位窄而深的学者，因为从他少年时期初萌哲学兴趣开始，他就希望通过哲学解决人生问题。他实践着自己的理想，"他的哲学中有人，他的人中有哲学"，而市面上那些缺少"人"的人格与理想的哲学，虽然"讲得严谨清晰，但实际上全是一堆废话"，没有对人的研究的哲学，不是真正的哲学。

2009年5月22日，周辅成先生在北京病逝。周辅成一生用超越的纯思贡献于学术，又以入世的关注体察民生，平日慎言笃行，却不忘读书人"处士横议"的本分，内心坚守善道，终不忘循善取义。在北大哲学系的百年历史上，周先生无愧于大师之行列！

（铁丹丹）

学生回忆

感君拂拭遗音在,更奏新声明月天

北大马克思主义哲学学科的初创岁月
——黄枬森先生访谈录

王嘉、吕原野（以下简称王）：黄先生，在百年系庆之际，我们想特别地回顾与反思一下1952年院系调整前后的哲学系，您当时已经是北大哲学系的老师了，是当时在北大哲学系创建马克思主义哲学这一学科的主要参与者，您能跟我们谈谈当时的历史，特别是马克思主义哲学这一学科的创建和发展情况吗？

黄枬森（以下简称黄）：这要分几个时期来谈。首先是1952年以前。北大哲学系的课程是很全面的，有中国哲学史、西方哲学史、现代哲学。当时很重视现代哲学。还有逻辑、知识论、形而上学这样的课程。还有就是原著，原著是西方哲学原著、中国哲学原著，有专讲一书的，比如黑格尔的《逻辑学》，或者讲一派的，比如康德哲学，基本是这样一些课程。不过当时根本就没有马克思主义哲学这门学科。

新中国成立前北京大学也有人讲马克思主义，最早是李大钊，他讲过一些课程，或者一些专题，特别是唯物史观方面的，李大钊不是哲学系的老师，他是图书馆馆长。李大钊被杀害以后，也就是1927年以后，北大马克思主义方面的课程和专题讲授基本上都没有了。后来在抗日战争和解放战争期间，其他的系开设过与这方面有关的课程。解放战争期间，许德珩在社会学系讲社会学，他讲的社会学里面就包含有辩证唯物主义的内容。总的来说，北京大学有讲马克思主义的传统，但是还谈不上有马克思主义哲学这样一门学科。特别是在哲学系，马克思主义哲学作为一门学科基本是没有的，哲学系尽管也有些民主教授，但他们都不讲马克思主义哲学，譬如说郑昕，他主要讲康德哲学。这就是新中国成立前的情况，可以这么说，作为一门学科，马克思主义哲学还没有正式地建立起来。

新中国成立后情况开始发生变化了。新中国成立前，我在北大上学的时候，马克思主义是被禁止的，也没有这门课程，我们做学生的也学习过一些马克思主义哲学的著作，怎么学呢？只能是偷偷学、课外学。我们是在党组织的读书会里面学，先读一读，然后在读书会上讨论讨论。新中国成立以后，马克思主义就可以公开宣传，提倡大家学习了，从领导干部到广大群众，都喜欢学习，都想学习。但是这个马克思主义哲学这门学科在新中国成立以后并不是说立刻就建立起来了，在我们哲学系，它的建立有一个过程。

王：1952年院系调整前，我们还没有马克思主义的课程吗？

黄：不，已经有了。1952年院系调整，那年秋天，北京大学从城里沙滩红楼搬到现在燕园这个地方。暑假前还在城里，暑假后搬过来。1952年暑假以前，北大的马克思主义课程是怎么进行的呢？当时叫"大课"，即政治课，是比较笼统的"马克思主义理论课"。讲的内容主要是历史唯物主义，没多少辩证唯物主义的内容。那时候讲的历史唯物主义叫"社会发展史"。后来大家开玩笑说，"社会发展史"就是讲猴子变人，讲人类社会的起源，当然就要牵涉到由猿变人了，然后再讲人类社会的发展。这就是1952年以前马克思主义方面最主要的课。还有一门课，叫"中国革命史"，或者叫"中国现代革命史"，这门课程讲解中国革命的过程，特别是讲解毛泽东思想，讲解中国共产党的理论、方针、政策，与现实联系得很紧密。

这些课程在北京大学不属于哲学系，学校有一个全校性的组织，叫做"大课委员会"。大课委员会的主任是许德珩，我做过大课委员会的秘书，还有其他一些同志也做过秘书。秘书的主要工作是协助主任安排全校开设的那两门政治课。授课老师是一些教授，一个老师配一个助教，配合授课。助教往往都是地下党员，老师也有地下党员，不过大多数都不是。老师是那些政治倾向比较民主、进步的教授。除了主任许德珩之外，授课的老师中还有中文系主任杨晦、哲学系郑昕等。

著名马克思主义哲学家黄枬森

北大教师都没有讲过社会发展史，也没有讲过中国革命史，怎么讲呢？当时教育部按照课程需要和计划请专家来作辅导报告。我们这些教师和京津其他大学的教师就去听，作记录。听了课以后，我们就准备准备，跟自己的具体情况结合一下，然后就讲了。那时我们开玩笑说，这是现炒现卖。我记得讲课的老师有这么几位："社会发展史"主要是中央党校的艾思奇，后来还有中央党校的孙定国，"中国革命史"主要是中国人民大学的何干之和胡华。可能还有其他一些人，我记不清楚了，当时的课程就是这么进行的。

王：1952年之后，马克思主义哲学这门学科是怎样在北大哲学系建立起来的呢？

黄：在北大建立起马克思主义哲学这门学科之前，北大教师曾到中国人民大学学习马克思主义理论及其哲学。人大在1952年建立了马克思主义哲学教研室，专门培养马克思主义哲学方面的人才，比北大早一步。

从1950年开始，我们国家聘请大批苏联专家来华进行系统的理论教育。这些专家把苏联的整套理论教育搬到了中国。最初讲的课程是"马列主义基础"，即马克思列宁主义的基础理论。不过不是按理论体系来讲，讲的是联共党史，就是1938年出版的《苏联共产党历史》。苏联专家通过讲联共党史来讲

北大马克思主义哲学学科的初创岁月 | 213

马列主义基本理论，所以它不是一个简单的历史课程，而是一个理论课程。此书的第四章第二节讲哲学，即马克思主义政党的世界观、辩证唯物主义和历史唯物主义。这门课把经济理论、社会主义理论都穿插进来，哲学是作为马克思主义基础理论的一部分来讲的。

这门课程1950年在人大就开始了。这门课的主要目的是培养大批的理论课教师，后来叫做研究生班。学生是从高等院校调来的教师，助教、讲师和少数教授，此外还有从大学二、三、四年级选拔的学生。所以人大的研究生班学员年龄参差不齐，有四十多岁的，也有二十出头的，听苏联专家讲马列基础课。

最初北大没有苏联专家，所以北大也送人到人大的研究生班去学习。我记得郑昕去学过。1951年秋天，北大送我去人大，在"马列主义基础"研究班里学习。1952年人大成立了辩证唯物主义和历史唯物主义教研室，我又被分到这个教研室的研究班里学习。我在人大学习了一年半，先是学"马列主义基础"，后来专门学习"马克思主义哲学"。

1953年初我还没毕业，学校就把我调回北大，因为北大也来了苏联专家，需要助手协助。那时候北大已经成立了马列主义基础教研室，相当于以前的大课委员会，主任是郑昕。这个教研室不属于哲学系，是全校性的。来的苏联专家叫鲍罗廷，我回来后就做他的助手，还给他配了好几个翻译。

苏联专家的主要工作是培养研究生和教师，不直接给学生讲课，北大的马克思主义基础课程由中国教师承担。我们成立了教学小组，我负责，此外还有熊伟、杨祖陶、张寄谦等。我们几个人集体备课，我把我从人大带回来的资料和听课记录都拿出来，大家一起备课，准备好了就讨论，讨论得差不多了就分班讲，实际上也是边学边讲。

1953年下半年，这门课我还没讲完，又被调回哲学系。因为哲学系也来了一位苏联哲学专家，叫萨坡什尼可夫，调我回来充当他的助手。哲学系1953年下半年才正式建立了辩证唯物主义和历史唯物主义教研室。北大的马克思主义哲学作为一门课程，可能在院系调整前已经开始了，可能是艾思奇讲授的，我那时离开了北大，在人大学习，记不清了。1953年的9月，成立了教研室。教研室由汪子嵩做主任（他当时还是哲学系的副主任），我做副主任，在苏联专家指导下开始系统建设这门课程。

萨坡什尼可夫不直接对学生讲辩证唯物主义和历史唯物主义，只对研究生讲课，同时全系教师也去听。研究生班有二十个人，也是从全国教师和学生中选拔来的。我们系的朱德生和马院的谢龙当时都是萨坡什尼可夫的研究生。

黄枬森自选集《哲学的科学化》书影

王：很多老师都回忆到苏联专家萨坡什尼可夫，他主持的研究生班有什么特色呢？

黄：萨坡什尼可夫的研究生班（1953—1956）主要是学习马克思主义哲学的课程和作毕业论文。研究生班的课程有辩证唯物主义和历史唯物主义、经典著作和马哲史。其中马哲史是应北大老师的建议开设的，苏联专家原来没有马克思主义哲学史的教学计划，苏联也没有现成的教材。当时苏联正在编写《哲学史》这部著作，这本书还没有正式出版，但已在内部交流。苏联专家通过关系搞到了这个还没有发表的稿子，根据这个稿子讲了马哲史。

按照我们的计划，研究生班不用作毕业论文。因为这个班主要的目的是培养教师，让他们回去系统地讲授马克思主义哲学。但是这位苏联专家非常认真，要求研究生必须要作论文。二十本毕业论文由四个翻译全部翻译成俄文拿给他看，然后一个个进行论文答辩。1954 年研究生班又招过一次，人数比较少，不到十个人。1956 年萨坡什尼可夫就回国了。

紧接着，另一位苏联专家格奥尔吉也夫，作为辩证唯物主义和历史唯物主义教研室顾问来到北大。萨坡什尼可夫在苏联是一所学校的党委书记，在学术方面没有突出的成就。格奥尔吉也夫是莫斯科大学的哲学教授，他对列宁的《哲学笔记》很有研究。当时我一方面做他的助手，协助他培养研究生；另一方面哲学系指定我和张世英接受他的特别指导，学习《哲学笔记》。我们两个人得到过他的多次辅导。反"右"斗争开始后，格奥尔吉也夫也回国了。

王：当时的教研室主要担负什么任务呢？

黄：辩证唯物主义和历史唯物主义教研室一直存在，现在叫马克思主义哲学教研室。作为哲学系的这个教研室，当时承担着两部分任务：一个是全校的哲学课，另一个是哲学系的专业课。50 年代一直是汪子嵩担任主任，我做副主任。我 1959 年春天被开除党籍，被调去编译资料室，后来汪子嵩也转到西方哲学方面去了。教研室以后也发生过一些变化。1958 年因为全校哲学课教师大量缺乏，从中文系、历史系、哲学系选拔了一批理论学习比较好的学生，来充当马哲教师。那时教研室有几十个人，队伍很庞大。"文革"结束以后，我们就分成了四个：马克思主义哲学史教研室、毛泽东思想教研室、两个辩证唯物主义和历史唯物主义教研室——一个负责哲学系的专业课，一个负责全校性的哲学课。后来又有多次变化，形成了现在的马克思主义哲学教研室，负责全校性哲学课的那个教研室则从哲学系独立出去了，现在隶属马克思主义学院。

王：那么可不可以说，北大哲学系的马克思主义哲学这个学科完全是在苏联专家的帮助下建立的呢？

黄：不能那么说，苏联专家的贡献是很大的，但是这只是一个方面，另一方面，还有我们中国自己的传统。我前面说了，从李大钊开始，北大讲马克思主义是有传统的，新中国成立以后，苏联专家来之前，北大已经邀请艾思奇来我们系里作过多次关于辩证唯物主义和历史唯物主义的专题讲座,可能还系统地讲授过马克思主义哲学。确切的次数、时间我记不清楚。艾思奇是哲学系的兼职教授,1952年以前就来讲过,胡绳也来讲过。还有一个对马克思主义哲学的学科建设有重要意义的事,就是冯定调到哲学系做教授。冯定来北大已经是1956年,他对北大的马克思主义哲学的学科建设的进一步发展和逐步成熟的过程具有关键性作用。

冯定于1956年由毛主席决定调到北大做教授,不是让他来做北大的领导,而是来帮助北大建设哲学学科。冯定的级别很高,是1926年入党的党员,在苏联学习过,回来以后一直从事理论工作、文化工作,还做过马列学院(中央党校的前身)分院的院长。冯定在50年代前期同一些理论家有过一场争论,他当时在上海华东局宣传部工作,讨论资产阶级两面性的问题。这些理论家认为资产阶级没有两面性,而冯定认为资产阶级有两面性。这个争论惊动了毛主席,毛主席赞成冯定的主张。正是在这种背景下,毛主席把他调到北大来了。

冯定到北大来以后很有威信,北大马克思主义哲学的地位和力量就大大地提高了。冯定的作风坦诚、民主,平等待人,他比较善于团结各个方面的人物,特别是知识分子、教授。他的思想注重科学性,喜欢摆事实,讲道理,坚持真理,敢想敢说,在马克思主义哲学观和人生观以及一些现实理论问题方面都提出了一些独创性的观点。他在哲学系提出了一个主张,认为哲学系的办学方针应该是一体两翼,即以马克思主义哲学为主体,以中国哲学史和西方哲学史为两翼。两翼还要包括伦理、逻辑、美学等学科,这些都是非常重要的。因为一只鸟仅仅有身体没有翼是飞不起来的。这个主张当时得到了全系的一致认可,对哲学系后来的发展产生了很大的影响。

冯定在苏联学习过,但并不机械地把苏联那套搬到中国来。他的代表作《平凡的真理》就是他所理解的马克思主义哲学的基本体系。它在体系上不同于苏联的辩证唯物主义和历史唯物主义,但基本观点还是一致的。他大力提倡青少年、大学生建立共产主义的人生观,写了很多关于人生观的小册子,在当时有相当大的影响。

后来 1961 年，中央计划要编一本全国通用的马克思主义哲学教材，先由北大和其他五所院校分别编写一本，在这个基础上，艾思奇、胡绳主编了一本马克思主义哲学原理的教材，这就是中国人自己编的第一本教材。北大的教材是冯定主持编写的。我们系里有很多老师参加。这些书我们应该再拿来好好研究研究。应该说，冯定对于北大马克思主义哲学学科的建设是有很大贡献的。我们提到北大马哲的建设要提到李大钊，要提到艾思奇、胡绳，还要提到冯定。

王：您说您早期在北大上马克思主义哲学的课，都是边学边讲，都是照讲苏联专家的东西，您刚才讲冯定，也赞赏他不照搬苏联的那一套，那么，您后来是怎么走出自己的学术道路，在马克思主义哲学研究上取得了我们自己的成果呢？

黄：在苏联专家的时候，我们是没有什么学术成果的。苏联专家的讲稿辩证唯物主义和历史唯物主义、马克思主义哲学史、列宁的《哲学笔记》都翻译出来了。这些讲稿当然是我们讲课时的重要参考资料，但并不是说我们讲课时就把这些讲稿拿到课堂上去念。前面谈到的"现学现讲"，也不是照念专家讲稿，而是经过自己的理解、消化，再结合北大情况写出自己的讲稿再去讲。要非专业教师讲课只能如此。例如讲马列主义基础课的几位教师，张奇谦是历史系的讲师，杨祖陶是搞西方哲学的，熊伟是存在主义专家，他们后来也都回去做自己的老本行了。我上大学和研究生的时候是研究康德哲学的，我读了两年研究生，即 1948—1950 年，导师是康德哲学专家郑昕。新中国成立后很需要政治课老师，我在读研究生的时候，就开始教政治课了。所以我也是从西方哲学转过来搞马克思主义，后来也没有变，一直到今天。

就北大哲学系自己研究马克思主义哲学而言，《〈哲学笔记〉注释》应该算是很重要的成果之一，在这本书的序上，我写了注释的目的是要把《哲学笔记》这本书读懂，不懂的，我们都要注释。不仅注明列宁的言论、列宁的批语，而且注明列宁的摘录以及列宁的批语与摘录的关系，这就需要找到摘录的原文。这个注释不仅在中国独树一帜，在苏联也没有这样的注释。好在北大图书馆书籍非常齐全，中法大学的书、燕京大学的书都在我们这儿，再加上老北大的书。列宁在《哲学笔记》中提及的书，我们都找到了。就是从故纸堆里、从尘封的书架上找出来，一一注释。这是编译资料室成员集体力量的成果。我受处分之后，被分到编译资料室。资料编译室里都是有"问题"的、不宜上讲台的人，可以说人才济济，有很多外语能力很强、哲学业务也很熟悉的人，我在那儿做副主任，没有主任，还有一个副主任。我们把这些人组织起来做这个工作。没有这些特殊条件，这个注释是搞不出来的。当时已有的《哲学笔记》的注释，只是注列宁的话，至于列宁这个话是怎么来的、究竟是什么意思，这些都说不清楚了。列宁的摘录只能是似懂非懂地被搁置一旁。有些话也就是猜一猜，或望文生义。我们做的，是把列宁摘录的原文找出来，根据上下文弄清楚它原意是什么，列宁把它摘录下来是什么用意，这样来注释。所以，这个注释对于阅读《哲学笔记》非常有帮助。《〈哲学笔记〉注释》无疑是北大马克思主义哲学研究中的一项重大学术成果，我个人也从中受到严格的科研训练，它也巩固了我的专业思想，从那时到今天，北大哲学系在马克思主义哲学学科建设方面的成果越来越多了。

王：谢谢黄先生！您的回忆都是珍贵的历史史料，也对今天我们这些学习和研究马克思主义的年轻人，富有教育和启发意义。

（王嘉、吕原野）

西哲教研室，我的真正的大学
——朱德生先生访谈录

施璇（以下简称施）：朱先生，您是1952年院系调整的亲历者，是《北大哲学系1952年》这本书的编纂指导者。回想六十年前，您对这一特殊的年份有什么感想？

朱德生（以下简称朱）：1952年，因为中央考虑把中国的教育体制改成苏联那个样子，所以才搞了全国范围内的院系调整。当时苏联的教育体制在形式上有两个特点：第一个就是把学校分成大学和学院。只有综合性的高校才能叫大学，其他的单科制的不叫大学，叫学院。中国仿效他们，调整之后的专科高校都改称学院了。调整后清华也变成单纯的工科高校了，不过因为名声太大，没有改叫"清华学院"，还叫清华大学。第二个就是建立专业教研室。欧美大学是没有教研室这样的建制。直到今天，大学发生了很大变化，但是教研室建制仍然保留了下来。

1952年进行大规模的院系调整，主要是因为当年进行了一项思想改革运动。我一直认为，这件事实际上是一件应当需要认真研究的大事。后来我们的步子越来越急躁，政策越来越偏，都跟1952年定下的调子有关系。1952年时，差不多所有的教师都在受批判。由于思想改革运动，才会提出院系调整，而这个关头，哪个教授敢提出反对意见？这是不可能的。所以这项政策虽然得到了坚决贯彻执行，实际上大家不一定都打心里同意，只是大家都不敢吭声，表面看似乎都赞成。

施：朱先生，您原来是在南京大学读本科，因为1952年院系调整才来到了北大哲学系。您刚来的时候，这里大概是个什么样子？当时哲学系就在静园四院吗？系里都开些什么课呀？

朱：当时哲学系是在哲学楼办公。二楼是哲学系的办公室，教研室都在那里。咱们西哲教研室在北面。1952年我来了这里以后，系里实际上没有什么课

朱德生先生

开。在专业基础方面开不出什么课。只有一门马克思主义哲学课，那是请艾思奇先生来讲的。哲学系还开了逻辑学课程，是我们系的王宪钧老师讲。其他的课程都是由别的系开的，有历史系的世界通史、中国通史，经济系的政治经济学等等。当时这么多名家都会聚到这里，但是那些老先生们一个都不开课。几乎没有一个学过哲学的来开课，都是没学过的来开课。

所以，我的本科在哲学方面只听了艾思奇的"辩证唯物主义和历史唯物主义论"这门课，从而对马克思主义哲学产生了浓厚兴趣。艾思奇将这门课讲得烂熟，他估计讲了有上千遍，因此课讲得非常清楚，但是内容也是教条主义的。当时大家都记笔记，不过我是例外，不记笔记。我讨厌教条主义，特别讨厌把马、恩、列等讲的话当作一种理由——因为马克思怎么怎么说，所以怎么怎么样。我觉得，学一门学问，当然首先要熟悉它，但熟悉它是为了超越它。因为某某人说了，所以只能这样，如果是这样的话，那还有什么可研究的，不必再研究了。可惜当时似乎是不成文的惯例，大家都这样作研究，不这样好像不可靠。

西哲教研室，我的真正的大学 | **221**

1978年10月，朱德生先生（图中站立者）在安徽芜湖饭店参加"全国西方哲学讨论会"

施：您1952年过来，先读本科，后来继续读了研究生，那个时候研究生培养的情况是怎么样的呀？

朱：我1952年到北大哲学系之前，在南大学了两年半，在北大后又学了一年半，然后就调出来，去了研究生班。当时请了苏联专家萨坡什尼可夫来主持一个研究生班。他是1953年下半年来的。我1954年春到研究生班报到，于是又学了一年半。

实际上，研究生班的课程也很少。开的课程也还是辩证唯物主义、历史唯物主义，等于从头再来学一遍。所以当时我更就不爱记笔记，哪怕课讲得再详细。与本科时主要由艾思奇讲不同，萨坡什尼可夫要求我们自己念原著，马、恩、列、斯等等。念原著这件事我觉得非常好。他很严格，要查你读书笔记，重点是看两个人的笔记，那就是我和梁存秀的，因为我们当时分两组，我们两个是组长。有一次，有一个同学没有完成笔记，他把系主任郑昕叫到办公室，当着他的面把我大骂了一通。他大发脾气，狠拍桌子，把桌子上的装糖水的杯子都拍掉到地下了。最后他说："像你们这么学，我回去怎么向苏联人民交代！不想当元帅的士兵不是好士兵，我现在改一下，不想当科学院院士的研究生不是好研究生！"后来他走的时候，送了我们研究生班每个人一张他和夫人、孩子的合影，背面写着"赠未来的科学院院士某某某"。这张照片后来在"文革"中找不到了，我觉得很可惜。萨坡什尼可夫学问不怎么样，但要求很严格，所以我还是十分怀念他的。

施：您研究生班毕业后就留校任教了，到西哲教研室工作。当时的西哲教研室又是怎么样一个情况呢？

朱：我对当时的马哲那一套教条主义不喜欢，所以就挑了个和马哲关系比较密切的学科，那就是西方哲学，然后就来西哲教研室工作了。

西哲教研室那个时候和别的教研室相比，是比较自由的。教研室的老师大都是大学者、名家，当时认为他们是资产阶级教授，没有教学资格的。待在教研室就是学习马列著作，或者搞搞翻译工作。

教研室是我真正的大学，我的收获主要来自这里。我的大学上来上去只有一门课，别的课也不准开。非马哲的书，一般不允许学生借着看，借书首先必须要导师签字，完了还有经过第二道手续，必须去系里盖章。我到了教研室后，发现教研室里没有马哲出身的教授。另外，教研室的资料足够你看，西哲的必要参考书都是教研室自己买的，工具书、参考书都非常全，可惜这些书在"文革"中都没了。他们的讨论也让我受益颇多。他们经常为了一个名词怎么翻译进行争论，哪个翻译好，为什么好。听他们的讨论，我收获很大。我原来只学了马哲一条线，他们一争论，全部都不一样了，大大丰富了我的见识。所以我说到了教研室我才上了真正的大学。

当时教研室主要搞翻译，稿费拿来，小部分留下来成为教研室活动经费。

教研室有两次固定的活动：一次是开学，到城里去吃一顿。吃完了到戏院去听一趟京戏。这些老先生们都是戏迷，不过他们可不是一般的戏迷，都是能说出道道的，而且自己也能哼哼。

本来这些名教授们待在一块，大家在学术思想上矛盾不少，观点不一样，有的甚至针锋相对，但是因为大家反正不搞教学，都搞资料了，相对来说他们还是比较团结、关系比较融洽的。一个融洽的证明就是，教研室的先生们相互之间不直接呼名字，也不称某先生，很生疏的样子，而是都称"公"。"郑公"、"洪公"、"任公"，大家都叫"公"。我当时去的时候很不习惯，因为我年龄最小，却也被称为"朱公"。别的教研室没有这样的，我们这个教研室的气氛很和谐。

施：院系调整，把当时全国最好的哲学名家都会聚到这儿了，您能聊聊您接触过的西哲方面的老先生们吗？

朱：我去的时候，西哲教研室主任是洪谦先生。这个人特别重情义，特别讲感情。这种感情上的因素对他来说是特别重要。所以你要不尊重他，就容易伤害他的感情。实际上，在他心里是根本不承认马哲是哲学的，一直不太同意学习马哲。但是在"文革"的时候，谁要不重视马哲、不提马哲，那就是反革命，所以在那个时候当然不能明说。其实，我觉得，这只是学术观点的不同，根本扯不上反革命之类的大帽子。

洪谦的床头上常年挂着石里克的相片，石里克的一部分讲课笔记也是他记的。"文革"之后，维也纳大学要重编石里克全集的时候，石里克的女儿曾经来信给洪谦，希望他把他所负责整理的那部分笔记交给她。洪谦还保存着这些笔记，当时就问我寄还是不寄？我说，当然寄啊，不过你不用把原始的记录给人家，你可以复印一份寄给她。他又不放心，那个时候怕会被认为是卖国什么的。那时候"文革"刚结束，他有这种顾虑也是自然的。后来洪谦还是给人家寄去了。再后来维也纳大学又重新授予他学位。洪谦是维也纳学派的早期成员。后来开放后，这个系统的那些名家们来讲学什么的，来的人差不多都首先拜访他，而且有的人是很认真地征求他的意见，一直问他"我准备这么这么讲，您看行不行"，对他很是尊重。后来他又去英国讲学等等，各方面待遇都很好。总之，他在同行里是备受尊重的。

1958年的时候有人贴大字报，洪谦先生生气了，就住到香山宾馆去了。学校里一度以为他失踪了。把公安局都找来了，后来终于把他找了回来。他说他是病了，要住院。再后来任华先生就接任教研室主任。

我认为在西哲教研室的老师中，任华的知识面是比较宽的。他的记忆力特别好，看过的书，简直都能背。他是哈佛回来的，对希腊哲学、近现代哲学都比较熟。他还有两个特点我非常佩服的：一是他懂的文字很多，英、德、法、俄、希腊、拉丁，他样样精通，而且他下笔很快。在我看来，他简直是个语言天才。另一个就是，他祖上是书香门第，他爷爷是北洋军阀时代的教育部长，所以他的藏书中不只有西方的全套的，还有中国的，比方说全套二十四史，有专门的柜子用来收藏。所以，他的国学基础非常好，完全可以和中国哲学教研室教授媲美，因为他自小就接触经史子集那一套，也可以说是学中国哲学出身的。

我说了，我在学问上很佩服任华，但他胆子特别小，从来不主动说他要写篇文章什么的，都是人家要了再写，但他下笔很快。60年代的时候，学校曾经打算把那些有真才实学的老专家组织起来，派些年轻人跟他们学习。哲学系就选了任华，让我跟着他学习。但是后来这个计划没有真正实行，因为很快就是"文化大革命"了。当时任华担任全国统编教材中"西方哲学史"的主编，需要住到党校，我就和他一起在那里待了三年。他的这套"西方哲学史"教材从古代一直讲到现在，可惜编成回来后就"文革"了，这套教材再也没有正式出版过。

教研室前前后后，除了任先生、洪先生外，活动比较多一点的就是郑昕先生了。他是当时的系主任。他这人的特点就是不善于讲课。本来康德就难懂，被他一讲就更难懂了。（笑）郑昕是个大好人、老好人。那时候学生们隔三差五就要去游行，他就带着学生走进城走回来，一走就是几十里路。他经常帮助年轻的学生，学生都尊敬他，就是讲课不怎么受欢迎。实际上呢，他对康德还是有自己的想法的，不过他就出了本《康德学述》，后来也没有写什么东西。这与他个人的境况也有关系，一直不太顺利。郑昕思想上比较进步，是民主教授，因此还比较受到照顾。

这是主要的三个人——洪谦、任华、郑昕，也是我打交道比较多的。

施：除了这三位老先生外，能不能再聊聊当时我们系里的其他先生呢？

朱：实际上他们同代的人还有几个。首先一个就是宗白华宗老。我当时来西哲教研室报到的时候，他也在这个教研室，后来成立美学教研室他又调出去了。宗老这个人也是胆子比较小的。不过宗老的学术地位一直比较高，在美学界他当然是一大权威啦！同时，我觉得宗老的人品是非常值得人尊敬，值得人学习。大家都知道，郭沫若早年成名是多亏了宗白华的，新中国成立后郭沫若的地位很高，但他很少主动去找人家。他还是毛泽东参加过的那个"中国少年学会"的元老，但我从来没有听他自己跟人提起过。那个时候，要说一句"我是什么什么"在政治上是有很大帮助的，可以避免老受冲击，有了这句话，别人是不敢随便动他的，但他从来不说。宗白华与田汉、郭沫若关系很好，一起出过诗集《三叶集》，但新中国成立后只有他们上门来看他，自己从不上门访问他们。他从不巴结权贵，人品很高洁。可惜新中国成立后他也没写多少东西，一直到了改革开放后才大概写了一点，比如《美学散步》。

还有就是周辅成。1952年的时候，他在中哲教研室。他的优点就是知识面很宽。他很关心最新的学术动态。如果出了本新书，你要问他，他都知道，都能说出点道道来。学术上有他的优点。

我来的时候，贺麟已经决定要走了，去社科院哲学所工作。不过当时的社科院哲学所离北大很近，就在中关园，他也没搬，所以这儿的活动叫他来他就来了，经常参加活动，搞资料什么的也都参加了。他的研究方向呢，当时从某种意义上来看很时髦，新中国成立后就吃香起来了。所以他的活动相对多点。他讲课比较清楚，很受欢迎。

再有的就都是这些先生们的学生了。有现在已经病故的苗力田教授。苗力田是陈康的学生。他身体一直病着，1952年到了这儿以后，身体渐渐好起来了，很快开始工作。可惜，刚刚工作不久，人大就要了去，后来便一直留在了人大。

还有就是齐良骥教授。他是研究康德哲学的，是个慢工出细活的人。这人也是胆子比较小，但是做学问非常认真、严格。后来出了本研究康德的专著《康德的知识学》，这是他过世后由他的学生整理遗稿，交由商务印书馆出版的。

还有一些更年轻一点的教授，像黄楠森、张世英。还有已经病故的王太庆。我觉得王太庆是个天才，他没有出过国，外语却非常好。当时教研室翻译资料有三个台柱子：一个任华，他是第一把手，另外一个就是方书春，他翻译了《物性论》，还有就是王太庆了。他们三个当中，就是王太庆没有出过国。但是，他的译文非常漂亮，他有很高的语言修养，是个语言天才。我们都特别佩服他。有时候我们遇到一个字典里没有的字，他都能说出来，还不是一般地说，而是能说出这个词的来源什么的。他没有专门研究语言，却在语言方面有特别的天赋，这就是为什么我说他是语言天才。特别是哲学上的专业术语，常常是某个哲学家自己独创的，非得有语言上的某种天赋才能把这些术语翻译得很好。

汪子嵩也是搞西方哲学的，擅长希腊哲学，他新中国成立前的导师是陈康。"文革"前，他当过副系主任，讲过马恩原著的课。1957年划"右派"的时候被卷进去，后来又调到《人民日报》去了。

我前面讲的这么一批人，都是有真才实学、学有专长的专家。所以我才一再说，到了西哲教研室才上了真正的大学。

（施　璇）

负笈燕园，在这里走上美学之路
——刘纲纪先生访谈录

2012年2月25日下午，我前往北京大学1952级的老校友刘纲纪教授家，听他讲述全国院系调整前后北大哲学系的一些往事。刘纲纪先生是我国美学的老前辈，武汉大学哲学学院资深教授。老先生是贵州省安顺人，1933年生，不久即将高寿八十。

其时，微雨初歇，春寒料峭。老先生住在武大的家属区，事先已经把详细的地址告诉了我。我在美丽的武大校园里一边漫步一边打听，终于找到了老先生的家。出现在门里的，是一位满头银发、和蔼可亲的老爷爷。他热情地把我从门外迎进屋里，一阵书香和着墨香立刻扑面而来。刘老招呼我坐在他家沙发后，立刻亲自去给我沏茶。看到刘老如此平易近人，我本来还有些悬着的心立刻放下了。只见房内的陈设简单而雅致，进门右边是一个大书柜，左边是会客的茶几和沙发，茶几前方是一张摆放着文房四宝的大书桌，书桌边的墙上挂着一幅山水画。书桌正对着幽窗几扇，绿意透窗扑面而来。

不久后，在龙井的茶香弥漫间，刘老开始为我娓娓道来那近六十年前的种种过往，而我则一一记录在册。刘老是北京大学哲学系1952级的学生，他刚上大学，就正好赶上了全国院系调整。因此，院系调整对于他来说，有着不可磨灭的印象，以及深远的影响。

一、关于院系调整后北大哲学系的课程

刘纲纪先生说：今年是北大哲学系成立一百周年，对于哲学系来说，1952年是一个划时代的转变。1952年之前的历史是中国哲学现代化的初始阶段。中国人接触了西方哲学并研究西方哲学。到1952年，全国哲学系有各种派别，某一个学校可能讲西方的某一个派别，或以此派别为主。某些学校可能以中国古代训诂考证的方法为主。当时，怎么样建立以马克思主义为指导的哲学就提上了日程。这样，通过院系调整，来建立以马克思主义为指导的哲学系。这是一个划时代的变化，也是一个重要贡献。没有院系调整，就不可能建立以马克思主义为指导的哲学系，也不会有后来各个学校的哲学系。

当时，要以苏联为样板。这带来了一些问题。不过成绩还是主要的。不能说以苏联为样板就否定。当时，院系调整后，金岳霖先生是第一届系主任，郑昕是第二届。中国的哲学家还是有自己的头脑的。

当时最重要的课程就是马克思主义哲学原理，就是辩证唯物主义和历史唯物主义。辩证唯物主义请艾思奇来讲，历史唯物主义请人大的萧前来讲。这个课程就是让学生系统了解辩证唯物主义和历史唯物主义。

另外一个课是马克思主义经典著作选读。首先讲《共产党宣言》，是黄枬森先生讲。然后又学了《反杜林论》等。每个选读都是一门课程，上完了要考试。我觉得这些课程使我养成了读原著的习惯，受益匪浅。无论碰到什么问题，我首先要读原著，看看马恩怎么讲。现在很多人对马克思主义印象比较差，是因为没有读原著。当然，读原著也要同现实结合。当时，还开了一门马列主义基础，就是联共党史简明教程。这节课开的时间也比较长，是请人大的李夫来讲。

大概在二年级时，我们请苏联专家到北大来。萨坡什尼可夫给本科生讲西方哲学史，用俄语讲，由岳峰翻译。这个课程也是有很大问题，比如俄国分量最重，而德国古典哲学反而分量较少，还有一些论断也不见得重要。但我们还

刘纲纪先生在家中

是通过这个课程知道了如何用马克思主义的观点来看西方哲学史。

（刘纲纪先生还把萨坡什尼可夫的讲义拿出来给我观看。书页已经发黄，一共有六本，厚薄不一。）

这些讲义是两个学期的课程。当时我反复读这本讲义。不管如何，通过这本讲义，我对西方哲学了解了一个大概。之前中国人讲西方哲学史主要是按西方的方式。用马克思主义来讲西方哲学史，萨坡什尼可夫在国内可能是第一次。

此外，还要学习经济学，即马克思主义政治经济学，由樊弘来讲。

大概到三年级的时候，张岱年先生给我们开中国哲学史。当时其实北大哲学系研究西方哲学的老师也很多，像熊伟、洪谦……但是他们不懂马克思主义哲学，不懂怎么用马克思主义哲学来讲西方哲学，只好由萨坡什尼可夫来讲。他讲了之后，等于做了一个样板。这样张先生才来讲中国哲学史。张先生是按马克思主义来讲，但又紧密结合中国实际，材料丰富，简明扼要。张先生讲的

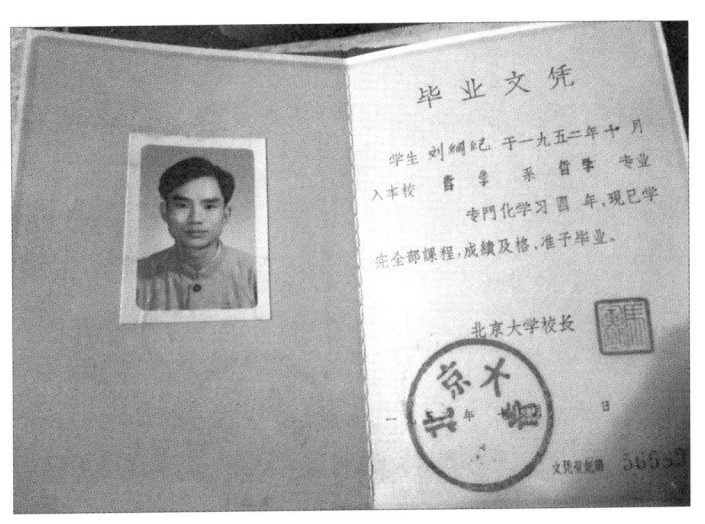

刘纲纪在北京大学的本科毕业文凭

中国哲学史比萨坡什尼可夫讲的西方哲学史还好。这样我就接受了一个比较系统的中国哲学史训练，也读了一些原著。这对我后来做中国美学史有很大的帮助。所以我很感谢张先生。张先生对学生很热忱，很耐心。后来各校讲中国哲学史，我想都是从张先生这来的。另外，我也访问过一次冯友兰先生。

因为张先生讲中国哲学史，引起我很大的兴趣。我的毕业论文就是写荀子的哲学，辅导老师是周辅成先生。周辅成先生对我非常好，为了指导好我的论文，专门带我去见梁启雄。梁启雄当时也在北大，是梁启超的弟弟，当时研究韩非子。梁先生告诉我读古书不要猜意思，要注意文字的训诂。这给我印象很深。我后来做中国美学史也注重训诂。后来，我离开北大后，周辅成先生还常给我寄贺卡。经常我的贺卡还没有寄到，他的已经寄过来了。

我们四年级的时候，张世英先生又给我们讲了一次西方哲学史。他也是用马克思主义来讲，但有他自己的见解。

〔刘老又很热情地给我看他当年的记分册以及毕业证书（见第231页）。记

负笈燕园，在这里走上美学之路 | **231**

分册是一个不大的长方形红本，上面有刘老大学期间各门课程的成绩，课程后面有各位大师的亲笔签名。〕

当时我们分为三个组，自然科学组、社会科学组和逻辑组。我选的自然科学组，想多了解些自然科学的知识，学了高等数学、物理、化学、逻辑学以及中国近代思想史、中国近代史等。中国哲学史是朱伯崑先生测试的，当时朱先生是哲学系的讲师，带着大家进行课堂讨论。

二、关于院系调整后的北大生活

刘纲纪先生说：我是贵州省安顺人。1950年，贵州安顺解放。由于我思想比较进步，1950年我就加入新民主主义青年团，担任团支部宣传委员，和学生会副主席，和同学们一起欢庆解放。我亲自感受到我们的党和解放军是为中国人民的利益而奋斗。因为我也在解放前待过，有一个强烈的对比。这树立了我对马克思主义的信念

1952年上半年高中毕业后，我原来喜欢艺术，喜欢绘画，从绘画渐渐涉足美学，又从美学涉足哲学。当时我已经基本上对马克思主义有所了解，而我的愿望就是学习美学。学美学又不能不学哲学，学哲学就要考哲学系，一看招生简章，当时只有北京大学有哲学系。我当时很高兴，因为只要我考上了北大哲学系，我就一定能到北京。到了北大，我还走错了地方，以为北大还在城里的沙滩。到了哲学系后，学马克思主义对我来说不是什么负担，而恰恰是我努力想学的。另外，我是想研究美学的，但当时北京大学还没有开美学课。

我们念书的时候，一种很好的气氛就是高昂的爱国热情。当时大家读书，主要是围绕报效祖国，努力读书。一吃完晚饭就赶紧往图书馆跑，找到一个最喜欢的位置看书，一般要看到九点多钟，每天都如此。我觉得那时候的学生有股爱国精神，这应该是北大的良好传统。在这种精神鼓舞下，是可以去研究

问题的，对个人考虑得就少一些。当时北大的社团很活跃，我们的课余生活很丰富，每星期六在大饭厅还有舞会。我因为喜欢文艺，开始报名在国乐队吹笛子。后来我同中文系的赵曙光等发起北大诗社，请一些著名诗人来讲演，如艾青、田间、丁玲等。后来我们创办了北大诗刊，由我负责主编和油印，当时是找了一家西单的油印社来油印。当时北大参加诗社、写诗和朗诵诗的同学很多。大家的爱国热情都很高，物理学院的同学创作了一首歌《我们是红色的物理学家》，一起朗诵。我还专门为这首诗写了很长的评论。当时诗刊用硬壳子夹好放在图书馆阅览室里供学生阅览。我们这一代人是在解放前生活，又到新中国成立后，两个时代之间有一个对比，因此我们对新中国充满热爱。

我们当时吃饭就在大饭厅，住就住在大饭厅旁边，有一栋栋的小房子。后来进修的时候，住在23斋，靠近海淀。

（刘老又给我看了一些照片，有他们同班同学在23斋前的合影。照片里，在青砖红瓦的精致建筑前，二十一位同学留下了青春昂扬的英姿，刘先生向我一一介绍了他们的名字和研究领域。此外，还有他和他的妻子——他当年北大俄语系的同学——一起在未名湖博雅塔前留下的合影。）

当时在北大，每年要游行两次，一次五一，一次十一。去的时候坐火车到西直门，然后坐电车到西长安街，坐在那里等待。听到广播里发命令，就集队参加游行，等毛主席在天安门上出来后，大家就高呼"毛主席万岁"。下午，各个学校的同学就在一起围成一个圈子唱歌跳舞，到放烟火的时候就看烟火。我当时觉得在天安门前看得不清楚，就顺着天安门右边的胡同，一直走到景山，在景山顶的亭子里看。每年两次游行，印象很深刻。当时党委书记和马寅初校长都很重视学生的思想建设工作，大家一个月至少听两次实事报告。比如亚非会议召开了，学校就请外交部副部长陈毅来讲。这都是由马寅初先生来请，因为他是有名的大学者。每次，马寅初先生坐在台上，说："今天兄弟请到了谁谁谁，来北大讲演，大家要好好听。"对大家，他是自称兄弟。陈毅的讲演热情奔放，讲得很好。农业问题，就请农业部长来讲。当时胡耀邦任团中央的领导，每年至少来北大讲一次或两次，讲演热情坦率，也符合青年的口味。

李泽厚也是北大的，比我高两班。当时他有肺病，住在健斋旁边的肺健会。全校患肺病的同学集中住在一起。当时，为了帮助他的妹妹还是弟弟，他还从他的奖学金中节约一部分寄回家给他的弟弟妹妹。他很用功，很刻苦。后来因为他比较困难，任继愈先生让他抄稿子，每千字给他一定的钱。任先生现在去世了，我很怀念他。当时我写完《周易美学》寄给他，他夸赞我，还鼓励我把《中国美学史》写完。

大体上，我那段时间的生活就是如此。总体来说，我认为北大哲学系对中国哲学的发展起着决定性的作用，超过其他任何大学。现在的哲学界七十岁左右的，有点影响的，多数是从北大出来的。

三、和邓以蛰、宗白华、马采的交往

刘纲纪先生说：当时哲学系集中了三位美学前辈——邓以蛰、宗白华、马采。朱光潜先生在西语系，当时没有开美学课，因为没有苏联样板。从马克思主义的观点讲美学该怎么讲还没有答案。我当时知道三位先生在哲学系，就不断去访问他们。邓先生和马先生住朗润园，白天可以去，晚上没有路灯不太好去。当时宗先生还住健斋，晚上也可以去，我有时候兴致来了，晚上十点多也会去拜访宗先生，一谈就是很久。当时没有电话，没法预先联系，所以我每次都成为不速之客。

每次去三位老师家，他们都很热情地接待我，也很乐意和我谈。邓先生家里藏了很多画，我就看他的收藏。他就非常耐心地翻箱倒柜把画找出后挂起来，一幅幅给我讲。宗先生也有一些画，他有张徐悲鸿给他画的画，画得很好，可以说是徐悲鸿作品里的精品，叫做"日长如小年"。这三位老师都是我在美学方面的授业恩师。后来我从北大分到武大。我是 1956 年上半年毕业。当时正好碰到"向科学进军",一些老先生提出要带研究生,当时还没有招生制度,是要带研究生的老先生自己去选。武大的李达先生就去北大选学生,找到了我。我就到了武大,但还是忘不了美学。我就提出我还是想研究美学,李达先生不但没有责备我,又送我回北大继续进修美学。这样,我又在北大进修了两年,前后共在北大待了六年。

马先生、邓先生和宗先生都是思想很进步的,也很拥护共产党。他们也都是经历了两个时代的人,有着一个对比。邓先生说自己在旧大学挨整,让你开一门你不能开的课,来把你挤走。所以到了新大学,他们是比较开心的。马采先生是广州人,留学东京帝国大学,日文非常好。

我要去武大,邓先生知道了这个消息。当时他身体已经很不好,肺病缠身,年龄也比较大了。有一天,他让我陪他游玩颐和园。在颐和园中,他在颐和园的石舫边一个小饭店请我吃饭,我当时因为比较年轻,还不懂什么意思。邓先生就鼓励我,说你到武大后要好好工作,美学研究不要放弃。我马上就意识到,这是老师给学生饯行。我非常感动。当时邓先生年龄已经比较大了,还专门在颐和园请我吃这一顿饭,这是很不容易的。后来邓先生的文集出版后,我也花了很大功夫,写了一篇详细讲邓先生美学贡献的文章,放在文集后面。邓先生对学生的这种关心和爱护,也是很难得的。他原来住在朗润园。80 年代我到北京的时候,和杨辛一起去看那个地方,看见房子已经拆了,成为了菜园。原来邓先生住在那个地方,很安静。从未名湖下去,经过一个桥,就到那边了。

1956 年回北大进修,我继续向三位老先生请教。另外,当时蔡仪在清华大学建筑系讲美学。我知道后同李泽厚一起去听。当时蔡仪在中国社科院文学研究所,就在北大文史楼。当时他的学说是"美在典型"。我并不同意。

我研究美学主要是以马克思的《1844 年经济学手稿》为依据,第一版是由中国人民大学的一位老师翻译的,宗白华先生校对。宗先生校好后,我去宗先生家，他就从书中拿出一本赠与我，还在书的扉页上签了名，让我好好读一读。我读后收获很大。

（刘老专门拿出了珍藏多年的这本书给我看。打开封面，就是宗白华先生工致的字迹。刘老向我念出宗先生所写的内容：刘莹同志存，宗白华，1956年11月21日。）

刘纲纪先生说：刘莹是我发表文章用过的笔名，于是宗先生就写上了这个名字。宗先生非常强调，让我读好这本书。我是对照俄文本来读的。

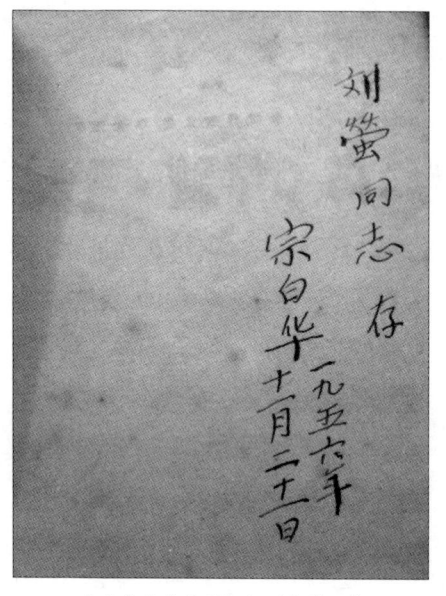

宗白华先生给刘纲纪赠书并题字

《龚贤》是我进修的时候写的，北大的图书馆给了我很大的帮助。当时我就查了很多材料。我之所以要写他，是因为我在北大时喜欢绘画。几乎每个星期天，我都在绘画馆待着看绘画。我一般从后门进去，看完就买个面包喝瓶水继续看。故宫藏的画从展子虔《游春图》一直到明清，我几乎全部都看了。这些对于我研究中国画有很大帮助。我也作书画的鉴定，当时我年轻，也不怕说错话。我觉得是真的还是假的就会如实说。

当时我看到一幅王蒙的画，我说是真的。邓先生对我说，这是一张很好的临摹品，但不是真迹。当时，法语系的高名凯也收藏画。邓先生就带我去看他的藏品。明清的画里，高名凯先生有很多不错的珍品。邓先生还教我看装裱形式、印章和纸张。如果一张画是宋画，用的是明代的纸，那肯定是假的。邓先生是鉴定专家，当时清华大学的校长也搞收藏，还请邓先生鉴定，鉴定后再决定买还是不买。

这六年，我对北大和北京都有着很深的感情。我记得1958年要离开北大了，我雇了一辆三轮车，带我到前门车站，要通过天安门广场到前门广场。我回头看天安门，差点掉下眼泪。心里说：再见了北京。

聊着聊着，不觉窗外已是夜幕低垂。刘老又回忆起北京的风物，还热情地询问了我的学习状况，还叮嘱我要热爱艺术，多去美术馆和博物馆，多多看展览。我和刘老已经聊了近三个小时。考虑到老先生要吃晚饭了，身体也可能有些疲惫，就提出告辞。刘老亲自把我送到门边，叮嘱我要好好学习。带着对刘老，以及他的讲述中那些北大前辈们的敬仰，我离开了老先生家。

（刘　耕）

回忆前辈的师范与学风
——谢龙先生访谈录

臧春蕾、陈彪（以下简称臧）：谢老师，您是1952年院系调整的亲历者，也是当时北大创建马克思主义哲学学科的参与者，您能跟我们谈谈当时的一些印象深刻的人和事吗？

谢龙（以下简称谢）：1952年院系调整之后，也开始了北大马克思主义哲学这一学科的创立过程。北大马克思主义哲学学科的创立，离不开艾思奇、胡绳和冯定几位先生，可这几位先生都不是旧大学的，所以也不是院系调整时来北大的。院系调整时除北京大学外，其他大学的哲学系都停办，北京的清华、燕京、辅仁等大学，以及南方的武汉大学、南京中央大学、广州中山大学的哲学系师生全部集中到北大，当时北大哲学系有几十位教授，但是没有一位是教马克思主义哲学的。

1952年院系调整之前，艾思奇每年都来北大讲课，从1949到1954年，一直在北大讲"辩证唯物主义历史唯物主义"，这是全校本科生必修课。1950年我入学的时候，还听艾思奇讲马克思主义哲学原理，同一时期还讲过"路德维希·费尔巴哈与德国古典哲学的终结"。那时候艾思奇是中央党校特聘教授，他讲课非常系统，非常注重理论联系实际。可以说艾思奇是院系调整前后第一个系统在北大开课讲马克思主义哲学的。艾思奇在党内是理论家，他曾经为毛泽东的《矛盾论》、《实践论》提供材料，他的《大众哲学》和毛泽东的"两论"，都是中国的马克思主义哲学，两者都超越了《联共党史》第四章第二节（"论辩证唯物主义和历史唯物主义"），为具有中国特点的马克思主义哲学作出了积极贡献。当时胡绳也常来北大讲课。我记得，在院系调整之前，胡绳讲授的是"思想方法论"这门课，其实就是马克思、恩格斯的思想方法，还讲过马克思主义原著选读。院系调整后，胡绳的课主要是讲座式的。

除艾、胡之外，必须谈到冯定。虽然冯定是1956年才调入北大，但是谈北大的马克思主义哲学学科建设离不开他。冯定来到北大以后，一个重要贡献，是开中国哲学、西方哲学和马克思哲学对话的先河，关于这一点很多回忆冯定的书都提到了，都肯定他的贡献。北大哲学系1957年初召开的中国哲学史讨论会很值得发掘、研究，因为这个研讨会就体现了中、西、马的对话。这

谢龙（前排右二）在纪念张岱年逝世两周年学术研讨会上

回忆前辈的师范与学风 | 239

个研讨会是在"向科学进军"口号和"双百"方针的促进下召开的,几乎所有人都发表了文章,其中最活跃的是张岱年先生。

臧:您和冯定先生很熟悉吗?他是高级干部,是个好接近的人吗?

谢:冯定曾经担任上海华东局的宣传部副部长,来北大后,也担任过校党委副书记,的确是大干部。冯定是院系调整后北大的第一位马克思主义哲学教授,直到"文革"他都是唯一的一位。当时作为系里的青年教师,我和张恩慈被指定跟着冯定"对号学习",所以接触比较多。冯定刚来的时候讲课还可以,他上课时有比较重的江浙口音,不太容易听懂,不过课下交谈时,还是比较清楚的。冯定在交谈中不轻易回答问题,偶尔开两句玩笑,很平易近人,不像大干部。冯定著作的特点就是一句话马列引文都没有,完全都是用自己语言讲的,但他上课又会带一堆书,哪句话在原著哪一页,他都知道。后来冯定主持编写马克思主义哲学教材,突破了把辩证唯物主义和历史唯物主义分为"两块"的体系,尝试将其融为"一整块钢"。不过这种理论尝试,后来却被陈伯达指责为"主观唯心主义的大杂烩"。老一代学者是比较坦诚表达自己的学术观点的,早在 1955 年出版的《平凡的真理》中,冯定便系统地批判了个人崇拜。还有一个特点,当年讲马克思主义哲学是不谈人生问题的,但冯定喜欢谈人生,1964 年出版了《人生漫谈》这本书。冯定后来总结说:"人生就是进击,这也就是我在漫长的人生道路上得出的体会。"冯定有记日记的习惯,一直记到 1963 年被打倒,《冯定日记》是非常珍贵的历史文献。

臧:艾思奇、胡绳先生为北大作过贡献,但是毕竟不是北大的,冯定先生贡献更大,但来得稍晚,那么院系调整前后,我们北大哲学系自己的老师是怎么转到马克思主义哲学这边来的呢?

谢:在 1952 年院系合并之后,我系的许多教授专业方向有所改变,许多原本不是研究马克思主义哲学的教授都进入了马列教研室,比如原来的系主任郑昕教授,是著名的康德哲学专家,他也转到了马列教研室。黄楠森教授原来是跟着郑昕读研究生,研究康德哲学的,后来转到了研究马克思主义哲学。汪子嵩当时讲授"唯物主义与经验批判主义",而他原本是学习希腊哲学的。这样也有好处,有北大哲学系自己的特点,就是搞马克思主义哲学的,或者原本精通西方哲学,或者精通中国哲学,这样就很有利于在中国哲学、西方哲学和马克思哲学之间展开对话。

当时北大哲学系的同事之间、师生之间,关系都很融洽,当时虽然很强调教师的思想改造,对教师进行教育,但同时又有一定的宽松,允许几个老师合起来开一门课,或者进行讲座式的授课。洪谦先生是大学者,但是他讲课大家普遍反映听不懂。这有件趣事,当时我给夜大学讲课,讲得不错,非常受学生欢迎。有一次洪先生碰到我,开玩笑说:"你讲课讲得很好嘛,连外行人都能听得懂!"

当然了,北大哲学系不是一直这么风平浪静,很快"反右"、"四清"、"文革"等等运动接踵而来,很多老师被打成"右派",被打倒,受到斗争,比如后来汪子嵩被打成"右派",黄枬森被开除党籍,王雨田、金志广、张济安、黄耀书被打成"右派"小集团,等等,都蒙受了无妄之灾。也有一些人风向转得快,在任何时候都能当风云人物。从1952年到今天这六十年,可以说是一段坎坷的历程。

(臧春蕾、陈彪)

薪火相传，燕园学习生活杂忆
——王福霖先生访谈录

王福霖，1934年10月生，浙江杭州人，中南财经政法大学人文学院哲学政治学系伦理学教研室教授、经济伦理学研究所所长，目前已经退休。1952年全国院系大调整，王福霖从中山大学转学到北京大学哲学系，于1955年毕业。虽然在北京大学哲学系只有短短的三年时间，但是，用王教授的话来讲，这段经历是其人生中最美好的一段回忆，对他后来的伦理学研究也产生了十分重要的影响。

铁丹丹（以下简称铁）：王教授，您好！您在中山大学和北京大学两个哲学系都学习过，是什么机缘让您来到北京大学哲学系的？

王福霖（以下简称王）：我是因为1952年全国院系调整才过来的，我们班上的同学来自好多个学校。我当时是跟随朱谦之、马采等老师一起从中山大学来到北大哲学系的。

铁：院系调整是我国解放后教育界的一件大事，作为这一历史事件的亲历者，您对其有什么感触和看法？

王：院系调整对整个教育来讲，是我们国家解放之后一个比较大的外科手术。它留下的正面作用和负面作用都有，从长远来看，起的作用不太好。但是，就我们哲学系和学生来讲，这个事情还是很好的。当时，各个学校里面学哲学的人都不多,一个班也就几个人,都没有形成规模。院系调整之后,一个班就有三四十个人了。就个人来讲,我们在其他的学校学哲学跟在北大学哲学相比,是不可同日而语的。院系调整将全国非常有名的教师集合在一起,哲学系当时的大师级人物非常多,恐怕再也没有一个系能有当时哲学系那么宏伟的队伍了。对于我们学生来讲,真的很幸运,和这些老师有很多接触,这些接触对我们所产生的影响不仅仅是学习上有帮助的问题,而是对我们整个的人生、对我们做学问的道路、对我们为人处世、对我们整个价值观的形成都有很强的影响。

王福霖

铁:您能谈一下刚进北大时,对于当时北大和哲学系的印象吗?

王:我们当初到北大的时候,北大已经不在红楼了,而是搬到燕京大学的旧址,也就是燕园。刚进燕园时,我们就被它那种皇家气派所震撼。虽然别的学校也很美,比如武汉大学、中山大学、复旦大学等,但跟当时的燕京大学比起来都稍显逊色。那时的燕园不像现在被改造了那么多,就是原来的、比较完整的古典园林,有一种皇家气派和一种很特殊的人文气息。当时的哲学系设在哲学楼,哲学楼不是燕京大学的老建筑,是北大搬过来新建的,我记得当时盖哲学楼的时候,我们同学还参加过义务劳动。苏联当时有一个"义务星期六",同学们学习之后,觉得应该为哲学楼贡献一点,就自发地到哲学楼工地参加义务劳动,这个事情还受到学校团委的表彰。哲学楼盖好之后,同学们都非常高兴。

铁:经过院系调整后的北大哲学系,可谓大师云集。您能否谈一下,在您学习期间,给您留下深刻印象的人和事?

王：当时学生跟老师的关系非常好。尽管刚刚经过思想改造，有些地方的师生关系已经不太好，政治运动致使师生之间形成了矛盾。但是，北大师生组成了一个来自全国各地的大集体，大家之间的关系非常融洽。有些事情对我来讲，回忆起来不仅是往事的重现，更是一种享受。

比方说，当时苏联专家受派到系里来，系里为了欢迎他，组织了一个酒会。老师和部分同学参加了，苏联专家、老师们喝酒，我们同学也有喝的。好像那时候喝的是茅台一类的好酒，同学也没喝过，就去倒一杯喝了。大家各自随意喝点儿，也没有谁灌谁。我记得，冯友兰先生很有一点海量。当时，师生站在一起，无拘无束，非常融洽。

我们跟这些大师级的教授们，如王宪钧、贺麟等等，曾经同堂听课。当时苏联专家讲辩证唯物主义与历史唯物主义，他的课主要是给这些老师们讲的，系里也安排我们学生去听。当时，课堂前面坐的都是这些老教授、老先生，他们听这个课主要是用来改造思想的——放弃旧的哲学观念，接受新的马克思主义哲学。这些教授、先生们都很认真地在学，如金岳霖、贺麟、周辅成、冯友兰、王宪钧、宗白华等都在那里很认真地记笔记。中间偶尔休息一下，同学们就凑到跟前去和老师聊。有时候我们也问："讲得怎么样？"他们就认真地说："我们需要认真学习。"能和这些大师们同堂学习过，对我们来说是一种莫大的荣幸。

我记得曾经有个日本友人到系里来，他把一个半导体收音机送给了金岳霖，当时金岳霖是系主任。对我们学生来讲，我们在系里看到这个半导体收音机，非常好奇。这个没有电线，这么小，像一本书一样的小半导体居然能够收听到全世界的广播，当时，我们都觉得非常不可思议。这是我第一次看到这样的半导体收音机，后来很多同学都到系里去看这个收音机。再后来，金岳霖就把这个收音机送给了学生。当时我们住在燕园10号楼，那个10号楼其实是平房，那个收音机就从这一间传到那一间，最后就不知道是哪个同学传到哪里去了。后来又有一个印度的友人来，送给金先生一个照相机，金先生眼睛不好，他根本不会去用这个。金先生讲他没有看过有声电影，在留学的时候，看的是无声电影。等到有有声电影的时候，他眼睛不行了，所以没看过。他把照相机也给了哲学系的学生，反正哪个班要用了，就拿过去用，好像我们毕业的时候就用过。后来照相机跟那个收音机一样，也不知道传到哪里去了。老师和学生之间的关系非常融洽，老师们就把学生当成自己家的小孩一样，很亲切。

铁：您能否再谈一下当时哲学系的教学情况，比如您在系里都上过哪些课程？哪些老师给您留下比较深刻的印象？

王：虽然当时上课很少，但是我们还是上了些重要的课。我们的《逻辑学》是王宪钧先生讲的，我们班好像是他给本科生上逻辑课的最后一班，再以后就没讲过了。我们对他上的课非常喜欢，私下里赞赏不已。他上课的时候，形象非常好。当时他穿的和平常人不太一样，一个长袍，里面穿一件西裤。讲课讲到逻辑推理的时候，经常眼睛微闭，用词非常准确，一句一句，慢条斯理，准确无误。这种语言表达方式，这种讲课的风度，对我后来的教学生涯产生了非常重要的影响，总在学习王先生的这种风范。除此之外，还有冯友兰先生给我们讲《中国哲学史》，给我们印象很深的是，冯先生讲《易经》会算卦。朱伯崑先生给我们上中国哲学史的史料学，那个时候没有教科书，全部靠我们同学自己记笔记，朱先生就油印一些资料给我们。这些老先生和我们的关系一直非常好，后来在一些会议上碰到他们，他们都会非常亲切地询问我的情况。我们这些后来当老师的学生跟这些老先生相比，在为师之道之上远不如他们。我自北大哲学系毕业之后到退休之前，一共教了五十年学，总觉得自己和当年的老师们相比，在道德、文章、做人等方面，都赶不上他们。此外，当时"辩证唯物主义与历史唯物主义"这门课，我们是学得比较好的。一方面，我们和老师们一起听苏联专家讲，另一方面，艾思奇也来北大给我们讲过课。

铁：除了学习之外，当时的学生生活，有没有一些给您留下深刻印象？

王：当时我们哲学系的同学非常活跃。我记得学校当时曾经举行过一个文艺创作比赛，我们班上的张守正会音乐，会拉小提琴。他后来分到武汉大学,现在已经去世了。我跟张守正还有余敦康是一个寝室的,我们三个人最要好。当时苏联有一个小说,叫《三个穿灰大衣的人》,这个小说当时获得了"斯大林文学奖"。我们三个人的思想和价值倾向比较一致,虽然每天我们在寝室里都有各种各样的争论,但都是切磋性的,这个争论对我们都产生了非常有利的影响。当时,张守正负责创作歌曲,我和余敦康两个人帮着唱,同时我们填词。我们三个人也有些歌曲发表在一个叫做《歌曲》的小杂志上,发表了以后,拿几块钱稿费,我们就到外面玩,去吃点东西。我们曾经创作一个叫"红旗"还是"红旗颂"什么的歌曲,创作完了之后,就拿着去找邓立臣,一位很有名的音乐家,找他修改。他帮着修改,搞和声,最后好像还得了个什么奖。1952年还是1953年的时候,学校组织管弦乐队,张守正是首席小提琴,我在里面吹黑管,我们也到外面演出过。哲学系的很多同学都多才多艺,比较活跃,比如高保钧就很会唱戏。同学中间会组织很多活动,比如,冬天刚刚化冻,我、张守正、余敦康三个人就出去踏青,我和余敦康都穿得很厚,张守正就说:"你们这个没有迎春的感觉。"他就穿着薄西装。我们早上在食堂里面拿几个馒头、窝窝头、大头菜放在包里,就去郊外到处走,我记得当时我们被冻得不停地在跑啊、跳啊、唱啊!当时的同学们之间很有生活情趣,不像现在的学生,压力那么大。

铁:当时哲学系的分科和现在很不一样,好像也没有伦理学分科。您能谈一下当时专业分布情况吗?

王:当时哲学系的确没有伦理学方向。我们刚进来的时候都是一样的,一段时间之后就分了,所谓的分科主要是侧重辩证唯物主义,还是侧重历史唯物主义。侧重辩证唯物主义的,自然科学的课多一点,除了大家都学生物以外,自然科学的还有数学、物理等;侧重历史唯物主义的,社会学科多一点。那个时候,给我们上美学的不是朱光潜先生,是中文系的杨晦老师。杨晦是"五四"运动中最先冲入并火烧赵家楼的几个学生之一。他当时讲的不是美学,而是文艺学。那个时候,我们的生物学学得很好,是一位非常有名的老师给我们上课，我们学得很仔细，每人都有一个显微镜，还曾解剖过青蛙。就是在上学时激发的兴趣，使我在以后的人生中对于生物学一直都很关注。政治经济学课的老师讲得也非常好，是经济学系的老师讲的。现在回忆起来，能听这些老师给我们讲课，真是一种幸运。

我们当时向苏联学习，引入了一种叫"习明纳尔"（Seminar）学习方法。这种学习方法里面有个很重要的环节就是进行课堂讨论。我们当时的课堂讨论搞得非常好，同学们对于课堂讨论的热情程度，在我以后的教学生涯中再也没有见到过。我们当时的课堂讨论都在晚上进行，一般都会进行到很晚，以致下不了课。我记得，有一次组织课堂讨论的是张世英先生，讨论的题目我记不得了，反正大家百家争鸣，讨论非常激烈，以致拖到很晚不能下课。这件事情，几十年以后，张先生到我这里来讲学的时候，还记得很清楚。张先生是湖北人，师母对于湖北有一种家乡的"依恋"，所以，我们当时去北京的时候，就会给张先生带些湖北的特产，张先生非常高兴。讨论不光在课上，也会延伸到课下，回到宿舍里，同学们还会讨论，甚至会在课后相当长的时间里，都争论不休。我们也会把平时的争论拿到课堂上去讨论。

"习明纳尔"方法里面除了课堂讨论之外，好像还包括一个"8150"的方法。那时我是班委会干部，每个人都有一张表，"8"是每天八小时睡眠，"1"是每天一小时体育锻炼，"50"是一个星期五十个小时的学习时间。这一张表里五十个小时都要作计划，比如，某一天上午，上课的就是上什么课，没有课的就是复习什么、看什么、做什么，都得有计划。本来是应该要互相检查的，实际上没人检查。大家都按要求做一个，填写好。是不是真按照这个，我不太清楚。最起码我没有按照这个，到了图书馆之后，我就随意看，不一定按表上的，除了有特殊的必须要做的以外。我喜欢站在书架那里到处翻，东翻翻，西翻翻，看一看，什么都涉猎一番，虽然不深，但是也有好处，一下子接触很多信息，什么都知道一点儿。这种方法会使得知识面非常宽，知识面宽对于学习人文社会科学有很多好处，往往可以触类旁通，可以产生许许多多的联想，可以启发你的思路。

铁：今年北大哲学系即将迎来百周年系庆，作为一名老系友，您对母系有什么寄语？

王：我们北大哲学系对于中国的哲学教育、哲学学术的影响，长期以来都是占据着领军地位的。我希望北大哲学系的这种领军气势能够越来越强，特别是要把北大非常好的学术传统用到哲学系去，要开放、包容，更加能够把传统的、现代的、国外的、国内的兼容包并，让我们这个民族的哲学意识更强。世界上最有哲学思维的国家是德国，除了德国之外，我觉得中国也应该是一个最有哲学素养的民族，历史上出了这么多哲学家，有这么悠久的哲学传统。要让哲学能够对于整个国民素质的培养，对于整个国家的文化建设发挥出更大的力量，北大可以有更大的贡献。

能在北京大学哲学系学习，对于一个学生来讲，那真是受益终生的。我们那些老师的身上都有着那种让人一生都不会忘记的风范，但是，我们在读书的时候并没有意识到这些，随着我们离开学校时间越久，随着我们年龄渐长，随着别人把我们当老师来尊敬的时候，我们才意识到，我们所有这些东西都不能和我们的老师相比。他们那个年代有很多大师，我们这个年代到现在还没有大师，当然我们当中有些同学已经做得很不错，如朱德生、余敦康、李泽厚，但是，依然都还成不了大师。这当然不是我们不努力，也不是我们不聪明，而是受历史条件制约了。现在，我们这一代同学能够坚持做出这些东西，那还是靠当年我们在北大受到的一些熏陶。所以，在北大，要好好地去吸收各种营养，这会让你的一生非常丰富，非常充实。

（铁丹丹）

北大从红楼迁燕园

——宋文坚先生的回忆之一

我觉得有三点是值得考虑的：其一，撤销燕京大学给燕京大学学子们造成的伤痛；其二，北大撤出沙滩红楼、民主广场后的失落；其三，燕京大学原有的中国古典建筑风格长期对北大校园建设的制约和如今北大校园面貌极大的不协调不统一。

当然也许这对北大今日之发展来说有点微不足道，但我不认为我这是在鸡蛋里挑骨头。

（一）燕京大学于1952年我国高校院系调整时撤销校名，同时撤销校名的还有辅仁大学、中法大学。撤销的理由我想和当时抗美援朝的大环境有关系，这些学校都掌控在帝国主义国家的人手里，他们来中国办学是施行文化侵略这种观念在中国人心中已成定论。于是干脆把他们撤销掉省事。这些主要理由在今天看来可能要重新思考。

据侯仁之先生《燕园史记》，燕京大学是美国基督教会在晚清中国所创办的三所大学北京汇文大学、华北协和女子大学、通州协和大学在1919年合并而成。聘请在南京金陵神学院讲授古希腊文和拉丁文的司徒雷登做第一任校长。司徒雷登就是《毛泽东选集》第四卷中《别了，司徒雷登》的那个司徒雷登。1921年燕大又以清乾隆皇帝给宠臣和珅赐第沁春园遗址为中心，兴建新校舍。1926年落成，正式迁校，并由蔡元培题写"燕京大学"四字，制匾悬挂在燕园西校门上。北大迁燕园后，这个匾被取下来，代以毛泽东书写的"北京大学"的新门匾。

撤销燕京大学，北大迁来燕园，出现了一些奇特现象，主要有：其一，原来的燕京大学校友成了"丧家之犬"，他们被支离破碎地分为许多学校的校友。燕大的文、理、法并入了北大，这文、理、法的原校友就成了北大的校友。燕大的工学院调到了清华，该院的校友便成了清华的校友。燕大的化学工程系并入天津大学，该系原校友成了天津大学的校友。燕大政治系国际组并入中国人民大学，该组的原校友就成立中国人民大学的校友，燕大的教育系调整到北京师范大学，这个系的原校友就成了北京师范大学的校友。原燕大的音乐系调整到中央音乐学院，该系的原校友就成了中央音乐学院的校友。还有一部分人，不知所从。燕大的神学院撤销了，谁也不要它。他们除了是那个并不存在的燕大的因而是魂灵校友外，什么都不是了。其二，北大进到燕园，而燕园原却是因燕京大学而起的。现在没有了燕京大学，北大又进占了，该起个新名才对。不，仍叫燕园，燕园由"原燕京大学遗址"遂后不久就堂而皇之地和北大同一了，"燕京大学遗址"完完全全从人们脑海中湮灭了。燕园和北大的这种同一，有点滑稽。说不好听点，这种同一，不仅是"鸠占鹊巢"，而且是鸠居鸠巢了。

几十年来，燕园和北大完完全全粘合在一起了，你问今天的任一北大学生燕园是什么，他们会不假思索地即口而答：北大校园。尽管前些年，未名湖西岸立了一柱刻有未名湖是原燕京大学的遗址字样的大石头，但它已激不起人们的丝毫思索了。燕京大学不仅是历史，而且也从历史中被抹掉了。

我们从城里沙滩刚来燕园时，真被这里的美景迷住了，从那个灰土土的沙滩，进到燕园，真有进入仙境的感觉，兴奋莫名。那还是夏天，未名湖边柳树绿绿，芳草青青，长条柳丝垂下湖面，我们围着未名湖绕圈圈，看湖水碧波涟漪，看博雅塔倒影，逛湖心亭，上石纹，宛如置身于颐和园，又像是来到北海公园。这种种感受也为后来的一届届学弟学妹们传承着。在他们的心中，在

北京大学哲学系第一届逻辑专业同学在北大西门外合影，摄于1954年。前排右起：欧阳中石、任宣猷、吴炳田、马兵、廖元嘉；后排右起：宋文坚、丁克勤、顾之润、虞骞、邢鹏举。

（院系调整后，哲学系设两个专业：哲学和心理学。哲学专业教员共有四十八人，分别来自北大、清华、燕京大学、南京大学、武汉大学、中山大学；心理学专业教员共有十二人，来自清华与燕京大学。合并以后，哲学系在校学生规模达到一百九十一人。当时，哲学专业还设三个"专门化"：辩证唯物主义、历史唯物主义、逻辑，"专门化"的学生从三年级开始。首届逻辑专门化需要动员十名学生，像后来留校工作的宋文坚、当代书法家欧阳中石，当初都被动员去学逻辑。）

他们写的回忆北大母校的文章中，什么燕园春色，什么湖光塔影，什么绿荫清波，什么什么，用尽了一切华丽的词句，美好的形容，啊，北大的燕园！

但这却是那些在燕京大学读书、毕业的学子的心灵创伤。他们有丧家之伤痛。我问过一个在广东工作燕京大学毕业的朋友，我说，咱们是校友了，校庆回来吗？他说谁是你们的校友！我是燕京大学的校友。你们搬到燕大。你们应该是燕京大学的校友。我这朋友每到北京来，必托我在北大校园里给他找个地方住。我让他几次住到六院我们教研室里，他说他不是舍不得花钱住旅馆，也

北大从红楼迁燕园 | 251

不是在北京找不到别的地方住,只是因为燕京大学是他的母校,他对这里一山一水一草一木都有深厚的感情,他住在燕园,主要是能慰藉一下自己思念母校的感情。

燕京大学的校友在美国有个哈佛燕京学会,他们坚持用这个名字在中国举办了好多活动,资助学生,资助科研,出资出版以燕京学会名义的出版物。他们想复活燕京大学,此心不死。甚至是,据听说,这个学会以及在国外的燕京大学校友曾有意和北大协商,他们出资一百亿美元资助北大建设,但北大得改名为燕京大学。这当然是异想天开,无稽之谈,简直是和我们国家开玩笑。但这说明什么呢? 说明你鸠占鹊巢,人家心不干。也许在我们北大人看来,你燕大人能成为北大校友,是让你们沾了北大的荣光,可是人家根本不买这个账,人对母校的情感是调换不了的。

因为了解有这样的情况,因为我们这些 20 世纪 50 年代初的北大学生亲历过这段"鸠占鹊巢"北大搬迁燕园,燕京大学撤销的历史,所以我,也许还有我同代的大部分同学,对"燕园"这两字并不像后来的北大学生那样充满激情,"燕园"这两个字是因燕京大学而起的,未名湖那是燕京大学的校景,所以,我们对这两个名称往往有一种愧疚之情。

(二) 北大要迁校,要迁出城外,这是 1951 年就规定了的,也许是当时的政务院和最高管教育部门所定下来的。为什么要迁出城,不知出于什么考虑。

原计划是迁到和清华近邻,如今的中国科学院一带。因为这地方已批给了中国科学院,所以后来见改选在农业科学院以北,那也是一个空旷地带,能建一个很大的校园,发展潜力很大。可能是因为国家决计撤销燕京大学。这样,北大就省事地安营扎寨来到了西郊燕园。当然也并不完全省事,燕大校园容纳不了膨胀起来的北大。1952 年 1 月,北大提出并实施了迁校扩容的建筑计划,这就是建了第一教学楼,哲学楼、生物楼、文史楼、地学楼大饭厅,学生 1—14 斋的宿舍,中关园的教师宿舍区等等。

北大迁出城外,原北大归的校舍让给了国家的一些机关部门,最大的受益

1953年竣工启用的北大哲学楼（北大哲学系迁入燕园，最初是在外文楼。后来长期使用哲学楼，哲学系的办公场所还曾迁到静园六院；90年代末，哲学系主要在静园四院办公。）

者可能是中宣部。

沸腾的学生生活没有了，我在1950年入学后，经历了许多热烈活动场面，除了一些政治运动外，很可留念的是学生的自治活动，竞选学生会，竞选食堂的伙食团，这些都没有了。

最没有的是红楼、民主广场、民主墙、孑民纪念堂。没有了北京大学，红楼、民主广场、民主墙，还算什么红楼、民主广场、民主墙！正像有些人说的，没有红楼和民主广场、民主墙还是什么北大一样，没有了北大，红楼和民主广场还叫什么红楼、民主广场？红楼只是一个普普通通的机关办公楼，民主广场只是一个人们来来回回走路的通道和被不断建房架屋所挤占的空场地而已。红楼和民主广场、民主墙成了北大也许还有许许多多人的一个漂浮清淡的记忆的几缕烟云了。

和燕京大学校友思念母校的燕园，梦想着恢复燕京大学一样，一些老北大的校友也发起了恢复北大红楼校区和提出建立五四纪念馆的倡议。他们这种心声也是这些 50 年代以前的北大学子们对母校沙滩红楼民主广场校区磨灭不掉的强烈情感的流露。

蔡元培的"兼容并包"在燕园北大也有了新的诠释。1949 年 12 月，北大举行五十一周年校庆纪念大会，当时的校务委员会主席汤用彤先生在开幕词中特别讲到蔡元培的"兼容并包"，说它在当时条件下有进步作用，在今天不能什么能兼容并包，他说，"凡古今中外有利于人民利益的文化均可包容，而一切帝国主义、封建主义的流毒不能兼容，必须铲除"。我想这可能不是出自汤先生自己的解释。因为汤先生不会不知道，蔡元培"兼容"是什么意思，作为文化教育学术单位，"并包"的精神应该是怎样来贯彻的。也许正是在这样兼容并包的新的解释下，我们的课堂上一律禁声唯心主义，弄得我们学生对什么是唯心主义一无所知，或者所支离破碎，完全不是原貌，至于唯心主义为什么是人类认知历史必有和必要的产物，它在人类认识史上起过什么重要作用，学生一概无知不懂。

北大迁燕园，完全泡在了美景胜地之中，加上种种其他也许更重要的原因，它离红楼的北大精神，离民主广场和民主墙的先进精神，离子民纪念堂、离蔡元培的兼容并包的办学精神愈来愈远了。

今天经过国家的大力投资扶持，北大在硬件上已远远超出了 1952 年的燕园，在软件上即教育质量，课程设置，优秀的生源等等。也远远超过了当初的 1952 年，但我觉得北大还是有所失，什么是今天的北大精神，什么是今天应该有的北大精神，我糊涂了，也许有更多更多的人在糊涂着，或者在迷茫。

（三）北大迁燕园，面临着一个难题，同时它也是当初燕京大学建新校时所面临的难题，这就是校舍建筑风格的统一问题。

燕京大学新校园是在原来的沁春园清王府第的基础上开建的，所以燕园新建的办公楼、它西面的外文楼、化学南北楼以及沿未名湖边建的德、才、均、备、体、健等楼都一色的大屋顶、长檐厦，古色古香的古典样式，和同样也是美资兴建的清华大学完全不一样。燕京大学的新建，受制于归建。同样，北大迁来燕园，它的新建虽远离未名湖和燕大的归建，但也总得和燕园归有保持着一定的协调，所以它新建的一教、二教、大饭厅，它南面的单身教师宿舍，东面的学生区宿舍，都一色是高岭脊斜屋顶，以至于更后来的扩建如东门南北的新生物楼，新地学楼、法学楼等等，都一律宏大的斜屋顶，叫端庄厚重也好，叫大怪物也好，反正是在设计理念上是受制于燕京大学旧建而又不能原样重搬所致。

也许是因为这种旧建限制过于不符合北大新建的规模，所以除了新建的在操场北面那一套古色的文史新楼外，东操场以东的所有新建包括新校医院，一律摆脱了旧王府、旧燕京以及北大 80 年代以前所建的限制了，这里完全是一个崭新的世界。但这样北大也就更形五花八门了。逛逛北大校园，会给人一种诧然的感觉。如今的北大，很像一只蚌壳，那种划有类似树木年轮的蚌壳。那清朝沁春园的园林是蚌壳的最内心的基核地带。燕京大学所建的校舍是第二代年轮，北大迁校所建是第三层的年轮，北大 80 年代所建如逸夫一楼、逸夫二楼，新生物楼等等属第四层的年轮，而最近几年在成府旧址所建的那些现代大楼则是最外围的年轮。这些年轮没有混杂夹带，层次清晰，一目了然。这显然说明北大的扩建所受燕京校园影响越来越小了。它校园愈来愈不像燕京了，迁校六十年来北大虽然并未回归自己，但它已走出了燕园的影子。

可奇怪的是，50 年代迁校后的北大学子们回忆中所最钟爱的却仍是未名湖、博雅塔。把它们和自己在北大的美好学生年代联系在一起。但未名湖博雅塔却不是北大原来的自己。这是北大人永远也卸不掉的遗憾。

我对1952年的反思
——宋文坚先生的回忆之二

1952年的北京大学，1952年的北京大学哲学系，轰轰烈烈，热热闹闹，同时也是很够折腾的。

1952年，北京大学经历了诸多相互关联的重大事件。"三反五反"，"知识分子的思想改造"，"忠诚老实运动"，院系调整，迁校燕园。这些都属行政、政策层面上的学校活动。这些活动的结果在后来又一个一个遭受质疑，有的又陆陆续续恢复了原样。

一、"三反五反"

"三反"，反贪污、反浪费、反官僚主义。"五反"，只涉及工商领域，和学校关联不多。1951年，天津地委书记、专员刘青山、张子善被枪毙，党中央发动了"三反五反"运动，大张旗鼓地在全国开展。

1952年1月5日，时任中央节约检查委员会主任的薄一波，来北大向全校教职员工作开展"三反五反"运动的动员报告。地点是沙滩图书馆东面那个叫"沙滩大饭厅"北门前的平台上。沙滩大饭厅北临民主广场，但又往后缩了十多米，空出的地方就垫成一个砖台。早年它是闹学潮的地方，站在台上可振臂高呼。新中国成立后也常在这个台前开大会。1951 年 10 月请中国人民志愿军战斗英雄张洪林、沈树根等来校介绍志愿军战斗事迹，1952 年请打下美军王牌飞行员戴维斯的志愿军战斗英雄张积慧来校报告，抗美援朝初期请解放军总政治部副主任肖华来校作报告，以及 1 月 20 日请团中央书记蒋南翔来校给全校学生作开展"三反"的动员报告，都在这个台上讲话。

薄一波的"三反"动员报告，主要讲中国共产党各个时期都有整肃自己革命队伍的光荣传统。他讲得很有风趣。他说，在延安时期也经常搞运动。运动一来，大家先得把自己的问题讲清楚，使自己能轻装上阵。讲清楚问题就叫"脱裤子"。他动员说，今天"三反"，有这些问题的人最好能自己脱裤子。说着说着，就用手比划解腰带做脱裤子动作，嘴里还同时大喊："脱裤子啰！"

"三反"在北大搞的得是轰轰烈烈，我在《苦乐年华》这本书的《从沙滩到

院系调整后，1953 年新组建的北大哲学系部分师生合影。后二排戴太阳镜者为金岳霖先生，由此至右为苏联专家、郑昕、冯友兰、王宪钧

我对 1952 年的反思 | **257**

燕园》一文中有叙记，不重复。这里只说该文没说到的。那就是：(1) 学校成立了"北京大学节约检查委员会"，它成了一个政法权力机构。有权决定审查谁和隔离审查谁，决定可给谁宽大处理，可对谁进行大会斗争。7月份还成立了"北大人民法庭"，有刑事处分权。(2) 学校宣布停课停考，全校投入"三反"运动。抽调部分学生监守被隔离审查人员。同时又抽调了三百多名学生参加北京市的"五反"工作。在北大，其他学校可能也一样，学生成了"三反"运动的宝贵力量。(3) 学生在参加运动的基础上，应主动检查家庭和旧社会对自己的影响。这次"三反"，完全是群众运动的搞法。我——也许还有不少人——还被用来参与其他单位的一些特殊的"三反"工作。我的一个舅舅在国务院机要处当副处长兼机要处印刷厂厂长。有一天该机要处的两个干部到北大找我说，我的舅舅在运动中态度不端正，不配合审查，让我写封信动员他主动交代问题。我不明情况，却写了一封大义凛然的信给我舅舅做工作。我舅舅根本没任何问题。他把我那封信寄给了我父亲，上面满是他的反驳批语，出现最多的就是"放屁"两字。

北大的"三反五反"，共查出或发现有九十五人贪污，贪污总金额为六千五百万元（旧币，一万元相当于人民币一元，所以六千五百万相当于今天的六千五百元）。其中贪污一千万（一千人民币）以上的一人，一百万至五百万元（一百至五百元人民币）的十人，其余均为一百万（一百元人民币）以下的。在3月份和4月份经北京市高校节委员会宣布，由公安局逮捕了四名北大拒不坦白的"贪污分子"。不过，到6月份，却又对贪污一百元以上的进行了群众性复查，将十个人甄别掉了。我觉得，北大1952年的"三反"好像是一笔糊涂账。

这次"三反五反"，声势浩大，对贪污、受贿起了很大震慑作用。尤其枪毙刘青山、张子善，北京市枪毙了薛坤山、宋德贵，几个月的隔离审查，大会、小会、高音喇叭、群众呐喊，确能使那些贪污受贿的心惊胆战，使那些接触财钱的人提心吊胆，有所警惕和顾忌。加之后来连年运动不断，"合作化"、"工商业改造"、"反右"、"大跃进"、"人民公社"、"反右倾"、"四清"、"文化

1954 年，北大哲学系 1953 级研究生在未名湖畔合影

大革命"，在这样的情况下，可能贪污犯罪的人真的少了。不过就我在 1958 年下乡所看到，村里老乡对干部意见很大，干群关系不好。其中较多反映的是干部轻则多吃多占，公款吃喝，重则贪污受贿。但由于国家穷于应付各种灾难，忙于整肃政治，因而也根本无暇去查什么贪污受贿。所以，在一些人眼中，似乎"三反五反"真的余威犹在，人不敢贪腐了。

现在人们对当前的官场腐败、贪腐已成集团性和群体性，痛恨之极，常有人说，如果毛主席在世，绝不会有这么严重的全国性的腐败。这话得分析。因为我觉得 1952 年的"三反五反"也有可反思之处。

我们的工作要依靠群众，这是对的，但依靠群众和依靠群众运动是不一样的。从新中国成立后十七年来看，毛泽东喜欢搞群众运动。一个群众运动接着一个群众运动，最后几乎把国家搞垮了，不可收拾。另一条是党的领导，这也是对的，但党的领导在毛泽东那里变成了不受国法和制度约束的绝对领导。依靠这两条，他不断地实现了他的后来被证明是错误的旨意。这样他就不太在意建立国家的一些必要的政治体制和法制体制，建立有效的干部监督体制，建立独立的舆论监督，建立有效的民主制度。而没有这些，正像我们现在看到的那样，反腐、防腐难度极大。因而可以肯定地说，如果至今仍按照毛泽东在世的做法，也不会有什么有效的反腐。

二、"知识分子思想改造"

新中国成立后，对原有高校的知识分子进行思想教育，搞政治学习，使之转变立场和思想是必要的和必然的，也是中国共产党在新中国成立后进行高等教育的改革所必需的。1951年9月，周恩来总理在中南海怀仁堂为京津二十所高校三千多名教师作《关于知识分子改造问题》的报告。他讲了七个问题：（一）立场问题，（二）态度问题，（三）为谁服务的问题，（四）思想问题，（五）知识问题，（六）民生问题，（七）批评与自我批评问题。他号召广大教师努力学习，开展批评与自我批评，做文化战线上的革命战士。他报告后，各校教师的政治学习正式开始。北大安排每周开小组会一两次，联系思想，学习文件，进行漫谈。看来，新中国成立后知识分子的思想改造要以较长期化、制度化的政治学习、自我教育的方法来进行。

然而后来北大的所谓"知识分子思想改造"，竟以汹涌的政治运动形态进行了。这是"三反"运动推动起来的。北大的"三反"，对职工是查贪污浪费，对教师则变成思想改造，而且实际是大规模的思想批判运动和对有些人的历史清算。

1952年2月2日，北京大学节约检查委员会召开全校师生员工深入开展"三反"动员大会，汤用彤副校长作动员报告，他说（当然他只是传达），"三反"就是实际的思想改造。高等学校搞"三反"的目的是要将资产阶级思想挖一挖，不许再拿资产阶级思想办大学。如北大不能在"三反"运动中将旧衙门作风彻底改造，就赶不上国家建设的需要。如果每个人不在"三反"运动中将资产阶级思想洗个澡，我们便不配做人民教师。于是，从2月8日开始，全校教师开始了"洗澡"。每个人不仅要自己检查，暴露真实思想，进行分析批判，还要开会，帮助别人，这叫"搓澡"。还对检查达到什么程度有一定要求，这叫"过关"。此外，学生可以参加，以造声势。

于是，全校停课。"打虎"的打虎，"洗澡"的洗澡，不断推进，形成一个一个高潮。我听过我们系老师的检查，也抓机会去听别系的会，听别系老师的检查。

哲学系一个老师叫王锦第，他是曾做过我国文化部部长的王蒙的爸爸。他早年曾加革命，后来脱党。王锦第检查了几次才过了关，挨了不少批和训。贺麟先生1947年以后担任过北大的代训导长（训导长是国民党的青年部长和三青团的头子陈雪屏）和训导长。据说，其实贺麟先生是同情学生运动的，人很儒雅。训导长是管理学生的，包括管理生活，制订规章制度。贺先生在哲学系也过不了关，最后送到文学院的大会上做检查。我还旁听了历史系清史专家商鸿逵先生的检查。我不知道商先生有什么事，他在会上被喊、被吼、被叫站起来垂立听训。政治系的赵宝煦先生新中国成立前是地下党，他在会上是训斥商鸿逵最厉害的一人。我当时想，这位商先生新中国成立前可能跟学潮有些纠葛；也很惊讶，怎么一个老师对另一个老师能这样呵斥。

北大思想改造运动最高潮的，是朱光潜先生和周炳琳先生在全校大会上的几次检查。

朱光潜先生1947年和1948年担任过一段时期的文学院代院长，还听说他是三青团的什么人。他在西语系的全系大会上做第一次检查。我也去了。人太多，又挪到红楼西面的新膳厅。检查中主持会的人念了不少下面递上的条子，表示对朱先生的检查不满。还有几个老师和学生发言进行了揭发批判。最后主持人宣布，没人同意他的检查，他的检查不能通过。3月底朱光潜被拿到文学院全体大会上做第二次检查，仍未过关。4月中旬朱光潜在全校大会上作了第三次检查，经过了台上台下的好一顿批判。最后马寅初校长作了总结发言，说朱先生的检查有了进步，但仍需继续反省，彻底批判自己的思想，根本改变立场。这算是放了朱光潜一马，让他过了关。

我看到的最为声势浩大的思想改造场面，是周炳琳在全校师生大会的检查和接受批判。周炳琳自 1931 年北大建法学院起，就担任法学院院长。此前北大只有文学院、理学院和社会科学院。在 1931 到 1938 年担任法学院院长期间，1934 年他还曾担任过河北省教育厅厅长，1937 年又被委任为教育部次长。在西南联大时期，他担任西南联大总务长，1945 年后仍担任北大法学院院长和政治系主任。按他这些经历，他成为 1952 年思想改造运动中接受批判的重点之中的重点是理所当然的。

周炳琳 2 月底前在法学院全体师生大会上做了两次检查，都未通过。他的检查谁都可旁听，听会的人数很多，我记得一次是在沙滩大饭厅东面扎了一个像戏台那样的台子上，周先生台上检查，台下群声向他齐吼："周炳琳必须老实交代！""周炳琳必须端正态度！"周炳琳确实得端正态度，他的检查实在把下面群众惹火了。他不像朱光潜先生那样规规矩矩，而是像在作报告。他手挥指动戳来指去，对下面的吼叫毫不理睬。下面听众不断往台上递条子，台上主持者也不断打断他的检查，让一些嗓音高嘹的女学生念这些条子。但周炳琳依然若无其事，不为所动。这使得会场气氛极其高昂。其实，在这样的场合下，我想谁也不能听清楚周炳琳在讲什么。我们都知道自己只是来助阵壮势的。周炳琳检查好不好，能不能过关，都不由我们。

周炳琳在第二次检查后，向校长马寅初表示，他拒绝再作检查，"愿承担一切后果"。马校长和法学院院长钱端升到周家看望他，做了工作。4 月，周炳琳又在法学院全体大会上作了第三次检查。与会师生仍不满意，递了五百多张条子给他加压。而周炳琳的态度依然如故，死硬到底。4 月 21 日毛泽东写信给彭真说："像周炳琳那样的人，还是帮助他们过关为宜。"4 月 22 日，周炳琳在全校大会上作了第四次检查。让他过关了。

5月14日全校恢复上课，但5月31日又因搞"忠诚老实运动"而停课到6月8日。但这时离暑假已经没几天了。

1952年北大的教师思想改造运动的确是轰轰烈烈的。每个教师都洗了澡，有的洗一次，有的洗多次。有的自己洗，有的被搓来搓去。看起来成绩很大，收获颇丰。真的是这样吗？

1948年12月，中国人民解放军兵临北京城下。12月11日，陈雪屏致电北大秘书长郑天挺，嘱立即组织第一项名单中所列的各院校有地位之教授、各院校馆所行政负责人去南京。他说，"无论空军专机或航机先到，立即动身"，"大抵每机可坐四十人，拟用四机分两批"接人。12月15日，胡适及夫人乘空军专机到了南京。16日傅斯年、陈雪屏又致电清华大学梅贻琦校长，"筱晨有一机到，如顺利当续有机到"。接运名单包括各院校馆所行政负责人、中央研究员院士，在学术上有贡献并自愿南来的，因政治关系必须离开的。梅贻琦走了。

北大只走了一个胡适。因胡适离开，周炳琳还和汤用彤、郑天挺三人被推定为行政会议常务委员，相当于北大临时负责人。这些说明，周炳琳虽然在新中国成立前有些什么，但他还是愿意留在新中国，愿意接受党的领导，愿意从事新中国的教育事业，并在紧急关头愿意出来维持北大学校的正常运转以待共产党政府的接管。

所以周炳琳的问题完全是思想认识和立场转变方面的问题。这类问题的解决只能依靠学习、教育、党和政府的政策实施和国家的进步发展而促其真正的改造。思想问题使用压服，用群众的声势，是解决不了问题的。也许被批判者被迫说自己错了，"是资产阶级思想"、"是反动立场"等等，但不可能出于真心。

其次，1952年的思想改造也许还树立了一个坏的榜样，这是开用群众运动来解决思想问题的首河。新中国成立后，镇压反革命是靠解放军的枪，土地改革也是依靠雇农贫下中农，但它的对象是地富，没有什么思想问题，"三反五汉"是靠查账、靠隔离审查，也有群众助声势，但解决的不是思想问题，而是对贪污收贿行为的交代和查实。这次开展的教师的思想改造，触及的完全是思想认识问题。北大这样的做法被认为似乎是对怎样来解决知识分子的思想改造找到一门捷径。毛泽东对这种办法比较赞成和欣赏。他在给彭真的那封信上还说："北京大学最近对周炳琳的做法很好，望推广至各校，这是有关争取许多反动的或中间派教授们的必要的做法。"

1957年的反右，尤其是其后十年的"文化大革命"，就是这种"必要的做法"的最为集中和最为鲜活的体现。

三、院系调整

院系调整是和"知识分子思想改造"相关联的。新中国成立后，要对旧有的大学进行改造和院系调整是必然的，也是国家当时建设之必需。而这就需要大学教师的配合，使他们不成为院系调整的阻力。因此就要批判资产阶级教育思想，树立无产阶级的教育观。《人民日报》1952年的社论《做好院系调整工作，有效地培养国家建设干部》中指出："旧中国的教育制度基本上是为帝国主义和反动派服务的，是半殖民地半封建社会的产物"，"如果不对旧的教育制度、旧的高等教育设置加以彻底的调整和根本的改革，就不能使我们国家的各种建设事业顺利进行"。这就是说，院系调整是要根本否定旧的大学教育，和建设新的教育体制。所谓建新，就是学习苏联，实际是照搬苏联的大学教育。因而在各个大学里，北大对教师的思想改造被作为样板推广，也就是必然的了。

新中国对旧大学进行院系调整，实际上自一解放就开始了。可能也是最先从北京大学开始的。

新中国成立前，北京大学有六个学院三十三个系。

文学院：分哲学、史学、中国语文学、东方语文学、西方语文学、教育学六个系。

理学院：有数学、物理、化学、地质、动物、植物六个系和一个医预科。

工学院：有机械工程、电机工程、土木工程、建筑工程、化学工程五个系。

医学院：有医学系、药学系、牙学系和一些独立的学科，如解剖学科、生物化学科、生理学科、药理学科、细菌学科、卫生学科、医史学科、眼科、小儿科、神经精神科、皮肤科、耳鼻喉科。

法学院：有法律系、政治系、经济系。

农学院：有农艺学系、园艺学系、植物病理学系、农业化学系、土壤肥料学系、农业经济学系。

1949年的院系调整，由华北高等教育委员会启动的有：1949年6月，取消北大教育系，三年级学生提前毕业，二年级以下转入其他系。8月，中法大学医学院并入北大，辅仁大学农艺系并入北大。9月，北大农学院、清华农学院、华北大学农学院合并成立北京农业大学。9月12日，北大西语系成立俄文组与法文组。11月，新成立的教育部决定将北京大学医学院的业务改由卫生部领导，1950年2月正式移交。医学院自此正式脱离北大，后称名北京医学院。北大还保留沙医或医预，即医学院的一、二年级学生在沙滩北大上基础课，简称"沙医"或"医预"，归理学院管理。

1951年秋，北京辅仁大学的哲学系学生集体转学到北大哲学系。我们班插进了九位辅仁二年级的学生。辅仁哲学系的教师也同时转来北大。辅仁大学则在1952年院系调整时并入北京师范大学。辅仁大学校名取消。

大规模的院系调整是1952年。政务院在1951年10月30日批准了高校调整方案。涉及北京的大学是，北大工学院、燕京大学工科系并入清华。清华大学成为多科性的工科高等学校。清华的文、理、法各系及燕京的文、理、法各系并入北大。北京大学成为文、理、法的综合大学。燕京大学校名取消。原北大、清华、燕京的社会学系、宗教系（只燕京有）取消。北大的法律系并入中国政法学院。中文系的新闻专业并入中国人民大学。

这次调整方案的一个主要指导思想是，加快培养国家需要的建设人才，加强工科建设。少办像清华这样的多科性工业大学，多办专业性的工学院，以及国家建设需要的其他农林、医药等专科学院。于是北京在其后不久成立了地质、钢铁、石油、矿业等所谓八大学院及一些相类的专科学校。

1952年的院系调整对哲学系的调整最为彻底。停办了除北大哲学系外的所有哲学系，教师和学生集中来北大，北京大学哲学系成了全国唯一的哲学系。从调整的规模和做法看，我认为这不是一个临时的措施，而是高等教育方面的国策。这显示了共产党领导和以马克思主义作思想统帅的国家里哲学的特殊高位。哲学是世界观，唯一正确的世界观是辩证唯物主义和历史唯物主义，它是我们国家统领一切领域的指导思想和理论武器。对哲学系做这样的调整，据说是有利于加强对哲学系教师世界观的改造，有利于这个学科的新的建设，有利于对旧哲学系的彻底改造。显然这是国家教育领导部门的一个很实际和很有精心的考虑。

其实如何彻底改造北大旧的哲学系，在新中国成立后就已有考虑，也有不少动作。如开设新哲学课程，讲马、恩的著作，讲辩证唯物主义，组织教师学习新哲学，以及参与各项社会运动等等。

院系调整后，对哲学系的改造一个主要导向就是学习苏联。哲学系哲学专业成立了三个专门化，相应成立了三个教学组。在教学方面进行新课程的建设，停开和改造一些旧有课程。于是，有的课程要用新的观点重新开设，譬如西方哲学史。按苏联日丹诺夫的观点，哲学史是唯物主义和唯心主义斗争的历史，唯物主义是先进阶级的世界观，唯心主义是反动和没落阶级的世界观。我在三年级所听的西方哲学史课就是这样由苗力田、熊伟、张世英、任华诸先生合开的。合开，是因为这要用新的观点和讲法，要多人作准备。有些课譬如中国哲学史，就开不出来。因为得完全重新准备。在中国哲学史的学者看来，日丹诺夫的哲学定义既片面又简单化，用他的观点不大好审视中国古代的哲学发展，所以中国哲学史这门课程就开得晚。增加新的课程，主要是辩证唯物主义和历史唯物主义。这课我听过两次。艾思奇开过，苏联专家萨坡什尼可夫开过。还有《马列主义基础》，它讲的是苏联的联共党史。用从苏联译出来的《联共党史》作教材。讲课人是和我同级入学的中文系的钟哲明。他在二年级时抽调到中国人民大学学了半年，回来就给我们三年级讲这个课。大课，为几个系开。是一种很坏的讲法。可能人民大学的苏联专家也那么讲。分大一、二、三，然后再分小1、2、3然后里面分甲、乙、丙。一条一条细得每条几乎只有一句话。再就是讲毛泽东的《实践论》、《矛盾论》。有些课哲学系所有教师也都得听，如萨坡什尼可夫的《辩证唯物论和历史唯物论》。

1952年的院系调整和其后建立的新的专门院校使国家高校的总体规模大大扩大，对培养国家建设急需的人才和基础工业的发展起了极其重要的作用。院系调整在全国的开展也使得国家高校的分布走向合理，为全国高校今后的发展奠定了基础。

对1952年的院系调整也有可反思之处。把理、工分开，使清华成为纯工科学校被认为是错误的。因为理科乃工科之基础。清华取消文科也被认为是一种失策。学工学理的人也该具有相应文科方面的修养。如今清华已是建成文、理、工、法、医、艺的综合性大学，说明当初那样的调整属于一种折腾。取消辅仁大学和燕京大学，这种大学统通国办的做法如今也得到了改变。1954年以后，哲学系从全国聚集来的教师也陆续回归到原来的大学。北大哲学系也不是全国唯一的了，哲学系在全国综合性大学陆续恢复。

北大如今早已恢复了法律系、社会学系。中文系设立了新闻专业。有了艺术学院、医学院，创设了一些尖端的工科系，这说明过去的调整得到了改正。

这样，可以看到，北京大学的1952年，北大哲学系的1952年，在某种意义上说，是一个折腾的年代。

这一年上课时间也不多，前半年"三反五反"、"思想改造"停了课。下学期的院系调整，学校迁到燕园，直到10月20日才宣布上课。但哲学、中文等一些系还因为教室问题拖后了许久。

主要参考文献

北京大学哲学系八十周年系庆筹备委员会编：《北京大学哲学系简史》，内部资料，1994年

杨立华主编：《北京大学哲学系史稿》，北大哲学系九十周年系庆内部资料，2004年

陈来：《燕园问学记》，北京大学出版社，2008年

陈来主编：《不息集——回忆张岱年先生》，北京大学出版社，2005年

陈云：《金婚情思　一对患难夫妻的坎坷人生道路》

邓以蛰：《邓以蛰先生全集》，安徽教育出版社，1998年

范岱年、胡文耕、梁存秀：《洪谦和逻辑经验论》，《自然辩证法通讯》1992年第3期

冯友兰：《三松堂自序》，人民出版社，2008年

高宣扬：《洪谦与维也纳学派——纪念我的老师洪谦教授》，在北大哲学系"纪念洪谦先生诞辰100周年"研讨会上的发言稿，转自高宣扬教授的博客

国家图书馆编：《哲人其萎，风范永存——任继愈先生追思录》，国家图书馆出版社，2009年

贺麟：《贺麟选辑》，张学智编，吉林人民出版社，2005年

贺麟：《贺麟集》，中国社会科学院科研局组织编选，中国社会科学出版社，2006年

洪汉鼎：《回忆洪谦教授》，《世界哲学》2009年第6期

洪谦：《洪谦选集》，韩林合编，吉林人民大学出版社，2005年

胡军：《燕园哲思录》，北京大学出版社，2010 年

胡世华：《胡世华文集》，科学出版社，2008 年

靳希平、李强：《海德格尔研究在中国》，《世界哲学》2009 年第 4 期

金岳霖：《金岳霖回忆录》，北京大学出版社，2011 年

金岳霖：《逻辑》，中国人民大学出版社，2010 年

金岳霖：《论道》，中国人民大学出版社，2010 年

金岳霖：《知识论》，中国人民大学出版社，2010 年

李真：《世纪哲人冯友兰》，河北教育出版社，2009 年

龙希成：《周辅成伦理思想摄义》，《邯郸学院学报》2006 年第 4 期

马采：《马采文集》，徐文俊编，中山大学出版社，2004 年

马采：《马采译文集》，广东人民出版社，2000 年

马采：《哲学与美学文集》，中山大学出版社，1994 年

马采：《艺术学与艺术史文集》，中山大学出版社，1997 年

彭华：《贺麟年谱新编》，《淮阴师范学院学报》2006 年第 1 期

任继愈：《念旧企新——任继愈自述》，人民日报出版社，2011 年

沈有鼎：《沈有鼎集》，中国社会科学出版社，2006 年

沈有鼎：《沈有鼎文集》，人民出版社，1992 年

沈有鼎：《墨经的逻辑学》，中国社会科学出版社，1980 年

孙鼎国《周辅成先生人学思想管窥》，《邯郸学院学报》2006 年第 4 期

汤一介编：《汤用彤学记》，三联书店，2011 年

王博主编：《中国哲学与易学——朱伯崑先生八十寿庆纪念文集》，北京大学出版社，2004 年

王德胜：《宗白华评传》，商务印书馆，2001 年

王建明、王昊主编：《远去的大师——追寻世纪大师的背影》，天津社会科学院出版社，2009 年

王炜：《北大外哲所四十年——尊师琐记》，北大未名站。

王炜：《于天人之际，求自由之真谛——忆熊伟先生》，《东方》1995 年第 1 期

王宪钧：《数理逻辑引论》，北京大学出版社，1998 年

王宗昱编：《苦乐年华》，北京大学出版社，2004 年

汪奠基：《中国逻辑思想史》，上海人民出版社，1979 年

汪奠基：《现代逻辑》，商务印书馆（民国），《大学丛书》，1937 年

汪奠基：《逻辑与数学逻辑论》，商务印书馆（民国），《科学丛书》，1927 年

《我们心中的任继愈》编委会：《我们心中的任继愈》，中华书局，2010 年

熊伟：《自由的真谛——熊伟文选》，中央编译出版社，2007 年

熊伟：《在的澄明——熊伟文选》，商务印书馆，2011 年

杨祖陶：《回眸——从西南联大走来的六十年》，人民出版社，2010 年

张岱年：《张岱年自传——通往爱智之门》，北京大学出版社，2011 年

张国义：《一个虚无主义者的再生——五四奇人朱谦之评传》，中国文联出版社，2008 年

张世英：《归途——我的哲学生涯》，人民出版社，2008 年

张颐：《张颐论黑格尔》，侯成亚、张桂权、张文达编译，四川大学出版社，2000 年

赵越胜：《辅成先生》，《先生之风》，丁东主编，中国工人出版社，2010 年

宗白华：《宗白华全集》，林同华主编，安徽教育出版社，1994 年

宗璞：《旧事与新说——我的父亲冯友兰》，新星出版社，2010 年

周辅成：《平凡的一生——周辅成自述》，《思想家》，黄枬森主编，巴蜀书社，2005 年

周礼全：《周礼全集》，中国社会科学出版社，2000 年

朱谦之：《朱谦之文集》，黄夏年编，福建教育出版社，2002 年

朱谦之：《朱谦之选集》，黄夏年编，吉林人民出版社，2006 年

朱谦之：《奋斗廿年》，国立中山大学史学研究会，1946 年

朱谦之：《回忆》，现代书局，1928 年

后记

《北大哲学系1952年》一书，是北大哲学系为百年系庆策划并组织师生编纂的。前期工作由王锦民负责，约请了十余位研究生，按照专业进行分工，分别编写，各负文责。吴湘撰写了全书的楔子；吴悠、白辉洪合撰了汤用彤篇，吴悠编撰了张岱年、朱伯崑、任继愈篇，白辉洪编撰了冯友兰篇；施璇编撰了张颐、贺麟、郑昕、洪谦、熊伟、汪子嵩、张世英等篇，并作朱德生先生的访谈录；刘美平编撰了金岳霖、沈有鼎、王宪钧、胡世华、汪奠基、周礼全等篇；刘耕编撰了邓以蛰、宗白华、马采、朱谦之等篇，并作刘纲纪先生访谈录；铁丹丹编撰了周辅成篇，并作王福霖先生访谈录；王嘉、吕原野作黄枬森先生访谈录，臧春蕾、陈彪作谢龙先生访谈录。宋文坚先生则亲自为本书撰写了两篇回忆文章。初稿完成后，由王锦民作了文字加工。后期工作则由李四龙负责，组织同学们为这本书编配了插图，并配合出版社的编辑工作。本书对于接收访谈的黄枬森、朱德生、刘纲纪、谢龙、王福霖、宋文坚诸位先生，表示衷心感谢。朱德生先生精心审阅了书稿，并对编纂工作给予指导，在此尤致以崇高敬意！

北大哲学系何醒

2012年6月